中国棉花景气报告

2017—2019

毛树春　李亚兵　主编

中国农业出版社

北　京

内 容 提 要

本书论述2017—2019年在全球经济复苏缓慢和扩大内需背景下的棉花产业经济运行情况；中国棉花生产景气指数（CCPPI）、中国棉花价格指数（CC Index）和棉花期货的变化、预测、实证检验和应用效果；入世18年对我国棉花生产、纺织和贸易等影响的评价；专题研究棉花目标价格改革试点、市场化调控、贸易救济和全国棉区布局；选择收录2017—2019年《中国棉花生产景气报告》及主产区棉花述评。可供政府部门、科研和推广、协会、学会、商会、农民合作组织、涉棉企业、公司、大专院校，“三农”问题研究以及宏观发展战略专家阅读。

本书计量转换关系：

1. 亩为非法定单位，1亩＝1/15公顷≈666.67平方米。

2. 斤为非法定单位，1斤＝500克＝1/2千克。

3. 担为非法定单位，1担＝50千克＝1/20吨。

4. 1磅≈0.454千克。

5. 棉花年度指从当年的9月1日到翌年的8月31日。

6. 同比，即本期（月、半年、一年）与上年同期（月、半年、一年，为减数和分母）数据之比的百分率。

7. 环比，即本月与上月数据（为减数和分母）之比的百分率。

8. “十五”时期、“十一五”时期、“十二五”时期和“十三五”时期分别指2001—2005年、2006—2010年、2011—2015年和2016—2020年。

主　编： 毛树春　李亚兵

撰稿人： 毛树春　李亚兵　冯　璐　韩迎春　欧阳夏子
张思平　张教海　别　墅　羿国香　柯兴盛
刘小玲　董合忠　聂军军　王树林　林永增
毛成圣　杨苏龙　彭　军　胡爱兵　马立刚
马小艳　阿力甫・艾尔西　崔建平　田立文
林　涛　徐海江　练文明　李克富　余　渝
马　丽　韩焕勇　毕显杰　王雪姣　王文魁
程思贤　孔德培　赵富强　李卫平　李　飞
李鹏程　刘向新　翟雪玲　李雪源

编　务： 朱巧玲　程思贤

前　言

2017—2019年，我国经历了改革开放40周年，新中国70华诞的重大历史节点时间。

2017—2019年，我国棉花/农业以供给侧结构性改革为主线，以转型升级提质增效为目标，积极推进前几年"洋货入市、国货入库"延伸至"三量齐增"——生产量、进口量、库存量增加进而演化成"三量齐减"——生产量、进口量、库存量减少的转型，棉花供给与需求呈现"收敛态势"。棉花生产呈现"稳中下降""稳中有进"与消费减少的特点。针对新疆的棉花目标价格政策继续实行，产业转型升级提质增效积极作用正在显现，推进棉花由增产导向转向提质导向，国产原棉品质从"中低端"向"中高端"的转变取得新进展，但也有棉花生产区域不平衡，植棉收益下降的结构性问题。

《中国棉花景气报告2017—2019》系统回顾2017—2019年棉花生产、价格、消费、贸易的变化新情况，中美经贸摩擦对棉花的影响，研究分析了天气、生长、产品和品质变化，总结几个方面力量共同推进棉花供给侧结构性改革的实践、做法和成效，质量兴棉、绿色兴棉取得的新进展，新疆生产建设兵团团场职工经营管理体制改革后取得的成效，棉花目标价格的功效和溢出效应，加入WTO 18年对我国棉花生产、消费和贸易的基本影响评价；专题研究关于棉花对外依存度问题，高品质生产分布和需求短缺，提高供给能力的对策措施，全国不同时期棉花生产的重心及变化原因，"十四五"时期棉花规划的设想、建议、意见，棉花产业链结构、棉花基本消费和纺织品服装消费弹性等的基础认识；收录了一些棉花景气报告，供决策参考，期待提供借鉴，有所帮助。

当前正处于"十四五"规划的时间节点上，党和国家十分重视规划的制定，向全国开门征求意见，开门问策，问计于民，集思广益。本报告应国家政府有关部门和机构提出一些棉花产业专业性很强的问题所作的解答，希望对产业界同仁有所帮助。

本书撰写过程中得到新疆维吾尔自治区农业农村厅种植业处、新疆生产建设兵团农业技术推广中心、山东棉花栽培技术指导站、河北省农业农村厅特色产业处等的指导和帮助，中国纺织工业联合会产业经济研究院、中国棉花协会、中国棉麻流通经济研究会等的大力支持和帮助，新疆农业科学院经济作物研究所、新疆农垦科学院、山东棉花研究中心、河北省农林科学院棉花研究所、湖北省农业科学院经济作物研究所、国家棉花产业技术体系、山东、河北、湖北省级棉花产业技术体系的相关专家、综合试验站等为棉花监测预警做了大量工作，在此深表感谢。

庚子年（鼠年）春节新冠肺炎疫情暴发，一季度经济社会处于“停止”状态，GDP负增长，由于复工复产及时，一手抓疫情防控一手抓生产恢复，二季度GDP正增长，7月以来全国各行各业复苏态势强劲。然而，全球其他经济体二季度经济都为负增长，新冠疫情及中美经贸摩擦正在改变我们的生活和工作，当前棉花产业同样面临新的不稳定性、不确定性，需要形成新的发展动能予以应对，按照习主席多次提出构建“以国内大循环为主体、国内国际双循环相互促进的新发展格局”，深化供给侧结构性改革，做好中国棉花自己的事情，产业的明天将会更加绚丽多彩！

毛树春

2020年8月

目　录

前言

第一章　总论 …… 1

第一节　2017—2019年中国棉花生产 …… 3

一、棉花生产 …… 3

二、棉花价格 …… 7

第二节　棉花消费和贸易 …… 10

一、纱、布产量和纺织用棉 …… 10

二、纺织品服装零售、居民消费和棉制纺织品及服装出口 …… 10

三、原棉、棉纱线进出口贸易 …… 12

四、中美经贸摩擦与原棉和纺织品服装 …… 17

第三节　棉花市场 …… 19

一、棉花贷款 …… 19

二、棉花公证检验 …… 20

三、棉花去库存和放储 …… 22

四、棉花期货 …… 23

五、棉花供需平衡表 …… 24

六、展望 …… 25

第四节　2017—2019年中国棉纺织行业经济运行情况 …… 26

一、棉纺织行业整体运行状况 …… 27

二、2020年适应后疫情时代的新经济 …… 32

第五节　2017—2019年棉花期货市场运行情况 …… 34

一、2016/2017、2017/2018、2018/2019年度棉花期货市场运行情况 …… 34

二、2016/2017、2017/2018、2018/2019年度影响棉花期货市场的因素 …… 39

第二章　全国棉区天气、长势与相关项目进展 …… 45
第一节　棉区天气和棉花长势 …… 45
一、2017—2019 年全国棉花长势 …… 45
二、2017—2019 年全国棉区气象指标 …… 46
三、主产棉区气候特征 …… 48
四、各产棉省份主要气象要素和长势 …… 52
第二节　主要棉区棉花生产概况 …… 56
一、湖北省及长江流域棉花生产概况 …… 56
二、河北省、山东省及黄河流域棉花生产概况 …… 59
三、西北内陆新疆棉花生产概况 …… 61
第三节　棉花机械化采收和棉花绿色高质高效行动 …… 66
一、棉花机械化采收 …… 66
二、长江流域轻简化项目 …… 69
三、黄河流域轻简化项目 …… 71
四、西北内陆新疆轻简化项目 …… 72
第三章　棉花产业供给侧结构性改革 …… 73
第一节　目标价格改革继续 …… 73
一、2017—2019 年棉花目标价格政策 …… 73
二、目标价格补贴效果 …… 74
三、出台一系列配套措施 …… 76
四、刺激、鼓励新疆棉花发展，溢出效应不可低估 …… 76
五、棉花价格补贴 …… 77
第二节　棉花产业供给侧结构性改革进展 …… 78
一、目标价格与质量挂钩试点 …… 78
二、棉花“价格保险十期货”试点 …… 80
第三节　新疆生产建设兵团农场经营体制改革 …… 84
一、经营和管理体制改革 …… 84
二、农业职工自主管理和经营 …… 85
三、改革成效 …… 85
第四节　国家棉花产业联盟 …… 86
一、技术指南 …… 87

二、实施进展 …… 88
三、辐射带动 …… 88
第五节　良好棉花 …… 89
一、生产原则和标准 …… 89
二、市场联结机制 …… 90
三、追溯和评价 …… 90
四、工作机制 …… 91
五、实施效果 …… 91

第四章　WTO与中国棉花18年 …… 93

第一节　对我国棉花产能的影响 …… 93
一、棉花播种面积和总产呈现开口向下的“抛物线”收缩模式 …… 93
二、产值、成本和收益大幅增长，波动都很大 …… 94
三、影响产值和收益的主要因素 …… 96
四、棉花品种科技进步加快 …… 97
五、纺织用棉继续减少，消费疲软是主因 …… 99
第二节　原棉、棉副产品及棉纺织品贸易变化 …… 101
一、原棉及棉副产品进口仍保持高位 …… 101
二、棉花在大宗农产品贸易中的地位 …… 105
第三节　加入WTO 18年对棉花产业影响的基本评价 …… 110
一、原棉贸易平衡为大逆差 …… 110
二、棉纱线贸易平衡为大逆差 …… 111
三、棉机织物贸易平衡为大顺差 …… 112
四、棉花及棉制品“大进大出”向“优进优出”转变取得新进展 …… 113
五、棉织品及棉制服装出口“十分天下有其三” …… 115
六、植棉收益 …… 116

第五章　专题研究 …… 117

第一节　我国棉花对外依存度研究 …… 117
一、我国棉花净进口依存度及棉花安全进口的阈值问题 …… 118
二、我国棉花及棉花加工品形成“大进大出”的贸易格局 …… 120
三、过去18年国产原棉能够有效保障居民的衣着消费需求 …… 123
四、对今后我国棉花生产发展的意见和建议 …… 124

第二节　我国高品质棉花产需分析与发展建议 …… 126
一、高品质原棉的供需现状、分布及短缺原因 …… 126
二、我国高品质原棉需求主因简析 …… 132
三、发展高品质棉花生产的几点意见建议 …… 133
第三节　“十四五”我国棉花生产发展和供给保障的若干思考 …… 134
一、棉花生产保障能力现状与问题 …… 134
二、“十四五”棉花生产供给保障规划 …… 142
三、“三大棉区”保障供给的目标任务 …… 147
四、保障措施 …… 149
第四节　对我国棉花产业的基本认识 …… 151
一、棉花产业特征基本表述 …… 151
二、棉花“战略物资”表述 …… 151
三、我国棉花产业国际地位表述 …… 152
四、棉花产业链、就业岗位和从业劳动力 …… 153
五、近几年棉花消费、生产、进口和库存背景资料 …… 154
六、我国棉花最大生产量 …… 155
七、影响棉花生产和供给的综合因素 …… 155
八、居民纺织品服装消费及消费弹性 …… 162
九、质量兴棉和绿色兴棉建议列入“十四五”规划 …… 163

第六章　2017—2019 年《中国棉花景气报告》选辑 …… 164

第 447 期　进口棉花配额和关税改革的意见建议 …… 165
第 448 期　中美贸易战中的棉花问题（1） …… 170
第 449 期　中美贸易战中的棉花问题（2） …… 174
第 450 期　中美贸易战中的棉花问题（3） …… 177
第 451 期　中美贸易战中的棉花问题（4） …… 180
第 452 期　我国棉花供需形势分析报告（1） …… 183
第 453 期　我国棉花供需形势分析报告（2） …… 186
第 454 期　我国棉花供需形势分析报告（3） …… 189
第 455 期　我国棉花供需形势分析报告（4） …… 192
第 456 期　我国棉花供需形势分析报告（5） …… 195
第 457 期　2018 年棉花生产回顾与 2019 年棉花生产展望 …… 198
第 459 期　2019 年我国棉花产需预测和发展对策建议（1） …… 203

第 460 期　认真学习中央 1 号文件，抓好种植业要点的落实 …………… 206
第 461 期　我国棉花供需形势分析报告（6） ………………………… 211
第 463 期　中美贸易战中的棉花问题（5） …………………………… 215
第 464 期　新疆棉花中期管理指导意见和建议 ………………………… 219
第 466 期　2019 年上半年我国棉花产业形势分析 ……………………… 223
第 467 期　2017—2019 年美国棉花品种和公司经营状况 ……………… 231

附录 ……………………………………………………………………… 240

附表 1　2016—2019 年中国棉花价格指数（CC Index） ………………… 240
附表 2　2016—2019 年国际棉花价格 Cotlook A 指数 …………………… 240
附表 3　2016—2017 年全国和主要省份棉花播种面积、总产和单产 …… 241
附表 4　2018—2019 年中国棉花播种面积、总产和单产 ………………… 242
附表 5　2007—2018 年中国棉花播种面积和产量数据调整对比 ………… 243
附表 6　2017—2019 年全国和主要省市区棉纱、棉布产量 ……………… 244
附表 7　2017—2019 年原棉进口来源国家（地区）前 10 位 …………… 245
附表 8　2017—2019 年全国原棉进口数量和金额前 10 位省市区 ……… 245
附表 9　2017—2019 年原棉、棉纱和棉布进出口统计 …………………… 246

名词术语及中英文缩写 ……………………………………………………… 247
参考文献 ……………………………………………………………………… 253

第一章
总　论

2017 年，中央提出坚持稳中求进工作总基调，适应把握引领经济发展新常态，牢固树立和贯彻落实新发展理念，坚持以提高发展质量和效益为中心，坚持宏观政策要稳、产业政策要准、微观政策要活、改革政策要实、社会政策要托底的政策思路，坚持以推进供给侧结构性改革为主线，适度扩大总需求，加强预期引导，深化创新驱动，全面做好稳增长、促改革、调结构、惠民生、防风险各项工作，促进经济平稳健康发展和社会和谐稳定。

2017—2018 年，“三去一降一补”是供给侧结构性改革的任务之一，农业要把增加绿色优质农产品供给放在突出位置，狠抓农产品标准化生产、品牌创建、质量安全监管。

2018 年，是我国国民经济和社会发展进入新常态的第五年，供给侧结构性改革的第 3 年，国民经济建设和社会发展继续按照“稳中求进”的总基调进行调控，这一年以供给侧结构性改革为主线，以确保打赢“三大攻坚战”为重要任务，推动经济社会高质量发展成为主旋律，经济社会发展运行呈现“稳中有进”的显著特征。

到 2019 年，是全球金融危机的第 11 个年头，全球经济复苏缓慢，受贸易摩擦、关税壁垒的重大影响，全球贸易和经济增长都大大低于预期。

2019 年下半年，中央提出“六稳”工作重点——稳就业、稳金融、稳外资、稳外贸、稳投资、稳预期。

2020 年，中美经贸摩擦缓和，但是新年伊始，新型冠状病毒肺炎疫情（2019－nCoV）在武汉市及湖北省暴发，接着全国实行“禁止通行”“宅家”抗疫，增加了经济和市场环境不确定性。我国一季度 GDP 增长－6.8%，在严肃认真

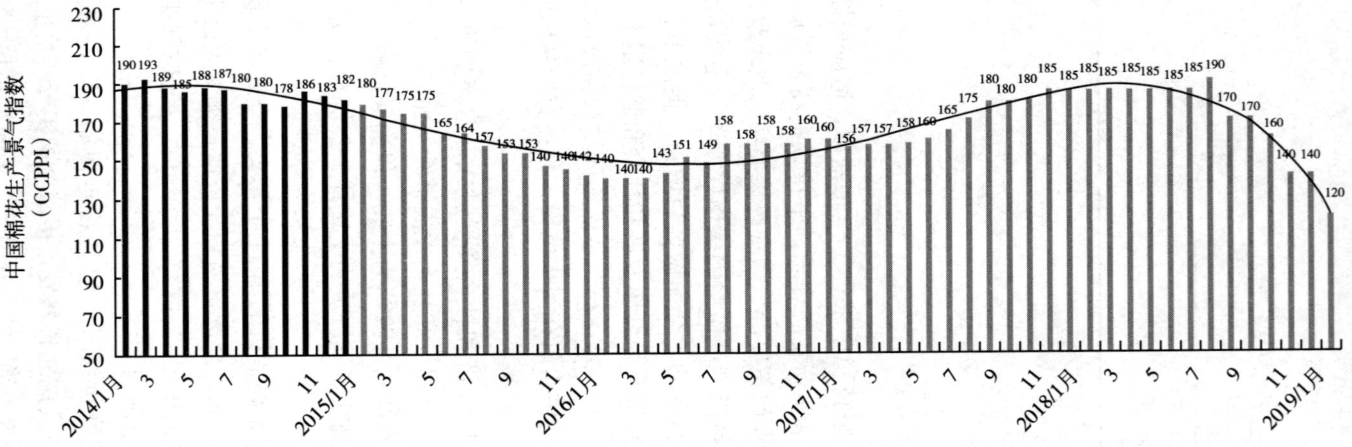

图1-1　2014年以来中国棉花生产景气指数（CCPPI）变化

来源：中国棉花监测预警数据。

抗疫的基础上，积极复工复产，二季度 GDP 由负转正，增长 3.2%。正当中国疫情日益转好之时，国际上亚洲韩国、伊朗和日本，欧洲意大利、德国、法国、英国，北美洲美国、墨西哥，非洲的南非，南美洲巴西、秘鲁、哥伦比亚等地大暴发大流行，受新型冠状病毒全球蔓延的不利影响二季度全球经济负增长。

2017—2019 年，我国棉花/农业以供给侧结构性为主线，以转型升级提质增效为目标，积极推进前几年“洋货入市、国货入库”延伸至“三量齐增”——生产量、进口量、库存量增加进而演化成“三量齐减”——生产量、进口量、库存量减少的转型，棉花供给与需求呈现“收敛态势”。棉花生产呈现“稳中有降”“稳中有进”与消费减少的特点，针对新疆的棉花目标价格政策继续实行，产业转型升级提质增效积极作用正在显现，推进棉花由增产导向转向提质导向，国产原棉品质正从“中低端”向“中高端”的转变取得新进展，但也有棉花生产区域不平衡，植棉收益下降的结构性问题。

中国棉花生产景气指数（CCPPI）呈现全面下行正是对这一变化的反应，“生产呈稳定或弱的减少走向，消费增量不足、供过于求、高品质不能满足纺织需求的矛盾突出”，2017—2019 年中国棉花生产景气指数（CCPPI）在 170→120 之间运行（图 1－1）。

第一节 2017—2019 年中国棉花生产

2017—2019 年，是我国农业深化供给侧结构性改革，质量兴农绿色发展的推进年，还是农业农村部倡导“农业质量年”的开局之年（2018），在这样的大背景下，我国棉花生产整体呈现“稳中有降”“稳中有进”，推进高品质棉花生产成为转型升级的亮点。但是，这几年也存在棉花种植区域布局失调加剧，高品质棉花缺口加大的突出问题。

一、棉花生产

（一）近几年棉花产能

2017—2019 年全国棉花平均总产 588.2 万吨，呈现相对稳定状态。

全国棉花单产以 2018 年最高，该年为丰收年景。2019 年为歉收年景，单产下降，歉收产区在新疆，其中北疆春季初夏持续低温阴雨，导致大面积弱苗迟发而减产（见第二章）。

2017—2019 年，统计面积 3 333 千公顷上下（5 000 万亩），仍处于历史的低位，延续 2010 年以来减少趋势。又据市场和专家数据，2018 年全国棉花播种面积 5 400 万亩上下，皮棉单产 115～120 千克/亩，总产 630 万～640 万吨，高于 2017 年。国内市场对全国棉花产量的看法高于国家统计局（图 1－2）。

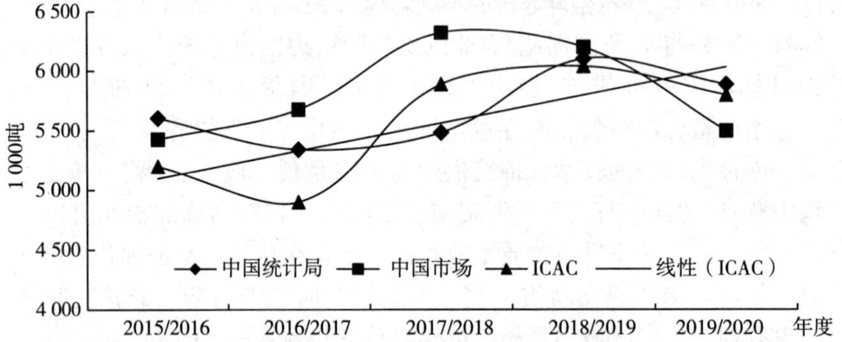

图 1－2　近几年国内外市场对我国棉花产量的估计

全国棉花产区的区域不平衡加剧。长江、黄河流域棉区面积进一步缩减，从 2015 年的 1 865 千公顷下降到 2019 年 778 千公顷，减幅 58.3%，延续 2010 年以来的下滑趋势没有停止。西北内陆以新疆为主的棉区不断扩大，受目标价格利好影响，新疆面积不断扩大，使得西北内陆棉区面积从 2015 年的 2 229 千公顷扩大到 2019 年的 2 560 千公顷，扩大 14.8%，延续 2010 年以来的扩张趋势没有停止，面积占全国的比例从 2015 年的 55.2%扩大到 2019 年的 76.7%，总产占全国的 85.5%（表 1－1）。

表 1－1　近几年全国和流域棉花生产

单位：千公顷，万吨，千克/公顷

年份	全国			流域面积			流域总产		
	面积	单产	总产	长江	黄河	西北	长江	黄河	西北
2015	3 775	1 565	590.7	811	1 054	2 229	70.7	111.4	354.7
2016	3 198	1 671	534.3	650	904	1 818	52.1	101.8	361.4
2017	3 195	1 769	565.3	490	467	2 237	53.2	52.3	459.8
2018	3 354	1 819	609.6	382	458	2 513	42.5	52.6	514.6
2019	3 339	1 764	588.9	349	429	2 560	37.5	47.9	503.5

注：长江流域棉区包括四川、湖南、湖北、安徽、江西、江苏和浙江；黄河流域棉区包括河南、河北、山东、天津、山西和山西；西北内陆棉区包括新疆、甘肃河西走廊和内蒙古西部。

来源：国家统计局 2018 年中国统计年鉴。

从产区来看，三个产区棉花生产呈现极大反差，西北内陆新疆棉区积极性高昂，针对新疆棉花目标价格利好，加上兵团农业职工承包经营体制改革，综合效应有效激发了农民、团场职工和工商涉棉企业的棉花种植热情，面积在高位上继续扩大。长江流域和黄河流域棉花面积呈现较大幅度的萎缩，植棉积极性遭受重挫。

西北内陆新疆棉区，2019 年，棉花播种面积 3 840.0 万亩（市场认为，包括“帮忙田”全疆棉花播种面积在 4 500 万亩上下），比 2016 年增加1 113.0万亩，增长 40.8%；总产 503.5 万吨（市场 550 万吨以上）。棉花单产在高位上呈现持平或略减态势，品质明显改善。

长江流域棉区，2019 年棉花播种面积 523.5 万亩，比 2016 年减少 451.5 万亩，减 46.3%。

黄河流域棉区，2019 年棉花播种面积 643.5 万亩，比 2016 年减少 712.5 万亩，减少 52.5%。

长江流域、黄河流域棉花面积持续减少已有 10 个年头了（表 1 - 1）。

（二）棉花生产品质提升，高品质棉花短缺

整体上，近几年我国棉花生产品质呈现提升趋势，高品质原棉供给能力最高达到 170 万吨以上，理论供给率达到 46.8%，短缺率高达 53.2%，短缺量在 102 万～193.5 万吨（表 1 - 2）。研究指出，2016—2018 年新疆高品质棉花 71%在北疆，这里是我国高品质棉花集中生产带。

表 1 - 2 近几年我国棉纺织企业对中高品质原棉的需求与新疆产区的供给

年份	高品质原棉市场需求量（万吨）	新疆棉花达到高品质指标产量（万吨）	新疆供给能力（%）	短缺量（万吨）	短缺率（%）
2016	278.8	85.3	30.6	193.5	69.4
2017	285.0	94.0	33.0	191.0	67.0
2018	287.8	175.1	60.8	112.7	39.2
2019	275.0	153.7（全国 172.7）	55（62.8）	102.3	37.2
平均	281.7	131.8（118.1）	46.8（41.6）	149.9	53.2

注：①新疆供给能力＝新疆公检达到中高端品质指标产量/新疆公检产量×100%。

②2019 年（ ）为全国数据。

③供给能力和短缺率都未考虑异性纤维、杂质、短纤维含量等。如果考虑高品质，则供给量减少。

④高品质原棉，指适合纺 40 英支及以上纱支的棉花。原棉的纤维长度 25.8 毫米及以上、断裂比强度 28.5 厘牛/特克斯及以上、马克隆值 3.7～4.6，短纤维 16 毫米及以下，纺漂白纱和色纺纱分别控制在 11.5%和 15.0%以内，异性纤维含量≤0.3 克/吨，杂质含量≤2.5%。

问题是，如果考虑高品质棉花生产规模、商品的集中度等，再一并考虑异性纤维含量不超过 0.1 克/吨、短纤维率和杂质含量等重要指标，实际高品质原棉的短缺率更大，补品质短板是我国棉花转型升级提质增效的重点目标任务之一。

2018 年，全新疆原棉各项质量指标均好于 2017 年，其中：白棉 3 级及以上占比 91.1%，同比高 1.1 个百分点；纤维长度 28 毫米及以上占比 94.68%，同比高 2.12 个百分点；马克隆值（A 档＋B 档）（3.5～4.9）占比 87.41%，同比高 7.52 个百分点；断裂比强度 S2（29.0～30.9）厘牛/特克斯及以上档占比 35.63%，同比高 7.26 个百分点。

2018 年，兵团棉花产量品质实现了再提升，有 6 项质量指标高于 2017 年，其中长度、马克隆值、断裂比强度三项重要质量指标均高于全国和新疆维吾尔自治区水平。“双 29”指标、白棉 1—3 级占比均好于 2017 年，北疆大部分师团棉花整体质量水平接近“澳棉”水平（强力差于澳棉），兵团棉花产业在国际国内市场影响力持续增强。

2019 年，北疆低温多雨，前中期棉花严重迟发后期晚熟导致高品质棉花产量减少。

我国中高端品质原棉的需求量大。据中国棉纺织行业协会 2019 年最新统计，全国纺织企业对中高端品质原棉需求占整个市场需求量的 80%，其中，40～50^s 英支中端品质占 60%～70%，需求量 400 万吨；60^s 英支以上高端品质占 15%～20%，需求量 120 万～150 万吨；32^s 英支以下低端品质仅占 10%～15%。

（三）采棉机和机械化采收面积快速增长

新疆棉花机械化采收始于 21 世纪初期。全疆采棉机从 2006 年的 303 台增长到 2018 年的 3 600 台，增长 10.9 倍，其中兵团占 65.3%，地方包括农机专业合作社占 35.0%。

2018 年，全疆棉花机械化采收面积 1 500 万亩，机采率达到 37.5%，其中兵团占 80%以上。

2019 年，全疆机采棉面积达到 2 149.5 万亩，约占棉花播种面积 53.7%。据新疆生产建设兵团统计年鉴，2019 年棉花机械化采收面积 1 080 万亩，增长 4.9%，占播种面积的 82.0%，扩大 1.6 个百分点，其中北疆兵团和地方机采面积达到 95%。

二、棉花价格

（一）交售籽棉价格稳中下降

近几个年度，籽棉售价稳中有降，其中 2017/2018、2018/2019 年度棉花相对平稳，2019/2020 年度大幅下降 1.13～1.20 元/千克，降幅 16.7%～17.5%（表 1-3）。

表 1-3 近几个年度籽棉售价比较

年度	籽棉售价（元/千克）	衣分率（%）	籽棉折皮棉收购价（元/吨）
2016/2017	6.99	39.0	15 695.0
2017/2018	6.78	39.0	15 510.0
2018/2019	6.85	39.0	15 123.0
2019/2020	5.65	39.0	12 528.0

注：部分数据来自“丝路小棉袄”，2019-01-10.

从收购市场来看，近几年籽棉交售和收购没有出现“金九银十”的火爆场面，也没有出现“卖棉难”的不景气，呈现“稳”的态势。受中美经贸摩擦影响，2019 年度收购价格下降。

新棉收购价格“高开低走”，但强度不大，下降不多。

从区域来看，内地籽棉售价高于新疆 0.1～0.2 元/千克。

受交售价格下降的影响，棉农植棉的收益减少。与 2016 年相比，2017 年、2018 年植棉的现金收益分别减少 4.3%和 12.2%。

（二）国内棉价运行平稳，国际棉价继续上涨，国内外棉价“倒挂”缩小

2018 年，中国棉花价格指数（3 128B）年均价为 15 875 元/吨，与 2017 年 15 924 元/吨相近，表明全年运行相对平稳。但是，6—9 月受天气、市场预期等影响，明显高于 2017 年，而 10—12 月受中美贸易争端影响，市场信心不足明显，后期大幅下降，明显低于 2017 年的同期。2019 年平均价 14 256 元/吨，下降 10.2%。

按年度计，2018/2019 年度中国棉花价格指数（3 128B）均价最高为 15 913元/吨，2019/2020 年度最低为 12 573 元/吨，下降 20.9%（图 1-3）。

2018 年，国际棉价 Cotlook A 指数的年均价 91.38 美分/磅（按汇率测算，约合 13 310 元/吨），比 2017 年的年均价 83.60 美分/磅（按汇率测算，约合 12 457 元/吨）提高了 9.3%，差值高于中国市场。2019 年平均价 77.93

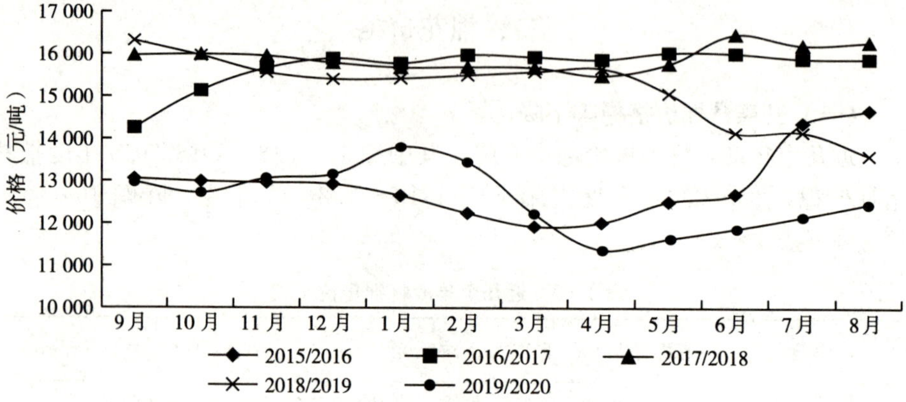

图 1-3　2015/2016—2019/2020 年度中国棉花价格指数（CCIndex 3 128B）变化

美分/磅，比 2018 年下降 14.7%。

按年度计，2018/2019 年度 Cotlook A 指数均价最高为 89.31 美分/磅，2019/2020 年度最低为 71.24 美分/磅，下降 20.2%，国内外价格跌幅一致（图 1-4）。

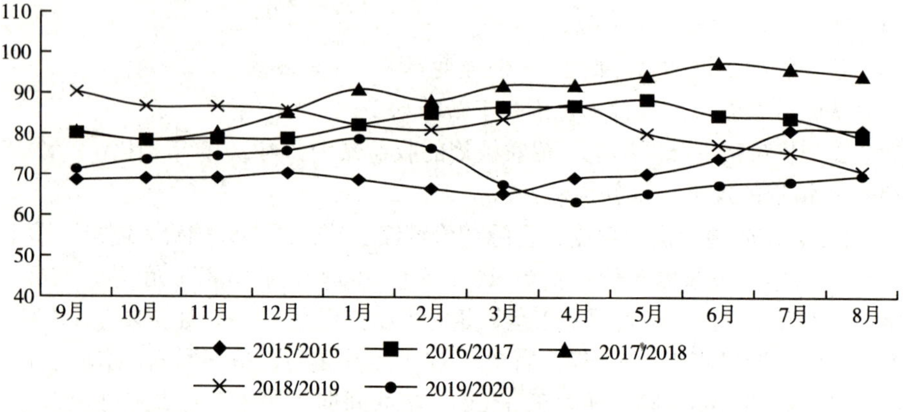

图 1-4　2015/2016—2019/2020 年度国际棉花价格指数（Cotlook A）变化

近几年国内外棉价格“倒挂”的确在缩小，1%关税完税价国内市场高于国际市场，2017 年 3 366 元/吨、2018 年 2 452 元/吨，2019 年 2 317 元/吨，2020 年 1—6 月均价低于国际市场的 1 421 元/吨。这是国内市场对新冠病毒肺炎疫情暴发流行的激烈反应，国内生产停止、消费停滞，国际价格高于国内价格（图 1-5）。

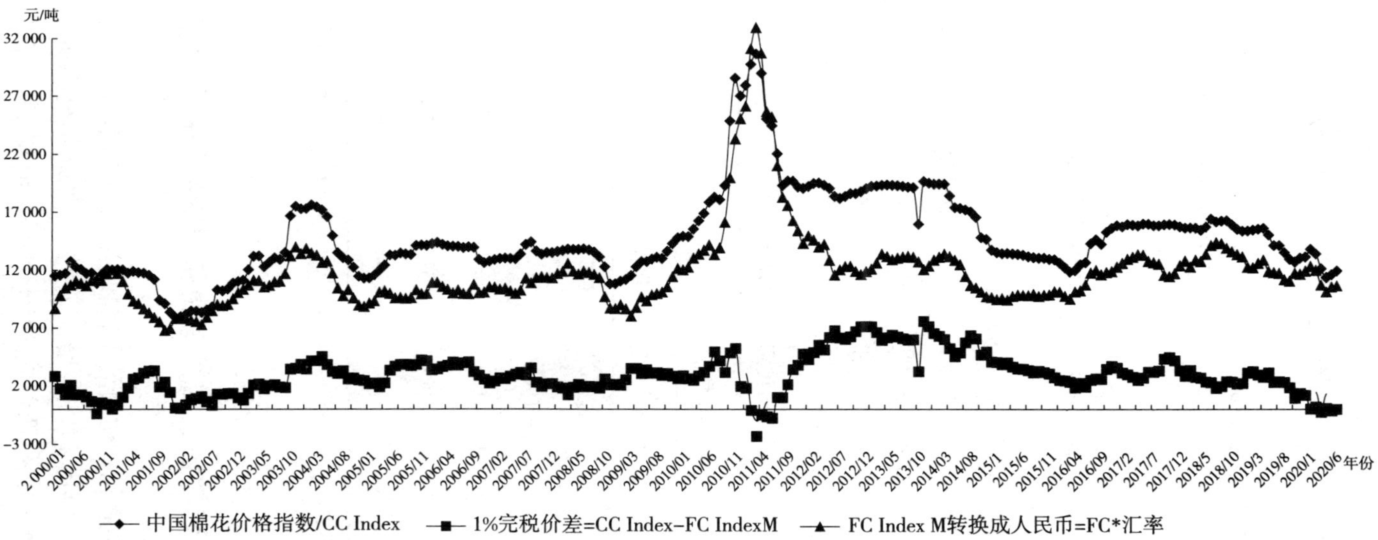

图1-5　2000年以来国内外棉花价格“倒挂”变化

来源：中国棉花监测预警数据。

（撰稿：毛树春）

第二节　棉花消费和贸易

本节论述棉花消费涉及的纱布产量和纺织用棉，纺织品服装居民消费和出口贸易，原棉进口贸易的来源地及目的地等，棉纱线净进口贸易，中美经贸摩擦及结果。

一、纱、布产量和纺织用棉

近几年纱、布和棉纱线产量呈现减少的趋势明显，这与我国支持行业工业产业转型升级、结构调整有紧密关系。其中，受中美经贸摩擦、加征关税升级等的影响更大。与 2017 年相比，2018 年和 2019 年棉纱线产量分别减少 0.8% 和 4.4%，棉布产量分别减少 1.6%和 8.2%。市场一般认为，中美经贸摩擦减少纺棉 100 万吨（表 1－4）。

表 1－4　近几年我国纱、布产量和纺织用棉

年份	纱产量和纺织用棉（万吨）			布产量（亿米）	
	纱	棉纱线	纺棉	布	棉布
2015	3 538.3	1 843.0	675.0	892.6	585.0
2016	3 732.6	1 884.0	715.0	906.8	610.0
2017	3 191.4	1 929.0	755.0	691.1	610.0
2018	2 958.9	1 914.0	755.0	657.3	600.0
2019	2 892.1	1 829.0	699.0	575.6	560.0

注：纱和布产量据《中国统计年鉴 2019》。棉纱线、纺棉、棉布产量和纺棉，据中国纺织工业联合会《中国纺织工业发展报告》。

二、纺织品服装零售、居民消费和棉制纺织品及服装出口

全国限额以上服装鞋帽针纺织品零售和居民衣着消费额不断增长。居民衣着消费增长较快，2019 年比 2018 年增长 7.8%。2019 年全国穿着类商品零售额同比增长 15.4%，继续保持两位数的增长水平，但较 2018 年放缓 6.6 个百

分点（表 1－5）。

表 1－5　我国纺织品服装零售、居民衣着消费与出口

年份	全国限额以上服装鞋帽针纺织品零售（亿元）	居民衣着消费（元/人）			棉制纺织品及服装出口额（亿美元）	
		全国	城镇	农村	出口额	占纺织服装比例（%）
2015	13 484.0	1 164.1	1 739.0	550.5	882.0	31.3
2016	14 433.0	1 202.7	1 739.0	575.4	823.4	31.4
2017	14 557.0	1 237.6	1 757.9	611.6	820.4	30.7
2018	14 707.0	1 288.9	1 808.2	647.7	795.5	28.8
2019	14 806.3	1 388.1	1 831.9	713.3	746.7	27.5

注：限额以上服装鞋帽针纺织品零售和居民衣着消费数据来自国家统计局。棉制品及棉制服装出口额来自《海关统计》

整体看，我国居民纺织品服装消费还有巨大潜力。有关研究指出，出口转内销将可能成为纺织品市场的新趋势，我国外贸转变经营方式，将在国际贸易的不确定性和复杂性中寻找“大进大出”转向“优进优出”的突破空间。依据是，发达国家人均纺织品消费额在 1 000 美元以上，我国纺织品人均消费不足 200 美元，国内外差距巨大，国内消费升级为高品质商品进口提供了新红利，也为市场扩展提供了巨大空间。

棉制纺织品及服装出口额不断减少，受外需减弱及贸易环境风险上升影响，纺织行业出口形势较为严峻。2019 年比 2018 年减少 6.5%，在全国纺织品服装出口总额中所占比例下降至 27.5%（表 1－5）。从市场结构来看，近几年对新兴市场出口表现好于传统市场。对“一带一路”沿线国家和地区出口纺织品服装的金额同比增长 3.7%，而 2019 年同期对美国、日本和欧盟出口金额同比分别减少 6.6%、4.6%和 4.4%。

按人民币计算，近几年，纺织品服装出口在稳定中保持弱势增长，2019 年纺织品服装出口 18 730.0 亿元，增长 2.6%。其中纺织纱线、织物出口增长 5.5%，且保持了 3 年。2019 年服装及衣着附件出口 10 447 亿元，增长 0.3%（表 1－6）。

表 1－6　我国纺织品服装出口额

单位：亿元

年份	纺织品服装合计	同比增长（%）	其中			
			纺织纱线、织物及制品	同比增长（%）	服装及衣着附件	同比增长（%）
2014	18 283	—	6 838	3.8	11 445	4.2
2015	17 615	−3.7	6 796	−1.3	10 819	−5.5
2016	17 338	−1.6	6 925	1.9	10 413	−3.7
2017	18 097	4.4	7 441	7.4	10 656	2.3
2018	18 264	0.9	7 851	5.1	10 413	−2.3
2019	18 730	2.6	8 283	5.5	10 447	0.3

数据来源：国家统计局统计公报。

三、原棉、棉纱线进出口贸易

（一）原棉进口

1. 进口量和金额

2017—2019 年，我国原棉进口增长，各年进口量和进口金额如下（图 1－6）。

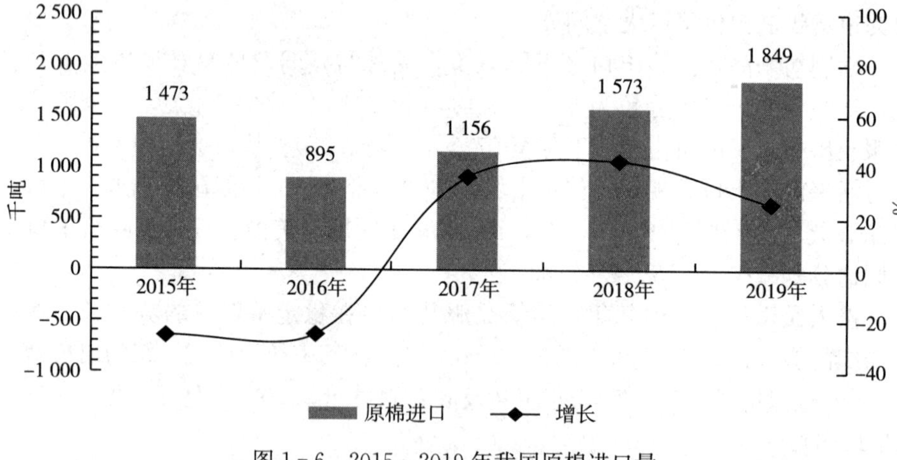

图 1－6　2015—2019 年我国原棉进口量

数据来源：《海关统计》整理。

2017年，进口原棉115.6万吨，比2016年增长29.2%。进口金额21.86亿美元，比2016年增长39.5%。

2018年，进口原棉157.3万吨，比2017年增长36.1%。其中12月进口22万吨，增幅高达124.5%。进口量高于89.4万吨源自2018年6月追加的配额80万吨。进口金额31.65亿美元，增长44.8%。

2019年，进口原棉184.9万吨，增长17.5%。进口金额37.5亿美元，增长12.2%。

2. 原棉主要进口来源地（表1-7）

2017—2019年，进口来源地分别有33个、37个和43个国家（地区）。

表1-7 2017—2019年原棉进口前10位国家或地区

单位：万吨

序号	2017		2018		2019	
	国家或地区	进口量	国家或地区	进口量	国家或地区	进口量
1	美国	50.6	美国	52.9	巴西	50.5
2	澳大利亚	25.8	澳大利亚	42.4	澳大利亚	39.8
3	印度	11.2	巴西	18.6	美国	36.0
4	乌兹别克斯坦	9.3	印度	17.2	印度	20.6
5	巴西	6.7	乌兹别克斯坦	6.2	乌兹别克斯坦	7.7
6	贝宁	3.2	苏丹	3.0	贝宁	4.4
7	苏丹	1.6	墨西哥	2.0	墨西哥	3.9
8	布基纳法索	1.1	希腊	1.9	苏丹	4.0
9	希腊	1.0	布基纳法索	1.8	布基纳法索	3.0
10	墨西哥	1.0	科特迪瓦	1.8	马里	2.2
	前10个合计	111.4	前10个合计	147.8	前10个合计	172.1
总计	33	115.6	37	157.3	43	184.9

数据来源：《海关统计》整理，因四舍五入位数有差异。

按进口数量（表1-7），2017—2018年美国排第一位，在中美经贸摩擦加征关税背景下，2019年巴西排第一，美国排第三。3年进口量合计457.2万吨，其中进口美棉139.5万吨，占30.5%，仍排第一位。澳大利亚3年都排第二位，3年合计进口108.0万吨，占23.7%。巴西3年进口75.7万吨，占16.6%，排第三位。印度排第四位，3年合计进口49.0万吨，占10.7%。以上 4 个国家合计占 81.4%。

进口来源地变化表明，我国原棉进口来源地有选择余地。而中美之间合作基础深厚，原棉进口与美国纺织品服装进口的相互依存度非常高。

按进口额（表 1－8），2017—2018 年美国排第一位，在中美经贸摩擦加征关税背景下，2019 年巴西排第一。3 年合计进口额 89.11 亿美元，其中美棉进口额 27.76 亿美元，占 31.2%，仍排第一位。澳大利亚 3 年都排第二位，3 年合计澳棉进口额 22.19 亿美元，占 24.9%。3 年巴西棉进口额 14.16 亿美元，占 15.9%，排第三位。印度棉进口额排第四位，3 年合计进口额 8.94 亿美元，占 10.0%。以上 4 个国家合计占 82.0%。

表 1－8　2017—2019 年原棉进口金额前 10 位国家（地区）

单位：亿美元

序号	2017		2018		2019	
	国家或地区	进口额	国家或地区	进口额	国家或地区	进口额
1	美国	9.83	美国	10.63	巴西	9.30
2	澳大利亚	4.97	澳大利亚	9.02	澳大利亚	8.20
3	印度	1.93	巴西	3.64	美国	7.30
4	乌兹别克斯坦	1.71	印度	3.21	印度	3.80
5	巴西	1.22	乌兹别克斯坦	1.25	乌兹别克斯坦	1.60
6	贝宁	0.59	苏丹	0.48	贝宁	0.90
7	苏丹	0.24	布基纳法索	0.37	墨西哥	0.70
8	布基纳法索	0.2	墨西哥	0.36	苏丹	0.60
9	希腊	0.18	希腊	0.36	布基纳法索	0.60
10	墨西哥	0.18	科特迪瓦	0.36	马里	0.40
	前 10 个合计	21.04	前 10 个合计	29.69	前 10 个合计	33.4
总计	33	21.86	37	31.65	43	35.60

数据来源：《海关统计》整理，因四舍五入位数有差异。

另外，近几年我国原棉出口在增长。2017—2019 年，出口量分别为 1.7 万吨、4.7 万吨和 5.2 万吨，出口额分别为 0.34 亿美元、0.94 亿美元和 0.90 亿美元，越南是主要出口目的地。出口量的增长与国内棉花价格与国际的差异即价格“倒挂”小也有一定关系。

（二）全国各省市区进口

2017—2019 年，全国进口原棉省份分别为 24 个、22 个和 22 个。按进口量和金额多少排序，山东省、江苏省进口量、进口量分别排第一位，该两省为全国最大的棉花纺织省份，新疆进口量、进口额增加与纺织企业转移，也与高品质棉花短缺密切相关。河南省进口量、进口额不断增加，排序不断靠前。福建省业已成为全国棉纺织大省之一，进口原棉数量和进口额也在增长（表 1-9、表 1-10）。

表 1-9 2017—2019 年全国原棉进口量前 10 位省市区

单位：万吨

序号	2017		2018		2019	
	省份	进口数量	省份	进口数量	省份	进口数量
1	山东	55.40	山东	89.87	山东	108.33
2	江苏	29.33	江苏	33.74	江苏	38.38
3	湖北	6.79	新疆	6.92	湖北	8.26
4	新疆	4.99	湖北	5.88	河南	3.73
5	广东	3.41	浙江	2.96	浙江	3.47
6	北京	2.85	河南	2.82	广东	3.34
7	浙江	2.67	河北	2.73	河北	3.12
8	江西	1.84	广东	2.48	新疆	2.82
9	上海	1.79	福建	2.10	福建	2.50
10	河南	1.44	北京	1.44	天津	2.19
合计		110.51		150.94		176.14
总计	24	115.48	22	157.27	22	184.69

注：数据来自《海关统计》快报数，因四舍五入尾数有差异。

表 1-10 2017—2019 年全国原棉进口额前 10 位省市区

单位：亿美元

序号	2017		2018		2019	
	省份	进口金额	省份	进口金额	省份	进口金额
1	山东	10.46	山东	18.07	山东	20.94
2	江苏	5.48	江苏	6.71	江苏	7.38
3	湖北	1.30	新疆	1.37	湖北	1.60
4	新疆	0.91	湖北	1.18	河南	0.73

（续）

序号	2017		2018		2019	
	省份	进口金额	省份	进口金额	省份	进口金额
5	广东	0.64	浙江	0.58	浙江	0.66
6	北京	0.55	河南	0.56	广东	0.63
7	浙江	0.50	河北	0.54	河北	0.60
8	江西	0.37	广东	0.50	新疆	0.51
9	上海	0.34	福建	0.44	福建	0.49
10	河南	0.28	北京	0.31	天津	0.43
合计		20.83		30.26		33.96
总计	24	21.86	22	31.65	22	35.63

注：数据来自《海关统计》快报数。因四舍五入尾数有差异。

另外，随着纺织业的转移，西部地区的宁夏、广西等也在进口原棉。

（三）棉纱线净进口增长

我国棉纱线进出口平衡后为净进口国家，近几年净进口量呈现减少趋势（图 1－7）。各年净进口变化如下：

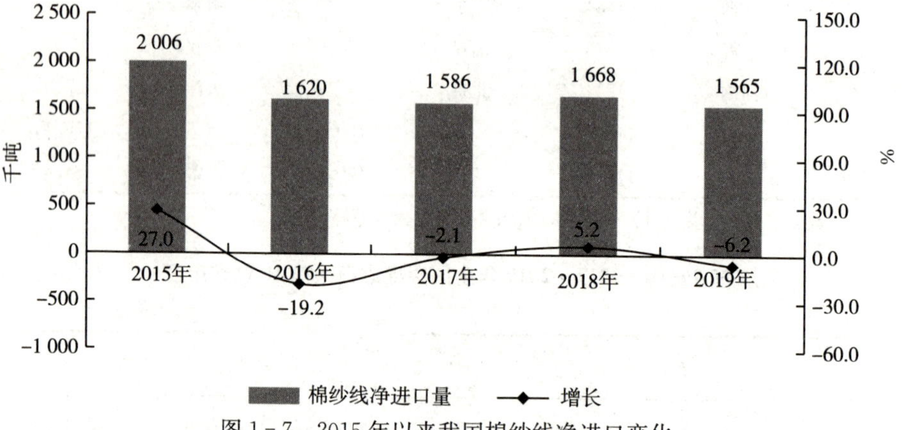

图 1－7　2015 年以来我国棉纱线净进口变化

2017 年出口 43.1 万吨，平衡后净进口 158.6 万吨，净进口同比减少 2.1%。

2018 年出口 40.2 万吨，平衡后净进口 166.8 万吨，增长 5.2%。

2019 年出口 37.5 万吨，平衡后净进口 156.5 万吨，增长－6.2%。

越南、印度和巴基斯坦是我国棉纱线主要进口来源地。

四、中美经贸摩擦与原棉和纺织品服装

2018 年，由美国单方面发起的经贸摩擦升级为贸易战。3 月，美国发起对进口欧盟、加拿大、墨西哥、中国和印度等国的钢、铝分别加征 25%和 10%的关税。6 月 15 日，美国政府依据“301 调查”单方面认定结果，宣布对原产于中国的 500 亿美元商品加征 25%的关税。7 月 6 日，中美贸易战暴发，美国对从我国进口 500 亿美元商品之中的 340 亿美元加征 25%的关税；8 月 27 日起，又对进口我国 160 亿美元商品加征 25%关税。为维护自身正当权益和维持多年贸易体制，我国不得不对进口美国价值 340 亿美元商品加征 25%的关税，予以对等反制。

2019 年 9 月 24 日，美国对进口我国 2 000 亿美元商品加征 10%的关税（加上之前 500 亿美元 25%关税，共计 2 500 亿美元），我国不得不对进口美国价值约 600 亿美元商品加征 25%关税（涉及农产品有大豆、棉花、高粱等）。

在 2018 年 5 500 亿美元输美加征关税的商品中，棉花及纺织品服装为 490 亿美元，约占 8.9%。

2019 年美国参议院、众议院相继通过《2019 年维吾尔人权政策法案》，干扰和破坏我国内政，对新疆棉花及纺织品出口也有一定影响。

近几年，与美国的经贸在摩擦中，一边加征关税一边又在排除，可见中美经贸争端的实质是一场战斗（表 1 - 11、表 1 - 12）。

表 1 - 11 中美经贸摩擦加征关税与排除表

美国单方面发起		中国的反制	
500 亿美元	2018 年 7 月 6 日，对中国输美 340 亿美元商品加征 25%关税，包括化学制品、药品、金属制品、铝合金制品，半导体及相关产品。中国 3D 打印行业出口量非常大的材料——PLA（丙烯腈—丁二烯—苯乙烯）和 ABS（聚乳酸）。不涉及棉花及纺织品服装	500 亿美元	2018 年 7 月 6 日，美国输入中国 340 亿美元，在所列产品中农产品唱主角，涉及美国农产品约 240 亿美元，其中大豆 140 亿美元，猪产品（猪杂碎）12 亿美元，棉花 10 亿美元，高粱 10 亿美元，水果 6 亿美元，乳品 5 亿美元，小麦 4 亿美元，坚果 4 亿美元，玉米 2 亿美元，其他产品 50 亿美元。不涉及棉花和纺织品服装

（续）

美国单方面发起		中国的反制	
500 亿美元	2018 年 8 月 23 日，160 亿美元，包括电子产品、塑料制品、化学品、药品、铁路设备、摩托车、铁路产品等。不涉及棉花及纺织品	500 亿美元	2018 年 8 月 23 日，160 亿美元，包括 14042000，棉短绒；52010000，未梳的棉花；52021000，废棉纱线（包括废棉线）；52029100，棉的回收纤维；52029900，其他废棉。税则号 5202000，已梳的棉花在第 7 号公告中被取消
2 000 亿美元	2018 年 9 月 24 日，对中国输美 2 000亿美元加征 10%关税，涉及 6 000多个税号，其中涉及纺织品服装贸易额 74.0 亿美元，占 2017 年中国对美出口额的 57.9%。 2019 年 5 月 10 日，关税从 10%提高到 25%	600 亿美元	2018 年 9 月 24 日，涉及 5 000 多个商品税号，涵盖食品、金属矿物、金属制品、已梳的棉花和部分纺织品等 2019 年 6 月 10 日，对已实施加征关税的 600 亿美元清单美国商品中的部分，提高加征关税税率，分别实施 25%、20%或 10%加征关税。对之前加征 5%关税的税目商品继续加征
3 000 亿美元	2019 年 9 月 1 日，1 250 亿美元加征 15%关税。包括服装、多种鞋类、尿布、智能手表等，水果、蔬菜等。其中包括棉花及纺织品服装 490 亿美元，占 5 500 亿美元的 7.45% 2019 年 12 月 15 日，对中国输美 1 750 亿美元商品加征 15%关税，后取消	750 亿美元	2019 年 9 月 1 日，对原产于美国的 5 078 个税目、约 750 亿美元进口商品加征关税，自 9 月 1 日与 12 月 15 日起对进口美国商品加征 5%或 10%的关税 2019 年 9 月 13 日起，按照市场化原则和 WTO 规则，自美采购一定数量大豆、猪肉等农产品，加征关税排除。 2019 年 12 月 15 日，第一部分所列 749 个税目商品加征 10%的关税，对第二部分所列 163 个税目商品加征 10%的关税，对第三部分所列 634 个税目商品加征 5%的关税，对第四部分所列 1 815 个税目商品加征 5%的关税

注：据相关文件整理。

表 1-12　美国对我国加征关税涉及原棉、纺织品服装

加征商品批次		加征时间	加征税率	排除情况	说明
500 亿美元	340 亿美元	2018 年 7 月 6 日	25%	排除 8 批	
	160 亿美元	2018 年 8 月 27 日	25%	排除 3 批	
2 000 亿美元		2019 年 5 月 10 日	25%	排除 12 批，11 批涉及纺织品合计 48 个税号	占 2017 年纺织品服装出口额约 10%
3 000 亿美元	第一批约 1 250 亿美元	2019 年 9 月 1 日	15%，后调整为 7.5%	排除 5 批	纺织品服装出口大部分
	第二批约 1 750 亿美元	2019 年 12 月 15 日	暂时取消加征		

数据来源：中国棉花协会．2019 中国棉花产业发展白皮书．

随着中美贸易战的持续发酵，国内外棉花期现货价格均持续走低。国内郑棉主力合约跌至 12 500 元/吨以下，ICE 期棉 2018 年 12 月合约结算价也持续位于 60 美分/磅之下运行。受人民币汇率贬值影响，内外棉价差自 8 月初的 1 500元/吨不断收窄，至 2020 年 6 月仅不足 700 元/吨。

（撰稿：毛树春）

第三节　棉花市场

本节论述包括棉花收购贷款资金、棉花公证检验、棉花“去库存”和放储、棉花供需平衡表及新年度展望。

一、棉花贷款

农发行是政策性银行，为棉花和农产品收购提供贷款资金。近几年棉花收购资金占全部收购资金的比例 60%，其中在新疆占 70%以上（表 1-13）。

近几年，面对新疆棉花市场的新形势、新变化、新挑战，按照“早部署、早投放、优服务、优环境”的要求，没有出现“卖棉难”和打“白条”现象，为新疆棉花收购托住“资金底”，保护了农民的利益，达到政府、企业、农民“三满意”。近几年农发行棉花收购贷款采购措施如下：

一是方向正确。不断深化和完善“一行两策”信贷策略，建立差异化（新

疆与内地）信贷政策体系，将现有棉花收购信贷政策措施逐步长期化。在新疆，巩固新疆棉花信贷业务的重要地位，进而保持农发行全国棉花信贷业务主导银行的地位，有重点地做好棉花全产业链的金融支持。在内地，重构棉花信贷业务格局，按照市场化和效益优先的原则，合理选择项目，抓住重点环节，追求管理精细化。

二是功能突出。发挥棉花收购信贷资金供应主渠道作用，做到合理规划收购布局，提前完成贷前准备，切实做到“钱等棉”，确保资金及时支付。

三是风险可控。坚持问题导向，盯紧管住重点部位和薄弱环节，着力加强信贷资金全流程管理，从坚持“双结零”，即新年度棉花贷款必须结清前一年度的棉花贷款。

表 1-13　中国农业发展银行支持棉花收购贷款

年份	发放棉花收购贷款（亿元）	支持收购（收储）棉花（万吨）	说明
2016	384.9	261.0	占新疆产量的 67.0%
2017	462.0	316.8	占新疆产量的 70.0%
2018	323.0	442.0	占全国产量的 62.0%
2019	405.0	336.0	占新疆产量的 67.0%

数据来源：相关网站公开资料及中国农业发展银行 2016—2018 年度报告。

此外，2019 年中国农业发展银行还支持棉花产业化龙头企业贷款 170 亿元，发放棉花仓单融资贷款 55 亿元，支持棉花供需衔接；发放棉花预购贷款 3.9 亿元，支持新疆优质棉基地建设；积极创新信贷支持模式。以“期货+保险”开展风险控制组合设计，推出“保值贷”模式，帮助试点企业累计成交棉花 9.19 万吨，对应贷款 10.11 亿元，帮助企业盈利近亿元，有效规避了棉花价格大幅下跌对企业经营的影响。

2020 年 8 月 26 日，中国农业发展银行召开 2020 年度棉花信贷工作视频会议。在疫情防控常态化环境下，面对当前市场形势，农发行切实发挥“当先导、补短板、逆周期”的职能作用，安排 500 亿元信贷规模用于支持棉花收购，切实保护棉农利益。

二、棉花公证检验

2019 年度是深化棉花质量检验体制改革的第 10 年，是新一轮新疆目标价格改革年。

近几年，全国棉花公检加工总数在减少，从 2017 年度的 1 030 家减少到 2019 年度的 962 家，减幅 6.6%。一是内地棉花萎缩，加工企业减少；二是新疆加工企业通过兼并重组变得越来越大，整体上数量减少，新疆与内地都在减少（表 1－14）。

近几年，全国棉花公检包数和产量保持稳定，其中新疆 2 200 万包，产量 500 万吨级水平上，占全国的 90%以上，内地诸多产棉省市（包括尚有未参加公检）产量在不断减少，公检产量从 2017 年度的 28.51 万吨减少到 2019 年的 16.2 万吨，减幅 43.2%。公检棉中细绒棉占 98.9%，长绒棉仅占 1.1%。

关于检验质量，2019 年度轧花质量、纤维长度 28～32 毫米占 92.4%、断裂比强度强及很强（29.0 厘牛/特克斯）占 35.8%，这些指标与 2018 年持平。白棉二级及以上占 95.3%、马克隆 A+B 值占 83.5%、长度整齐度中高级 U2 及以上占 29.0%，这些指标不及 2018 年度。

2016—2018 年度新疆产区高品质棉花的比例和分布见第五章。

近几年，全国参加的棉花质量实验室有 99 家，其中新疆 19 家，内地产棉省市 80 家，拥有 HVI 599 台（件），检验能力达到 1 000 万吨。

表 1－14 2017—2019 年度全国棉花公检产量

年度	公检加工企业（家）			公检量（万包）			公检量（万吨）		
	全国	新疆	内地	全国	新疆	内地	全国	新疆	内地
				截止日期 2018－8－28					
2017	1 030	796	234	2 337.34	2 210.62	126.72	528.68	500.17	28.51
				截止日期 2019－7－7					
2018	971	791	180	2 365.69	2 278.36	893.03	537.17	514.11	20.06
				截止日期 2020－8－28					
2019	962	810	152	2 345.24	2 273.21	720.31	529.32	513.14	16.20

注：“内地”为习惯用法，是除新疆以外的其他产棉省市区的总称。

数据来源：中国纤维质量监测中心网站．http：//www.ccqsc.gov.cn/authorize/index.action.

通过公检获得了全国棉花的实际产量，摸清了全国棉花产量、品质和产地变化，为棉花的宏观调控、科学研究、转型升级、提质增效提供决策支持。通过公检提供的棉花品质系列指标，为按质量定价提供重要参考依据。

三、棉花去库存和放储

2011—2013 年度，我国临时收储的国产棉总量 1 595 万吨，是“洋货入市国货入库”的真实写照，源自当年出台的“临时收储政策”，巨大库存不仅耗费不少国家财力而且棉花品质全面下降，可纺织价值降低。

2016 年，中央提出深入推进农业供给侧结构性改革，国民经济重要工作之一是“三去一降一补”，即“去产能、去库存、去杠杆、降成本和补短板”五大任务，棉花与钢铁、水泥过剩产能一样，列入国家去库存的品种中。

2019 年 1 月 19 日，中央储备粮食工作会议报道，我国政策性粮棉油去库存取得重大进展，棉花、大豆、菜籽油等品种的去库存任务基本完成。

2019 年，“去库存”转为储备库存正常轮换，当年计划轮入 50 万吨，实际轮入 37 万吨。轮出自 5 月 5 日开始，共 22 周。轮出累计计划出库 116.2 万吨，实际成交 99.6 万吨，成交率 85.7%。其中：新疆棉成交 53.8 万吨，成交率 94.3%；内地棉成交 45.8 万吨，成交率 77.41%。成交价格 11 512～14 893元/吨，均价 12 633 元/吨，折标准级（3128）价格 13 160 元/吨。

2016—2019 年，分别去库存 265.9 万吨、322.4 万吨、251.0 万吨和 100.0 万吨，合计库存棉抛售 939.3 万吨，到 2019 年 12 月底，库存国产原棉 655.7 万吨。通过 4 年去库存，降低了库存压力和财政负担，也保障了纺织用棉（表 1－15）。

需要指出的是，2016—2017 年因为不少流通企业参与购买，所购买棉花并未进入纺纱企业，我国棉花的库存量仍很大。

表 1－15　2011—2013 年度临时收储与 2016—2019 年“去库存”明细账

年度	临时收储量[①]（万吨）	临时收储价（万元/吨）	临时收储棉的放储量[②]（万吨）	放储均价（万元/吨）	备注
2011	313.0	19 800			
2012	651.0	20 400			
2013	631.0	20 400	397.0		
2016	未收储	18 600	265.9	13 324	其中放储进口棉 29.6 万吨

（续）

年度	临时收储量[①]（万吨）	临时收储价（万元/吨）	临时收储棉的放储量[②]（万吨）	放储均价（万元/吨）	备注
2017	未收储	18 600	322.4	14 757	其中国内贸易企业购买142.9万吨
2018	未收储	18 600	251.0	14 500～1 500	其中国内贸易企业约购买60万吨[③]
2019	37（轮入）	19 800	100.0	12 633（成交价）	标准价13160（3128）
合计	1 595（未计轮入）	19 800～20 400	939.3		其中非临时收储与国内贸易企业购买232.5万吨

注：①临时收储数据来自中国储备棉管理总公司2011—2014年度社会责任报告。②放储数据来自全国棉花交易市场。③2018年6月4日后停止国内贸易企业购买储备棉。

数据来源：综合中国棉花信息网站、中国棉花协会网站等整理。

储备库放储时间，一般从3月开始到8月30日结束，并根据市场情况适当延期至9月，每个工作日向市场投放。

四、棉花期货

近几年，郑州商品交易所期货品种“一号棉（CF）”成交量和成交总金额都以2016年最多，达到1.6亿张，2015年最少仅0.45亿张。“一号棉”成交总金额也以2016年最多达到11.0万亿元，2015年最少2.87万亿元。

2015—2019年，按国家统计局数据，全国总产量分别为590.7万吨、534.3万吨、565.3万吨、609.6万吨和588.9万吨，再按现货价格3 128B进行测算，理论上期货交易额为现货价值的倍数，分别为36.7倍、150.6倍、44.8倍、101.8倍和52.4倍。其倍数越大表示棉花期货品种“一号棉”（CF）的交易程度越活跃（表1-16）。

郑州商品交易所的棉花期货结算价与国内外现货价格的走势基本一致。但是，棉花期货价格与现货3 128B有差异，表明期货具有规避市场风险的功能。其中2016年期货价格高于现货价格2.5%，存在亏损的可能；其余几年都低于现货价格，表明期货具有盈利机会。

表 1-16　2015—2019 年郑州商品交易所棉花品种“一号棉（CF）”运行情况

年份	“一号棉”总成交量（万张）	“一号棉”总成交金额（亿元）	实物交割（张）	持仓量（万张）	结算价（元/吨）	中国棉花价格指数（3128B，元/吨）	Cotlook A 指数（美分/磅）
2015	4 522.7	28 699.9	16 072	606.1	12 665	13 225	70.40
2016	16 106.0	110 029.5	22 544	741.8	12 921	13 671	74.44
2017	5 213.6	40 264.5	36 592	403.3	15 408	158 897	83.36
2018	5 253.3	98 239.1	86 176	840.8	16 287	15 891	91.39
2019	6 397.1	43 227.0	230 029	1 041.1	13 869	14 179	77.91

注：①成交量、持仓量单位为张，一张仓单=40 吨=8 手，手=5 吨。②成交量、持仓量为双向计算。③成交量含期转现。

数据来源：郑州商品交易所网站，http：//www.czce.com.cn 整理。

五、棉花供需平衡表

棉花供需平衡表反映棉花资源供需平衡所处的状态，是对当前棉花生产、贸易、消费和库存所处状态的一种评价和看法，并及时修正、补充、更新，使之更具有活力和决策支持功能。

国际棉花咨询委员会（ICAC）、美国农业部（USDA）编制全球棉花供需平衡表。在国内，中国棉花协会编制棉花供需平衡表，国内外平衡表都按月出版发布。国内有多家期货公司、信息研究院所也编制棉花供需平衡表，并按日或周出版发布，以及时反映全球环境、气候、政策、重大事件引起的市场变化，以及对棉花生产、消费、贸易的影响，为企业决策提供支持。

2019/2020 年度预测，ICAC 与 USDA 全球棉花产量、消费量都比较接近，全球棉花期末库存量相差近 95.2 万吨（表 1-17）。

表 1-17　ICAC 与 USDA 全球和中国棉花供需平衡表（预测时间：2019 年 12 月）

单位：万吨

项目	全球			中国		
	2017/2018	2018/2019	2019/2020	2017/2018	2018/2019	2019/2020
ICAC（国际棉花咨询委员会）						
期初库存	1 848	1 869	1 822	1 035	903	888
产量	2 668	2 569	2 641	589	604	580

（续）

项目	全球			中国		
	2017/2018	2018/2019	2019/2020	2017/2018	2018/2019	2019/2020
ICAC（国际棉花咨询委员会）						
消费量	2 635	2 613	2 620	850	825	805
进口量	898	921	869	132	210	166
期末库存	1 869	1 822	1 844	903	888	823
库存消费比（%）	54	52	56	108	106	102
USDA（美国农业部）						
产量	2 695.1	2 571.3	2 636.8	598.7	604.2	593.3
消费量	2 672.8	2 619.0	2 618.6	892.7	860.0	838.2
进口量	896.2	925.4	966.3	124.3	209.9	196.0
期末库存	1 760.1	1 735.0	1 748.8	827.2	776.6	723.8
中国棉花协会						
期初库存				924.1	802.6	807.5
产量				604.7	611.0	590.6
消费量				855.0	807.0	765.0
进口量				132.4	205.0	198.0
期末库存				802.6	807.5	828.1

对我国的预测，两家机构预测的产量与中国棉花协会接近；两家机构对消费量预测与中国棉花协会差距达到了 33 万吨，棉花库存 USDA 比 ICAC 多 100 万吨，而 ICAC 与中国棉花协会接近。

六、展　望

回顾近几年我国棉花走过的路子，我国农业/棉花正以深化供给侧结构性改革为主线，处于转型升级提质增效的发展进程中，棉花生产呈现“稳中减少”“稳中向好”的发展状态。今后要以质量兴棉绿色兴棉为总抓手，保持足够总量的同时，大力发展中高端品质棉，改品质中低端为中高端，补上品质这一短板，保障提高棉花的有效供给能力。

2020 年春节前后，新型冠状病毒肺炎（COVID－19）大暴发大流行，1 月 22 日全国实施“居家令”，交通运输阻断，工厂停工停产，商业停市等，对经济社会和人民生活造成一定影响，农业/棉花也不例外。针对备耕备播时期，农业农村部及时下发通知“要求不误农时抓好春耕备耕”和《2020 年种植业工作要点》，强调一边做好疫情防范，一边加强备耕备播，充分发挥种子等农资企业电话预约、短视频促销、送货上门，使疫情对农业/棉花的影响降到最低。

总体看，至 6 月，2020 年全国棉花生产开局良好，棉花早发态势明显，长势较好，新冠肺炎疫情没有对棉花生产造成大的影响。然而，疫情导致纺织品服装消费下滑，棉纺织企业开工不足，订单减少，国内外棉价大幅下降，当前经济社会正经历“V”形复苏。

面对 2020 年全球新冠肺炎疫情大流行大暴发，及中美经贸摩擦/科技领域斗争，正在改变全球生产链和供应链。针对国际环境的不稳定性、不确定性明显增强，2020 年 5 月以来，习近平总书记多次提出构建“以国内大循环为主体、国内国际双循环相互促进的新发展格局”，强调深化供给侧结构性改革，做好中国自己的事情，为新发展指明了方向。

（撰稿：毛树春）

第四节　2017—2019 年中国棉纺织行业经济运行情况

2017 年，中国经济保持稳中有进、稳中向好的发展特点，国内棉纺织企业转型升级措施力度进一步加大，企业家信心较前几年明显增强。2018 年，是我国改革开放 40 周年，中国棉纺织行业积极落实高质量发展总要求，深入推进供给侧结构性改革，确保了行业的平稳运行。此时，中美贸易摩擦的暴发与升级给行业发展带来诸多不确定因素。2019 年，是新中国成立 70 周年之际，也是全面建成小康社会关键之年，在 2018 年的中央经济工作会议上，明确了 2019 年全国经济坚持稳中求进，坚持新发展理念，坚持推进高质量发展，坚持以供给侧结构性改革为主线，坚持深化市场化改革、扩大高水平开放，并要求进一步稳就业、稳金融、稳外贸、稳外资、稳投资、稳预期。尽管中美贸易摩擦影响持续发酵，但中国棉纺织行业仍以“稳中求进”的发展原则，积极调结构、转方式、促升级，保障了行业平稳运行。

一、棉纺织行业整体运行状况

（一）生产经营

1. 经济效益

根据中国棉纺织行业协会（以下简称中棉行协）跟踪统计的重点骨干企业，2017 年主营业务收入同比增长 5.72%，较 2016 年增加 1.3 个百分点，利润总额同比增长 3.75%，较 2016 年增加 1.1 个百分点。2018 年骨干企业的主营业务收入和利润总和同比增速较 2017 年放缓，分别为 4.17%和 4.27%，亏损面为 13.4%，较 2017 年同期减少了 3.65 个百分点。在面对 2018 年诸多不确定因素的环境下，行业内骨干企业在推动行业平稳运行中发挥了举足轻重的作用，其市场抗风险能力以及产品竞争优势十分显著。2019 年，受国内外需求减弱，尤其在上半年中美贸易谈判形势的不明朗，部分地区生产疲软，2019 年我国棉纺织骨干企业的主营业务收入同比下降 1.29%，较 2018 年降幅减小了 2.88 个百分点；而企业利润总额同比下降 11.04%，比 2018 年增速下降了 6.77 个百分点；2019 年企业利润率为 4.56%，比上年利润率下降了 0.5 个百分点；亏损面为 27.39%，较 2018 年有所扩大。

2. 产能与产量

截至 2019 年年底，全国纺纱规模约为 1.12 亿锭，织机数量为 110 万台，产能基本稳定，产能结构不断优化升级。据中棉行协统计，2017 年全国棉纺织行业纱产量 1 929 万吨，同比增长 2.4%；布产量 610 亿米；2018 年、2019 年我国纱产量分别为 1 914 万吨和 1 829 万吨，布产量分别为 600 亿米和 560 亿米（表 1－18）。

2014 年 5 月第二次中央新疆工作座谈会确定发展纺织服装产业带动就业战略，《国务院办公厅关于支持新疆纺织服装产业发展促进就业的指导意见》、《新疆维吾尔自治区关于发展纺织服装产业带动就业的意见》、新疆维吾尔自治区《发展纺织服装产业带动就业规划纲要（2014—2023 年）》和新疆维吾尔自治区《发展纺织服装产业带动就业 2014 年行动方案》等政策发布。棉纺织业不断向新疆转移，新疆棉纺织产能在不断增长。2014—2019 年，纱锭从 700 万锭增长到 1 800 万锭，增长 157.1%；棉纱产量从 44.0 万吨增长到 181.6 万吨，增长 312.7%；棉布从 0.65 亿米增长到 3.69 亿米，增长 467.7%。从这些指标来看，基本完成《新疆维吾尔自治区关于发展服装产业带动就业的意见》和《发展纺织服装产业带动就业规划纲要（2014—2023 年）》的目标任务，但规划就业 100 万人的目标任务尚未完成（表 1-18）。

表 1-18　近几年新疆棉纺织产量变化

年份	棉纱线产量（万吨）		棉布产量（亿米）	
	全疆	其中兵团	全疆	其中兵团
2014	44.0	21.0	0.65	0.06
2015	60.2	27.2	0.70	0.60
2016	113.8	40.7	2.71	1.76
2017	155.7	48.9	2.76	1.50
2018	184.5	55.9	3.03	1.27
2019	181.6	64.1	3.69	1.74

注：据《新疆统计年鉴》和《新疆生产建设兵团统计年鉴》整理。

3. 行业景气度

2017 年棉纺织企业开工良好，订单小而散，企业主要以去库存为主。2018 年，棉纺织行业产销呈现"前高后低"的态势，下半年，中美贸易摩擦暴发，出口订单减少，企业开工不足。2019 年行业全年处于欠景气状态，主要表现为，市场原料供应相对宽松，价格走弱，加上中美贸易摩擦升级，需求再次"滑坡"。2019 年 9 月以后，中美贸易关系缓和，多次传递积极信号，再加上生产旺季的临近，企业无论是接单情况以及产销形势都逐渐向好，景气呈"翘头"表现。

随着国内棉纺织企业逐渐认识到了中美贸易战的长期性，积极调整发展战略，通过加强质量管理、拓宽产品渠道等多种措施及时应对，保持了行业生产经营整体平稳（图 1-8）。

（二）对外贸易

2017 年，我国棉制纺织品及服装进出口额为 915.7 亿美元，同比增加 0.3%。其中，出口额 820.4 亿美元，同比下降 0.4%，进口额 95.3 亿美元，同比增加 6.2%。

2018 年，我国纺织纱线、织物及制品进出口额 903.9 亿美元，同比下降 1.3%，其中出口 798.6 亿美元，同比下降 2.7%；进口额 105.3 亿美元，同比增长 10.5%。

2019 年，我国棉制纺织品服装进出口额为 843.5 亿美元，同比下降 6.7%，其中出口 746.7 亿美元，同比下降 6.5%；进口额 96.8 亿美元，同比

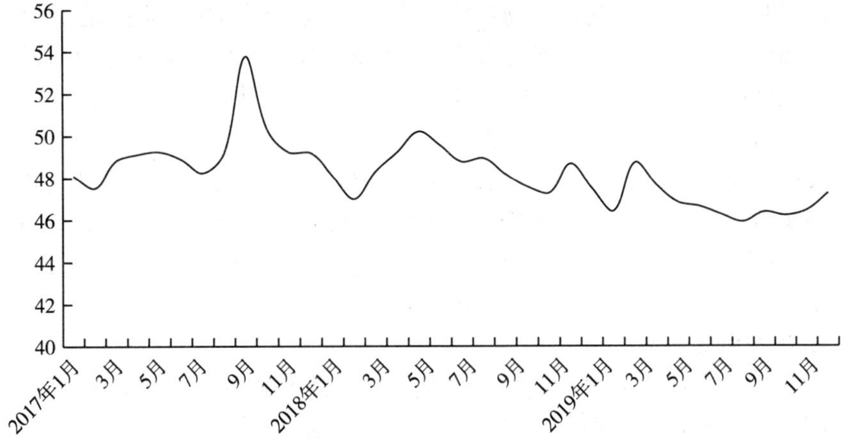

图 1-8 2017—2019 年中国棉纺织行业景气指数

数据来源：中国棉纺织行业协会。

下降 8.1%。

亚洲是我国棉制纺织品服装最大的贸易市场，出口方面，2019 年我国对亚洲市场的出口占比为 52%，出口贸易额同比下降 2.4%，其中对东盟的出口同比增长 3.8%。进口方面，2019 年我国自亚洲市场进口的贸易额占进口总额的 88%，同比下降 10%左右，但自东盟市场的进口贸易额同比增长 9%。可见，东盟在我国对外贸易中发挥着重要的支撑作用（表 1-19）。

表 1-19 近几年我国棉制纺织品及服装的进出口市场分布情况

项目	出口（亿美元）	同比（%）	进口（亿美元）	同比（%）
		2017		
全球	820.4	−0.4	95.3	6.2
		2018		
全球	798.6	−2.7	105.3	10.5
		2019		
全球	746.7	−6.5	96.8	−8.09
亚洲	387.1	−2.44	85.0	−9.25
东盟	140.7	3.78	43.4	9.08
欧洲	118.1	−9.53	9.0	5.5
美国	112.3	−15.65	0.8	−29.32

数据来源：中国海关总署。

欧盟是我国第二大贸易市场，2019 年出口贸易额同比下降接近 10%，自欧盟市场的进口贸易额同比增长 5.5%，主要增长点为棉制服装进口贸易额的增长，欧洲服装在中国乃至全球仍具有较强的市场的认可度。

美国目前是我国棉制纺织品服装的第三大贸易市场，受中美贸易摩擦影响，我国对美国的进出口贸易均有较大幅度的下降，2019 年我国对美国的出口贸易额占比为 15%，同比下降 15%以上，自美国进口贸易额占进口总额不足 1%，但值得一提的是我国自美进口的棉制服装出现了 12.5%的同比增长，反映了中国市场对美国本土服装仍有一定需求。

1. 棉花贸易

从近 3 年棉花贸易看，我国进口棉花数量仍呈现增长趋势，棉花进口仍以美国、澳大利亚、巴西、印度、乌兹别克斯坦为主，受 2018 年中美贸易摩擦的影响，我国自美国进口棉花的关税提高至 25%，美棉进口数量有所下降，占比 2017 年为一半左右，2018 年占 1/3，2019 年则仅占 20%。而企业自其他市场进口的棉花数量占比均有提高，尤其是巴西棉，进口数量快速增长。2019 年，巴西成为我国进口棉花最大的来源国，其次是澳大利亚，美国位列第三。

2. 棉纱、棉织物贸易

2017 年以来，越南、印度、巴基斯坦是我国棉纱线进口前三大市场，其中，越南一半以上的棉纱都是中国企业生产，并且回流到国内市场。2017—2019 年，我国每年进口棉纱线数量约为 200 万吨。我国棉织物出口贸易环境更加复杂，面临许多挑战。2017 年，我国出口棉织物 89.37 亿米，2018 年出口 84.2 亿米，2019 年，我国出口棉织物 79 亿米；我国最大的棉织物出口市场是孟加拉国，其次是越南。近 3 年来，我国棉织物进口数量呈下降趋势，表明国内一部分出口产能转向国内市场（表 1-20）。

表 1-20　2017—2019 年我国棉花、棉纱进口

项目	2017 年	2018 年	2019 年
棉花进口（万吨）	115.0	157.4	185.0
其中：自美国进口（万吨）	50.6	51.9	36.1
棉纱进口（万吨）	198.0	207.0	195.0
棉织物出口（亿米）	89.0	84.0	79.0

数据来源：中国海关总署。

从近 3 年我国棉制纺织品贸易市场分布看，我国进口部分东南亚国家以及

"一带一路"国家进口棉纱线数量呈增长态势，其中越南和乌兹别克斯坦表现突出。进口棉纱线一定程度上能替代部分棉花的进口，同时也反映出中国棉纺产能海外转移后与国内市场始终保持紧密的贸易关系。我国棉织物出口市场以东盟国家为主，受国际市场需求不足以及订单的部分转移影响，出口各市场的贸易数量均表现出不同程度的下降。

（三）市场消费

1. 原料保障

从原料消费情况看，2017 年棉纺用纤维共计 2 025 万吨，同比增长 2.4%；其中棉纤维 755 万吨，同比增长 5.6%，非棉纤维（含涤纶短纤维、黏胶短纤维等）1 270 万吨，同比增加 0.6%。2018 年我国棉纺织纤维消费总量保持稳定，其中棉花消费量 755 万吨，与 2017 年持平，非棉纤维消费量较 2017 年减少 18 万吨，为 1 255 万吨。2019 年全国棉纺用棉纤维量为 690 万吨，非棉纤维用量为 1 230 万吨。

棉纺用的原料中，化纤短纤等非棉纤维占据了重要比重，2017 年以来，非棉纤维在棉纺的用量不断增长，其消费量比重已经超过了棉花。主要原因包括：一是得益于非棉纤维的充分市场化，二是非棉纤维在品质、性能以及产品研发等方面提升迅速，并得到下游终端纺织品以及消费者的认可，未来，非棉纤维在棉纺领域的应用潜力巨大。

2. 价格走势

2017 年，棉纺织用原料中，棉花价格平稳，储备棉投放节奏适度，有效地防止棉花价格大起大落，也切实保证了棉纺织企业的用棉状况；2017 年涤纶短纤价格小幅上涨，黏胶短纤则由于前期价格虚高，2017 年呈现小幅走低的特点。2018 年，上半年棉花价格稳定，第二季度末出现了一波上涨行情，但由于市场需求平淡，再加上中美贸易摩擦导致棉花价格进入下行通道。纱布方面，纱线价格随着原料价格有所波动，但全年整体平稳。2019 年国内棉花的价格波动较涤纶短纤、黏胶短纤要频繁，棉花价格震荡下跌后在第四季度回暖。2019 年纱布价格整体下行，与原料价格走势基本一致，下游市场未启动和恢复，纱布价格难有支撑，上行压力大（图 1-9）。

（四）投资

2017 年我国棉纺行业实际完成投资 3 168 亿元，同比增长 2.13%，增速低于纺织工业平均水平。2017 年是新疆产能快速上涨的一年，也是我国棉纺织企业向新疆投资转移成效显现的一年，随着新疆棉纺织产能规模达到一定程度，内地向新疆转移投资的增速将回落。2018 年、2019 年，纺织全行业固定

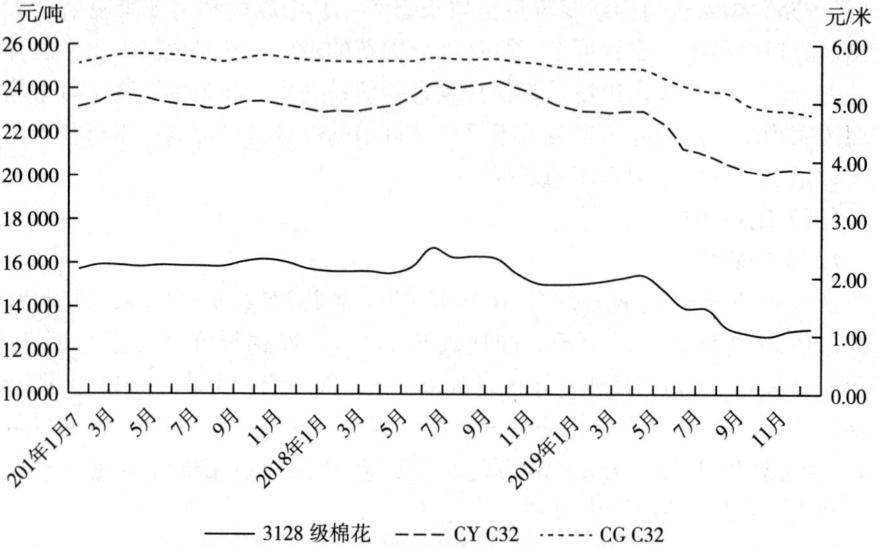

图 1－9　2017—2019 年棉花、棉纱棉布价格走势

数据来源：中国棉纺织行业协会。

投资额增速下降，棉纺织行业的固定投资的重心也从新疆转向内地，新疆纺织行业投资增速回落，内地部分地区因受产业结构调整以及环保治理的规划要求，限制新增纺纱织造产能，企业固定资产投资重点在设备的更新淘汰，具体表现在智能化、自动化和信息化装备的占有率明显提高。

相比之下，棉纺织海外投资热潮仍未退却，从东南亚国家如越南、柬埔寨、马来西亚、印度尼西亚到中亚国家乌兹别克斯坦再到非洲国家埃塞俄比亚、肯尼亚等，“一带一路”沿线国家都成为我国纺织企业海外转移的热点国家。这些国家在生产资料等方面具有一定优势，加上贸易便利、政府优惠政策等，对中国企业“走出去”吸引力较大。

二、2020 年适应后疫情时代的新经济

进入 2020 年，突发的新型冠状病毒肺炎疫情对全国乃至全球经济造成了较大冲击，我国棉纺织行业也遭遇了全球需求缩减，企业复工延缓、订单不足等多方面影响。在这样的背景下，2020 年行业整体运行面临的挑战和不确定因素势必增加，行业需要重新认识到疫情下经济发展的走势，企业也要正确规划发展策略，从而实现在困境中突围。

（一）产品结构优化引领流行趋势

当前我国棉纺织行业依靠规模性增长已经不适应市场的发展与变化，科技创新是行业转变增长的一把钥匙，是企业可持续发展的不竭动力，也是高质量发展的要求。据中棉行协的调研，消费下降、产销缓慢促进企业加快产品升级，包括如高支纱已经突破至 300 支，2019 年差别化纱线所占比重比 2017 年增长 7.34 个百分点。2019 年中棉行协在开展纱线产品流行趋势征集中发现，企业申报的纱布产品特点集中在“绿色生态”“功能性”等方面，产品数量占比超过 80%以上，足以展现纱布产品的发展趋势。

（二）继续推进行业供给侧改革

作为棉纺织行业的重要的原料，棉花产业不断优化供应，一是 2019 年国家明确继续在新疆实施棉花目标价格改革，对于稳定棉花生产、提高棉花品质、稳定棉花价格都将发挥重要作用；二是在调控棉花市场供应方面，兼顾国内国际两个市场，既要增加原料的有效供应，也要兼顾国内纺织企业的原料采购成本；三是为进一步优化储备结构、提高储备质量。国家通过进口配额与储备棉轮换相结合的方式，调节国产棉与进口棉的关系，有利于稳定内外棉价差，同时满足不同企业对于棉花的差异化需求，从而增加有效供应。

（三）“中美贸易”现象下加快产业经济开放融合

2018 年以来，中美贸易关系的“一举一动”牵动着行业的供需、价格波动和企业家经营信心。经历了“中美贸易摩擦”带来的不确定、不稳定，再次点燃了国内一些棉纺织企业家向海外投资转移的希望，包括对非洲、中亚地区的投资再次升温。但同时也敲醒了那些将“鸡蛋放在一个篮子里”的外贸型企业，在选择棉花进口市场以及棉纺织品出口目标市场等方面，要充分考虑贸易壁垒等因素，做好国际化发展布局风险评估。中国的市场要“海纳百川”，也要“取其精华去其糟粕”，对外开放，加强国际合作，降低贸易壁垒对产业的冲击。

（四）减税降费构建良性经营金融环境

近年来，国家推出一系列减税降费政策，包括个人所得税改革、小微企业普惠性税收减免、深化增值税改革和降低社会保险费率等政策陆续发布实施。这些“减税降费”措施对棉纺织企业降本增效具有重要意义，其中自 2019 年 4 月起，棉纺织企业销售棉纱、织物，缴纳增值税率由 16%下调至 13%，降低了企业赋税，缓解企业经营压力。2020 年，国家仍将继续实施积极财税政策，棉纺织企业应抓住机遇“降本增效”，提高全行业的发展韧劲。

（撰稿：欧阳夏子）

第五节 2017—2019 年棉花期货市场运行情况

2016/2017、2017/2018、2018/2019 年度是郑州商品交易所棉花期货（以下简称“棉花期货”）上市的第 12～14 个年度。棉花期货价格发现和套期保值功能继续稳定发挥，为涉棉企业管理经营风险提供有效工具。随着棉花目标价格改革持续深入和国储棉花拍卖供应，我国棉花价格逐步向市场化回归，波动幅度整体加大，棉花产业对于利用棉花期货规避风险的需求强烈。受此影响，棉花期货成交量和持仓量大幅增加，市场流动性的好转为涉棉企业套期保值创造了优良条件。棉花期货发现价格精准，3 年间期现价格相关性达到 0.89，期货价格在籽棉集中上市、抛储启动等关键时间段提前反映市场变化，为涉棉企业适时调整经营策略提供有益参考。

在规则制度上，郑州商品交易所决定自 2017 年 9 月起将棉花期货基准交割地调整至新疆，棉花期货价格的重心将向主产地转移，助力棉花产业结构布局调整，期货市场促进棉花产业发展的作用更加突出。

一、2016/2017、2017/2018、2018/2019 年度棉花期货市场运行情况

（一）波动加大，价格先抑后扬

2016/2017 年度，棉花期现货价格波动较小，价格先涨后维持长达 9 个月的震荡行情。2016/2017 年度，3128 级棉花中国棉花价格 B 指数（CC Index 3128B）共上涨 1 778 元/吨，涨幅 12.58%，波幅 2 025 元/吨；棉花期货市场主力合约年度上涨 2 285 元/吨，涨幅 17.59%，波幅 3 355 元/吨。从整体上看，棉花期货自 2016 年 9 月开始稳步反弹，于 11 月下旬触及高位 16 345 元/吨，之后在 15 800 元/吨附近震荡。在这样的背景下，棉花期货价格发现功能发挥良好，全年期现货价格相关性达到 0.67，发现价格功能较弱（图 1-10、图 1-11）。

2017/2018 年度，棉花期现货价格波动有所扩大，价格先维持长达 8 个月的震荡行情后大涨，在 2018 年 7 月逐步回落至区间震荡。

2017/2018 年度，3128 级棉花中国棉花价格 B 指数（CC Index 3128B）共上涨 397 元/吨，涨幅 2.49%，波幅 1 449 元/吨；棉花期货市场主力合约年度上涨 465 元/吨，涨幅 3.04%，波幅 3 360 元/吨。从整体

上看，棉花期货自 2016 年 10 月至 2017 年 4 月维持窄幅震荡的走势，随后因棉纺阶段性改善，叠加新疆多次重播导致剩余生长期难以完成或出现大减产的担忧，出现大幅反弹。6 月，发改委增发棉花进口滑准税配额 80 万吨，中储棉限制贸易商参与储备棉竞拍，同时延长储备棉轮出 1 个月时间，有效增加了市场供给，棉价回落。在这样的背景下，棉花期货价格发现功能发挥良好，全年期现货价格相关性达到 0.75，发现价格功能比上年度有所改善（图 1－12）。

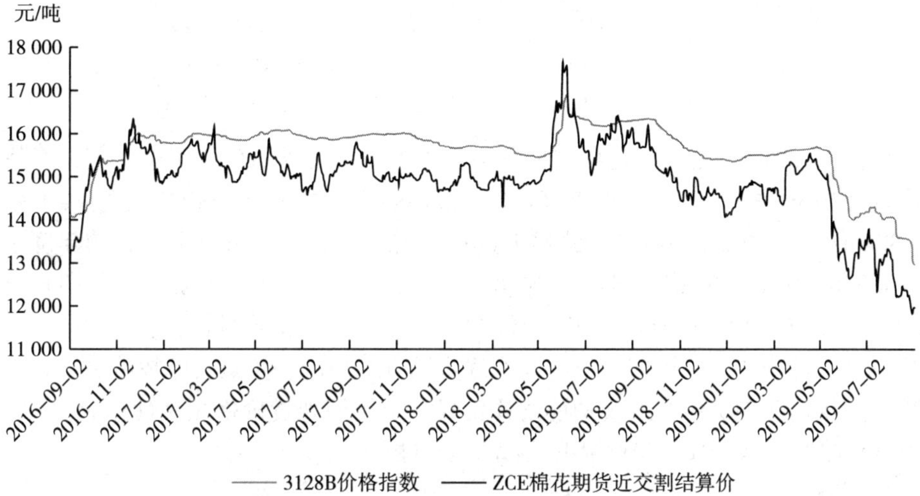

图 1－10　2016/2017—2018/2019 年度棉花期现货价格运行情况

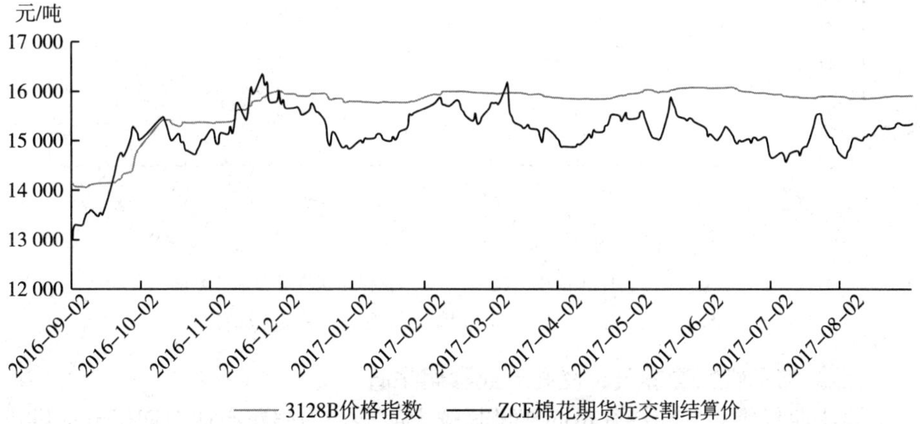

图 1－11　2016/2017 年度棉花期现货价格运行情况

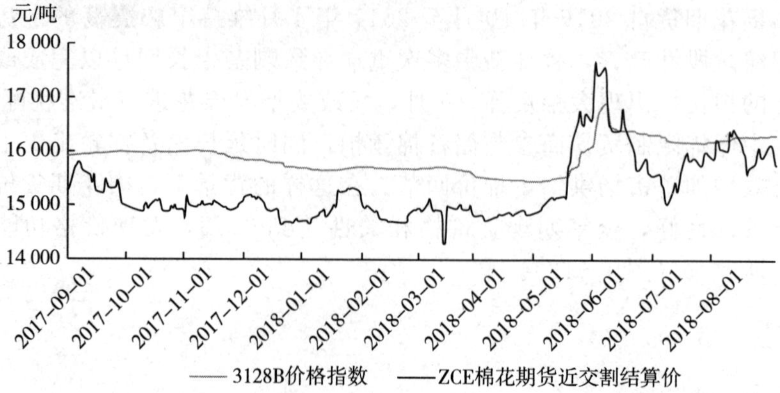

图 1-12　2017/2018 年度棉花期现货价格运行情况

2018/2019 年度，棉花期现货价格呈现近 7 个月震荡后，因中美贸易摩擦产生大幅下跌。2018/2019 年度，3 128B 级棉花中国棉花价格指数共下跌 3 332元/吨，跌幅 20.42%，波幅 1 449 元/吨；棉花期货市场主力合约年度下跌 3 845 元/吨，跌幅 24.34%，波幅 4 375 元/吨。从整体上看，棉花期货自 2018 年 9 月新棉上市开始缓步走弱，于 12 月下旬触及阶段性低位 14 060 元/吨，之后随着“金三银四”纺织旺季逐步回升，后因中美贸易摩擦价格一路下跌。全年棉花期货价格发现功能发挥良好，全年期现货价格相关性达到 0.96，发现价格功能较 2017/2018 年度显著提升（图 1-13）。

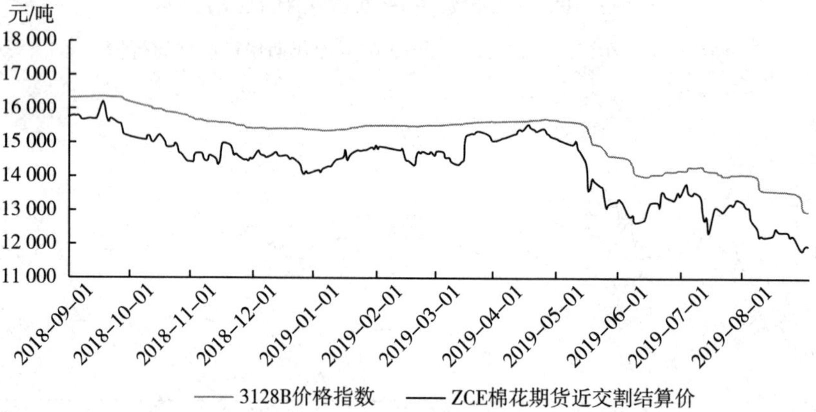

图 1-13　2018/2019 年度棉花期现货价格运行情况

（二）流动性快速提升，便利产业套期保值

棉花期货成交量和持仓量同比增长较为明显，为棉花产业套期保值提供优良基础。自 2014 年棉花目标价格改革实施以来，棉花产业市场化程度逐步加

强，现货价格波动加大，涉棉企业利用期货市场管理经营风险的需求强烈，棉花期货流动性处于较强水平。2016/2017 年度，棉花期货日均成交量和持仓量分别达到 18.2 万手和 22.0 万手，同比分别下降 45%和 41%。棉花期货流动性有所减弱。从本年度各月情况来看，日均成交量在 2016 年 11 月达到年内最高，当月日均成交达到 65.3 万手；日均持仓量于 2016 年 11 月达到 50.9 万手，为本年度最高（图 1-14、图 1-15）。

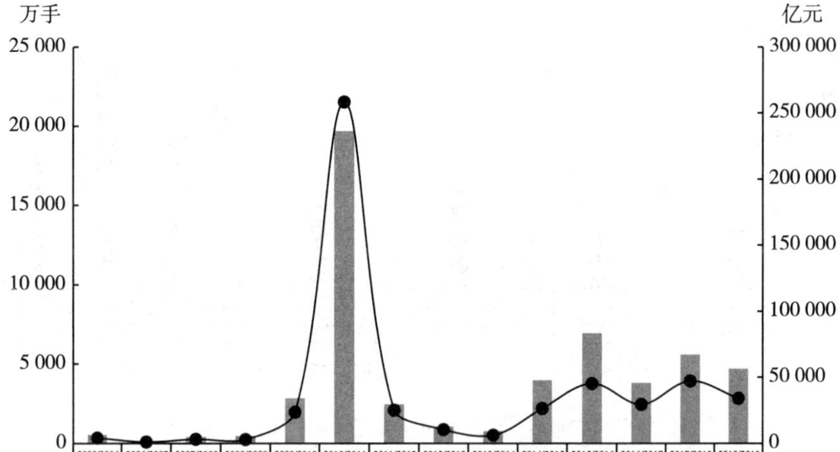

	2005/2006	2006/2007	2007/2008	2008/2009	2009/2010	2010/2011	2011/2012	2012/2013	2013/2014	2014/2015	2015/2016	2016/2017	2017/2018	2018/2019
成交量（万手）	548	155	416	480	2 842	19 694	2 465	1 051	777	3 984	6 935	3 812	5 584	4 699
成交金额（亿元）	4 130	1 100	3 141	2 899	23 595	258 204	25 059	10 395	6 184	26 321	45 146	29 375	47 082	33 939

图 1-14　2004—2019 年度棉花期货成交情况

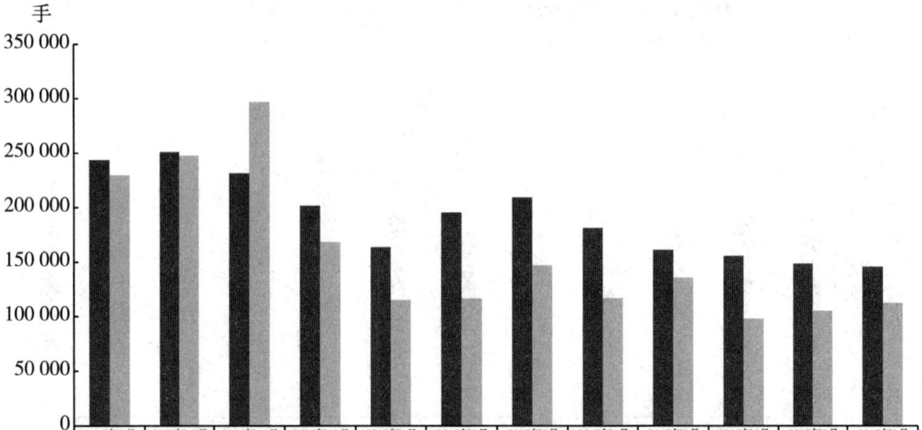

	2016年9月	2016年10月	2016年11月	2016年12月	2017年1月	2017年2月	2017年3月	2017年4月	2017年5月	2017年6月	2017年7月	2017年8月
月均持仓量	243 560	251 290	231 465	201 763	163 876	195 489	209 240	181 320	161 381	155 852	148 625	145 857
月均成交量	229 742	247 526	296 821	168 489	115 200	116 403	147 089	116 896	136 114	97 918	105 238	112 553

图 1-15　2016/2017 年度棉花期货持仓和成交情况

2017/2018 年度，棉花期货日均成交量和持仓量分别达到 26.6 万手和 34.1 万手，同比分别回升 46%和 56%（图 1-16）。棉花期货流动性逐渐改善。从本年度各月情况来看，日均成交量自 2018 年 5 月开始大幅攀升，当月日均成交达到 179.8 万手，为本年度最高；日均持仓量从 2018 年 2 月开始稳步提升，于 2018 年 6 月达到 120.8 万手，为本年度最高（图 1-16）。

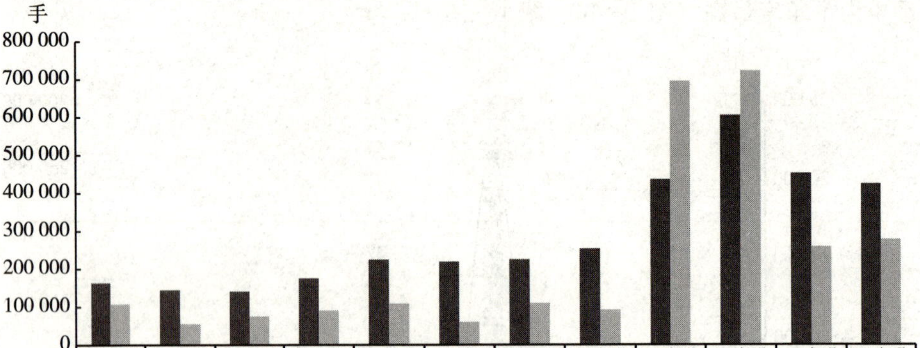

	2017年9月	2017年10月	2017年11月	2017年12月	2018年1月	2018年2月	2018年3月	2018年4月	2018年5月	2018年6月	2018年7月	2018年8月
■月均持仓量	163 568	144 308	140 638	174 779	224 330	218 804	224 601	252 693	435 253	604 100	451 360	423 625
■月均成交量	107 197	55 014	75 122	90 383	109 020	59 788	109 498	91 706	694 223	721 757	257 080	277 512

图 1-16　2017/2018 年度棉花期货持仓和成交情况

2018/2019 年度，棉花期货日均成交量和持仓量分别达到 22.4 万手和 41.2 万手，日均成交量下降 16%，但持仓量大幅增长 21%（图 1-17）。棉花期货市场参与程度进一步提高。从本年度各月情况来看，日均成交量自 2018 年 12 月开始攀升，2019 年 6 月当月日均成交达到 71.2 万手，为本年度最高；日均持仓量从 2019 年 2 月开始稳步提升，于 2019 年 4 月达到 96.7 万手，为本年度最高（图 1-17）。

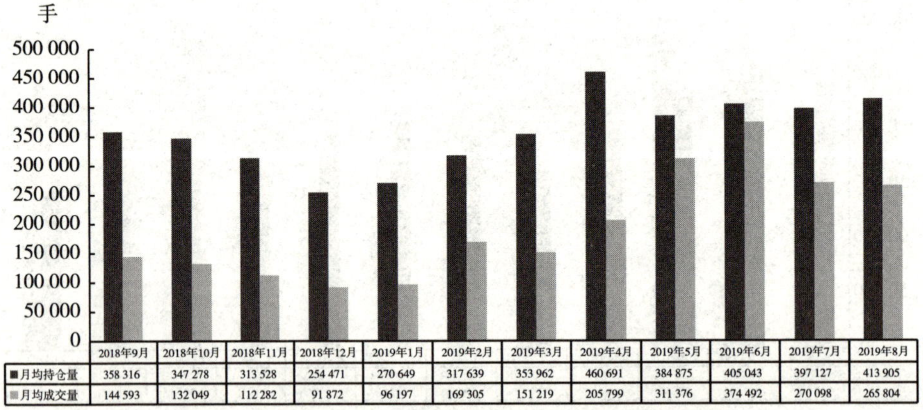

	2018年9月	2018年10月	2018年11月	2018年12月	2019年1月	2019年2月	2019年3月	2019年4月	2019年5月	2019年6月	2019年7月	2019年8月
■月均持仓量	358 316	347 278	313 528	254 471	270 649	317 639	353 962	460 691	384 875	405 043	397 127	413 905
■月均成交量	144 593	132 049	112 282	91 872	96 197	169 305	151 219	205 799	311 376	374 492	270 098	265 804

图 1-17　2018/2019 年度棉花期货持仓和成交情况

（三）交割数量增加，期货销售平台作用凸显

2016/2017—2018/2019 的 3 个年度，棉花期货交割量大幅增长，仓单质押业务快速扩张，点价交易成为主流，进一步凸显了期货市场辅助棉花企业销售现货的平台作用。2016/2017 年度，棉花期货的注册仓单最高达到 5 288 张，折合棉花 21.15 万吨。从基差情况分析，棉花期现货基差（现货与期货近月合约价差）在 2017 年 9 月下旬、11 月中下旬和 2017 年 3 月上旬由正转负；2018 年棉花仓单注册方式有所改变，在行业大量引入仓单质押模式后，通过将仓单质押给金融机构或者融资，一方面有效缓解了轧花厂和棉花贸易商因资金不足导致的低收购量，另一方面充足的资金量可以使轧花厂和棉花贸易商承受更高的期货涨幅。随后的两年，棉花仓单注册量再创新高，2017/2018 年度棉花期货仓单最高达到 11 428 张，折合 45.71 万吨，2019/2019 年度棉花期货仓单最高达到 19 915 张，折合 79.66 万吨。2016/2017—2018/2019 的 3 个年度，棉花企业积极利用期现货市场价差开展现货销售和套期保值（图 1－18）。

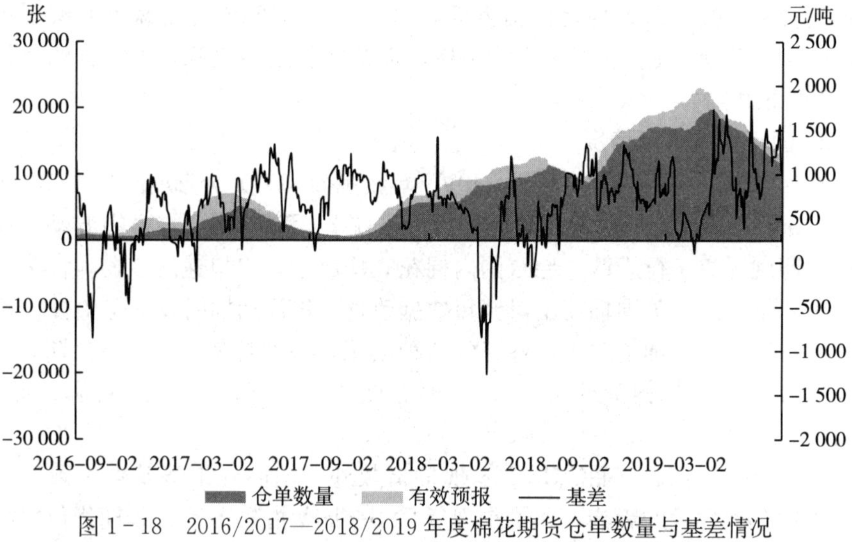

图 1－18　2016/2017—2018/2019 年度棉花期货仓单数量与基差情况

二、2016/2017、2017/2018、2018/2019 年度影响棉花期货市场的因素

（一）2016/2017 年度

1. 国内棉花市场行情

2016/2017 年度我国棉花现货、期货市场价格用两个月完成价值修复后，

维持震荡。按照不同阶段，影响棉花期现货价格运行的主要因素总结如下：

2016/2017 年度初期，棉花期现货价格呈现迅速恢复态势。本年度伊始，国内棉花期初库存达到 1 234 万吨的历史高点，同比下降 212 万吨，棉花期现货市场价格同步改善，CC Index 3128B 从年度初期的 14 138 元/吨迅速走高至 11 月底 16 083 元/吨，与此同时，棉花期货主力合约自 14 765 元/吨涨至 16 380元/吨。

2016 年 12 月至 2017 年 8 月，棉花期现货价格维持窄幅震荡。2016 年 11 月起，新疆生产兵团高品质棉花销售顺畅，截至 2017 年 6 月底，国家棉花市场检测系统显示皮棉累计销售完成 472.4 万吨，可销售量仅 31.8 万吨。国储通过供应高性价比棉花提高国内纺织企业竞争力，加强我国棉花需求。储备棉自 2017 年 3 月开始轮出，增加了棉花市场的供给，导致期货价格下跌。2017 年棉花播种面积改善，在全球主要产棉大国丰产预期下，期货价格下行。对于国储棉拍卖预期加强，市场供应预期的提升和高库存压力互相作用，导致棉花期现货价格大幅下跌。现货价格方面，CC Index 3128B 指数继续下探至年度最低的 11 679 元/吨。相对于现货价格，棉花期货跌幅更深，主力合约最低探至 9 890 元/吨。

2. 国际棉花市场情况

2016/2017 年度初期，Cotlook A 指数围绕 80 美分/磅上下波动，ICE（Intercontinental Exchange）棉花期货价格在 70 美分/磅左右窄幅波动。2017 年初，印度开始实行废钞，导致国内棉花收购放缓，出口速度减弱，作为国际棉花主要供应国的美国棉花出口销售数据改善，ICE 期棉引发资金追捧。播种前的高价格大幅增加了北半球棉花的播种面积，特别是美棉的丰产预期，导致在 5—7 月，ICE 期棉价迅速下跌。8 月，飓风对美棉产区形成威胁，棉价有所反弹。

2016/2017 年度，除 CCI 3128 现货指数外，国内外走势基本一致。总体仍受去库存大环境的影响，无论是现货 Cotlook A 指数还是 ICE 期货价格的整体震荡区间比 2015/2016 年度有了不同程度的提高。Cotlook A 指数在 75.00～94.90 美分/磅区间内波动，年度波幅 19.9 美分/磅；ICE 棉花期货价格先涨后跌，近交割月收盘价在 66.49～85.59 美分/磅之间，年度波幅 19.1 美分/磅，二者波幅均较 2015/2016 年度持平略减（图 1－19）。

（二）2017/2018 年度国内外棉花市场影响因素分析

1. 国内棉花市场行情

2017/2018 年度我国棉花现货、期货市场价格震荡后大涨再回落。按照不

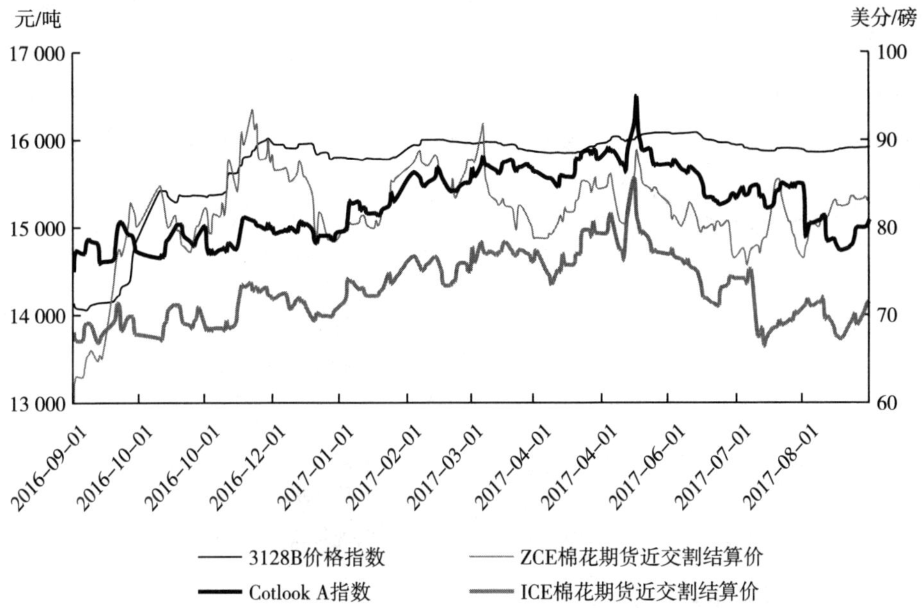

图 1-19 棉花期货价格和交割结算价变化

同阶段，影响棉花期、现货价格运行的主要因素总结如下：

2017/2018 年度初期，市场担心 9 月储备棉投放出现问题，出现明显涨价。9 月储备棉轮出延长 1 个月，贸易商不允许参拍与竞拍，市场担心新旧交替时有缺口出现，但随着储备棉正常投放，担忧解除。棉花市场在新棉上市后运行总体稳定，至 2018 年 5 月前维持窄幅震荡。4—5 月，新疆出现多次极端恶劣天气导致南疆棉花重播多达 2 次，种植成本上升之外还有对有效积温不足的担忧，市场担心 2010 年和 2014 年棉花晚熟造成大幅减产再次出现，2018 年 5 月表观需求旺盛，期货价格创下 5 年来的新高。随后，随着发改委增发 80 万吨棉花滑准税进口配额，储备棉轮出延长 1 个月以及再次限制贸易商参与储备棉竞拍，有效减少了市场供应不足的担忧。7—8 月新疆棉花积温大幅改善，期价回落，现货价格全年涨跌幅低于期货。本年度伊始，国内棉花期初库存降至 1 000 万吨，同比下降 234 万吨，棉花期现货市场价格同步改善，CC Index 3128B 从年度初期的 15 919 元/吨迅速走高至 2018 年 6 月初的 16 900 元/吨，随后回落至 16 316 元/吨；与此同时，棉花期货主力合约自 15 310 元/吨涨至 18 705 元/吨，随后回落至 15 760 元/吨（图 1-20）。

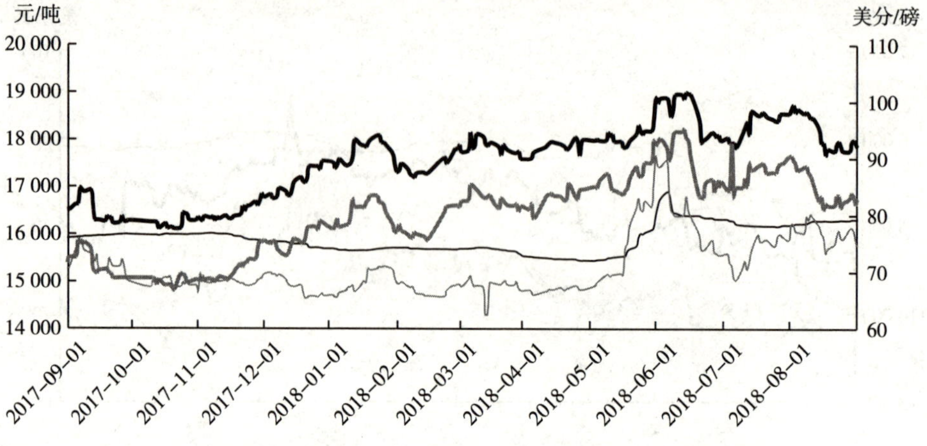

图 1-20　2016/2017 年度国内外棉花期现货价格波动情况

2. 国际棉花市场情况

2017/2018 年度初期，代表国际 3 128 级棉花价格的 Cotlook A 指数围绕 85 美分/磅上下波动，ICE 棉花期货价格在 75 美分/磅左右窄幅波动。2017 年 9—11 月，国际棉价较为平静，全球棉花增产和国际棉花贸易旺盛相互作用交替影响市场。2017 年底至 2018 年初，印度和巴基斯坦因前期季风季降水累计偏少影响，同时植棉面积下降，减产预期下，国际棉价开始缓慢抬升。2018 年初，美国主产区得州核心棉区拉伯克地区遭遇百年大旱，至 4 月土壤墒情很低，单产受限下，播种面积下降。至 5 月，中美均出现减产预期共振后，ICE 期货价格进一步走高。随后，随着美国得州气象数据改善，减产预期下降，棉价回落。

2017/2018 年度，国内外走势基本一致。总体仍受去库存大环境的影响，价格整体走高。国内现货弹性范围较小，郑棉期货、国际现货 Cotlook A 和美国期货波动范围均加大。Cotlook A 指数在 77.60～101.70 美分/磅区间内波动，年度波幅 24.1 美分/磅；ICE 棉花期货价格先涨后跌，近交割月收盘价在 66.84～95.23 美分/磅之间波动，年度波幅 24.10 分/磅，二者波幅均较 2016/2017 年度增加（图 1-21）。

（三）2018/2019 年度国内外棉花市场影响因素分析

1. 国内棉花市场行情

2018/2019 年度我国棉花现货、期货市场价格震荡后大跌。按照不同阶

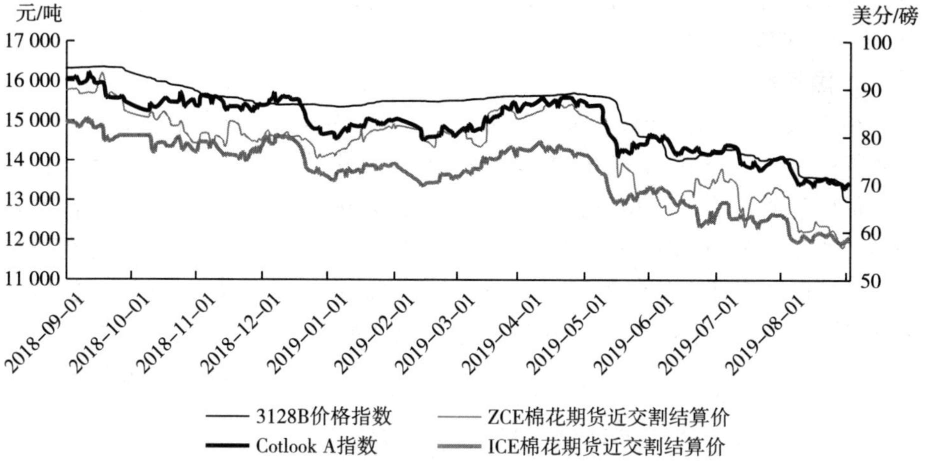

图 1-21 2018/2019 年度国内外棉花期、现货价格波动情况

段，影响棉花期、现货价格运行的主要因素总结如下：

2018/2019 年度初期，2018 年 3—5 月，中美贸易摩擦苗头抬升，但未对市场造成较大影响。2018 年 6 月 15 日，美国公布了对 500 亿美元中国输美商品的计划，中国反制后，中美贸易摩擦升级。到 2018 年 12 月中美领导人在阿根廷布宜诺斯艾利斯 G20 峰会上举行会晤，中美首脑阿根廷会晤后，市场情绪全面好转。

2019 年 1 月 9 日，中美完成第五轮贸易谈判。次日，中美双方相继发了公开声明，对市场展现更多积极信号。

2019 年 2 月 15 日，中美代表在北京举行第六轮中美经贸高级别磋商。至 2019 年 4 月 5 日，第九轮中美经贸高级别磋商后，双方讨论了技术转让、知识产权保护、非关税措施、服务业、农业、贸易平衡、实施机制等协议文本，取得新的进展。双方决定就遗留的问题通过各种有效方式进一步磋商。2019 年 5 月 6 日凌晨，美国总统特朗普表示，过去 10 个月来，中国高达 500 亿美元的高科技商品已向美国支付 25%关税，其他 2 000 亿美元商品也被征收了 10%的关税，这些关税是美国巨大经济成果的一部分，美国时间周五（5 月 10 日）把 10%的关税提高到 25%。2019 年 6 月 1 日，中方宣布反制，对已实施加征关税的 600 亿美元清单美国商品中的部分，提高加征关税税率，分别实施 25%、20%或 10%加征关税。对之前加征 5%关税的税目商品，仍继续加征 5%关税。2019 年 8 月 2 日，特朗普发推特，对另外 3 000 亿美元商品征收 10%关税，棉花价格再度大幅下跌。CC Index 3128B 从年度初期的 16 317 元/

吨震荡下跌至 2019 年 8 月底 12 985 元/吨；与此同时，棉花期货主力合约自 16 875 元/吨降至 12 265 元/吨。

2. 国际棉花市场情况

2018/2019 年度初期，Cotlook A 指数围绕 78 美分/磅宽幅波动，ICE 棉花期货价格在 70 美分/磅左右宽幅波动，国内外走势基本一致。总体上，仍受中美贸易摩擦影响，价格整体走低。内外棉价联动明显。Cotlook A 指数在 69.30～93.40 美分/磅区间内波动，年度波幅 24.1 美分/磅；ICE 棉花期货持续下跌，近交割月收盘价在 57.59～83.82 美分/磅之间波动，年度波幅 26.23 美分/磅，二者波幅均比 2015/2016 持平略减（图 1－21）。

（撰稿：毛成圣）

第二章

全国棉区天气、长势与相关项目进展

第一节　棉区天气和棉花长势

一、2017—2019 年全国棉花长势

2017 年、2018 年和 2019 年，棉花丰歉相间，棉花生产呈现“稳中有降”“稳中有进”特征。2017 年、2018 年是棉花丰收年景，CCGI 大于 100 为 109 和 101，2019 年是减产年景，单产减，总产减少，CCGI 为 90。

“稳”是 2017、2018 年棉花生产的真实写照。棉花生产呈现面积稳、单产稳和总产稳定特征，总体是一个丰收年景。国家统计局 2018 年 12 月 29 日发布，2018 年全国棉花产量 609.6 万吨，比调整后的 2017 年增加 44.4 万吨，增长 7.8%；播种面积 5 028.5 万亩，比调整后的 2017 年增加 236.4 万亩，增长 4.9%；全国棉花单产 121.2 千克/亩，比调整后的 2017 年提高 3.3 千克/亩，增长 2.8%。

“进”是 2017—2019 年棉花品质明显改善提升的关键词。商品棉品质明显改善是 2018 年棉花“有进”的写照。国家棉花资源监测信息平台（e 棉仓）数据显示，截至 2018 年 11 月 30 日，2018 年度公检的新疆棉中“双 28”及以上原棉数据达到 212 万吨，占检验量的比例达到 68.3%，比 2017 年同期高 15.5 个百分点；“双 29”及以上等级原料数据达到 101.6 万吨，占检验量的比例达到 32.7%，比 2017 年同期高 7.1 个百分点。品质提升有利缓解中高端品质原棉的短缺，在补品质短板方面取得了较大进展。对新疆的详细分析见第五章第二节。

从三个产区来看，西北内陆棉区棉花播种面积 3 768.2 万（市场普遍认为在 4 500 万）亩，比 2017 年增加 413.7 多万亩，总产 511.1 万（市场 550 万）吨。目标价格的利好和兵团农业职工承包改革大大激发了科学植棉热情，棉花

单产呈现持平或略减，品质明显改善。长江流域棉花播种面积下降到 572.7 万亩，减少 22.1%；黄河流域棉花播种面积下降到 686.3 万亩，减少 2.1%。该两个流域棉花面积持续减少已有 10 个年头了。

二、2017—2019 年全国棉区气象指标

据对主产棉区气象资料分析，2017—2018 年棉区天气相对平稳，多阳日照时数多，2019 年棉区普遍干旱和局部低温多雨是主要特征，主要气象指标见表 2-1：

表 2-1 2017—2019 年全国棉花生长季节（4—10 月）气象指标

项目	CCGI 年均值	≥10℃活动积温（℃）	≥15℃活动积温（℃）	≥20℃活动积温（℃）	4—10 月降水量（毫米）	年降水量（毫米）	日照时数（小时）
历年	101	4 251	3 903	3 059	232	286	1 529
2017	109	4 456	4 147	3 440	356	420	1 672
2018	101	4 321	3 971	3 152	244	303	1 809
2019	90	4 452	4 145	3 264	195	236	1 688

数据来源：中国棉花生产监测预警数据。

（一）棉区主要气象指标变化

1. 日照时数偏多

与历年相比，4—10 月全国棉区日照时数 3 年分别多 143 小时、280 小时和 159 小时。

2. 活动积温，增减相间

与历年相比，4—10 月全国棉区≥10℃积温 3 年分别多 205℃、70℃和 201℃；≥20℃积温 3 年分别多 381℃、93℃和 205℃。其中 2019 年 7 月下旬全国棉区多地最高气温都超过 38℃，南疆、东疆盆地超过 39℃，骄阳似火，高温炙热。而北疆 4—6 月长期低温，雨日多雨量大，导致棉花大面积迟发晚熟。

3. 降水量整体偏少

与历年相比，4—10 月全国棉区降水量 3 年分别少 124 毫米、12 毫米和 −37毫米。其中 2019 年长江中游棉区大旱，降水极少，旱相从 7 月持续到 11 月，棉花未能搭起丰产架子。华北平原降雨减少，雨季后移未能发挥天然降水的有效作用，且因后移致烂铃减产品质降低。

（二）灾害情况

极端异常高温天气以 2018 年最为严重。极端高温 38～40℃对棉花花粉活

力和授粉受精造成不利影响，也对品种有不利影响。

棉区灾害天气多发，局部冰雹危害严重。2019 年长江中游湖北、江西、安徽、湖南春旱连夏秋干旱，棉花个体没有生长，群体不足，减产幅度大，以及由旱转涝，旱涝交替发生，对棉花的危害大。

2018 年 8 月 19 日，台风“温比亚”过境山东，对黄河三角洲棉区有较大影响，棉田积水深，棉株倒伏，导致蕾铃脱落。

棉区冰雹从春季到秋季都在发生，其中 2019 年 8 月 26 日天山北坡冰雹导致第七师过灾面积 25 万亩，重灾面积 18 万亩，预计经济损失 2.5 亿多元。极为严重田块棉叶全部脱落，只剩下光秆，较重田块棉叶大部分脱落，只剩下茎秆、棉桃和少许叶片；轻微田块棉叶部分破损。

枯萎病、黄萎病、苗病病害发生相对轻些，局部棉蚜、红蜘蛛、棉蓟马、盲蝽等虫也为较大危害。

绿洲棉花烂铃问题局部发生危害在加重（图 2－1）。绿洲烂铃部位发生在

a.上部铃开裂症状

b.僵铃症状

c.上部烂铃症状

图 2－1 2020 年 8 月 30 日，新疆北疆新疆生产建设兵团第七师棉田铃开裂（a）、僵铃（b）和烂铃（c）症状，发生时间在 7—8 月

注：图片由兵团第七师农业科学研究所赵富强提供。

棉株的中上部，病害发生时间在 7—9 月，铃包括幼铃和成铃，先开裂接着霉烂成“粉状”，与内地烂铃发生部位在中下部、烂铃形成“僵瓣”的症状完全不同。2020 年北疆局地发生危害比较严重，已造成较大面积减产，南疆阿拉尔市第一师前几年也很严重，但 2020 年 7 月气温较为温和，没有出现极端异常高温，而海岛棉基本没有裂铃烂铃问题。引起原因有多种判断结果，但据观察大水大氮肥供给的棉田发生危害加重，另与气候特别是温度日较差有紧密关系。新疆棉花裂铃、烂铃是否与 20 世纪 90 年代初期黄河流域棉铃虫、黄萎病引起流域棉花衰退原因相同，需引起科研机构和生产部门决策层的高度注意。

另外，近几年，棉花生产过程中的意外事故呈现多发趋势。其中农药特别是除草剂、化肥、灌溉等药害、肥害、机械作业等造成较大面积危害，有的不得不大面积重播，有的棉花植株死亡导致严重减产歉收。这与新产品的适应性不够、应用技术指导不到位，以及违规经营、农户盲目追新等有紧密关系。

三、主产棉区气候特征

（一）长江流域棉区

2017—2019 年，长江流域棉区，棉花生长季节积温增加，热量丰富，日照时数减少，降水分布不均是主要气候特征。干旱与渍涝、极端异常高温是主要灾害性气候（表 2-2）。

表 2-2　2017—2019 年长江流域棉区棉花生长季节（4—10 月）气候要素

流域与亚区	≥10℃活动积温（℃）	≥15℃活动积温（℃）	≥20℃活动积温（℃）	4—10 月降水量（毫米）	年降水量（毫米）	日照时数（小时）
			历年平均			
长江流域	4 931	4 803	3 934	890	1 174	1 302
中游	5 002	4 913	4 066	959	1 299	1 271
下游	4 727	4 464	3 544	865	1 154	1 377
南襄盆地	4 805	4 622	3 705	721	875	1 258
			2017			
长江流域	5 018	4 831	4 096	1 032	1 289	1 152
中游	5 093	4 941	4 253	1 053	1 384	1 105
下游	5 002	4 812	4 055	949	1 164	1 305
南襄盆地	4 845	4 595	3 736	983	1 121	1 136

（续）

流域与亚区	≥10℃活动积温（℃）	≥15℃活动积温（℃）	≥20℃活动积温（℃）	4—10月降水量（毫米）	年降水量（毫米）	日照时数（小时）
			2018			
长江流域	5 155	5 037	4 348	814	1 145	1 270
中游	5 240	5 137	4 513	857	1 233	1 346
下游	4 940	4 732	3 943	1 020	1 327	1 232
南襄盆地	5 021	4 882	4 094	672	899	1 170
			2019			
长江流域	5 106	4 930	4 260	659	941	1 313
中游	5 154	5 007	4 353	691	1 042	1 434
下游	4 814	4 555	3 865	814	1 156	1 132
南襄盆地	4 997	4 773	4 016	478	561	1 067

长江流域棉区，2017年高温与秋湿并存，是平常年景；2018年气候相对平稳，是丰产年景；2019年夏秋季节持续干旱，是减产年景。

积温增加。4—10月≥10℃活动积温3年分别比历年平均增加87℃、224℃和175℃。

降水增减并存。4—10月降水量3年分别比历年增加142毫米、−76毫米和−231毫米。

日照时数增减并存。4—10月日照时数3年分别比历年增加−150小时、−32小时和11小时。

（二）黄河流域棉区

2017年为高温热量丰富年景，还有一定程度的秋湿，是平常年景；2018年气候相对平稳，是丰产年景；2019年夏秋季节持续高温干旱，是减产年景（表2-3）。

表2-3 2017—2019年黄河流域棉区棉花生长季节（4—10月）气候要素

流域与亚区	≥10℃活动积温（℃）	≥15℃活动积温（℃）	≥20℃活动积温（℃）	4—10月降水量（毫米）	年降水量（毫米）	日照时数（小时）
			历年平均			
黄河流域	4 512	4 106	3 211	515	559	1 516
黄淮平原	4 633	4 299	3 372	637	737	1 423
华北平原	4 501	4 092	3 228	489	524	1 607
黄土高原	4 544	4 143	3 211	457	512	1 455

（续）

流域与亚区	≥10℃活动积温（℃）	≥15℃活动积温（℃）	≥20℃活动积温（℃）	4—10月降水量（毫米）	年降水量（毫米）	日照时数（小时）
			2017			
黄河流域	4 743	4 378	3 726	517	550	1 425
黄淮平原	4 834	4 522	3 810	701	764	1 379
华北平原	4 710	4 322	3 735	468	489	1 489
黄土高原	4 730	4 361	3 533	502	539	1 330
			2018			
黄河流域	4 680	4 403	3 598	604	642	1 470
黄淮平原	4 851	4 637	3 819	704	820	1 352
华北平原	4 669	4 382	3 614	534	559	1 476
黄土高原	4 738	4 413	3 531	364	434	1 371
			2019			
黄河流域	4 668	4 315	3 710	449	478	1 670
黄淮平原	4 822	4 540	3 829	479	554	1 392
华北平原	4 667	4 289	3 746	411	431	1 769
黄土高原	4 574	4 142	3 366	543	563	1 214

积温增加。4—10月≥10℃活动积温3年分别比历年增加231℃、168℃和156℃。其中，2019年盛夏，骄阳似火，高温持续时间长，高温干旱导致蕾铃脱落和早熟。

降水量增减并存。4—10月降水量3年分别比历年增加2毫米、89毫米和−66毫米。其中2019年有灌溉条件的棉田增产，灌溉次数少或无灌溉条件的产量极低，减产幅度大。

日照时数增减并存。4—10月日照时数3年分别比历年增加−91小时、−46小时和154小时。

主要灾害，2019年8月11日台风"利奇马"致山东沿海棉区100万亩棉田受灾，棉株倒伏，棉田短时渍涝。各地都有一定面积棉田遭受冰雹灾害，其中2019年7月6日济宁棉区遭受冰雹灾害，导致棉花绝收面积达到4.5万亩。

（三）西北内陆（新疆）棉区

2017—2019年4—10月西北内陆棉区，绿洲气温偏高、雨日数和降水量呈增加，日照时数呈减少的趋势明显。但是，年际间、季节间与亚区之间的差异大。整体看，2017年、2018年是绿洲棉花的气象丰产年景，2019年是绿洲棉花的气象减产年景（表 2-4）。

4—10 月≥10℃活动积温 3 年分别比历年增加 70℃、30℃和 227℃。≥20℃活动积温 3 年分别比历年增加 230℃、−9℃和 154℃。降水量 3 年分别比历年增加 17 毫米、12 毫米和 9 毫米。日照时数 3 年分别比历年增加 −6 小时、19 小时和 −190 小时。

南疆亚区：4—10 月≥10℃活动积温 3 年分别比历年增加 85℃、26℃和 184℃。≥20℃活动积温 3 年分别比历年增加 162℃、26℃和 149℃。降水量3 年分别比历年增加 27 毫米、18 毫米和 16 毫米。日照时数 3 年分别比历年增加 3 小时、35 小时和 −231 小时。其中南疆降水日数和降水量增加趋势最为明显，而且各月降雨都有分布，这是绿洲生态环境变化的重要趋势。

2019 年前期气温明显偏低，雨日多雨量大，导致大面积弱苗迟发，并出现大面积缺苗断垄问题，没有“五月蕾”，中后期明显偏高，9 月下旬气温大幅“翘尾”，“秋阳”有利采收，对手采棉产量仍有较大帮助。

北疆亚区：4—10 月≥10℃活动积温 3 年分别比历年增加 11℃、13℃和 269℃。≥20℃活动积温 3 年分别比历年增加 314℃、−92℃和 123℃。降水量 3 年分别比历年减少 3 毫米、1 毫米和 27 毫米。日照时数 3 年分别比比历年增加 5 小时、2 小时和 −100 小时。其中 2019 年前期气温明显偏低，雨日多雨量大，导致大面积弱苗迟发，并出现大面积缺苗断垄问题，没有“五月蕾”，中后期明显偏高，9 月下旬气温大幅“翘尾”，“秋阳”有利机械化采收，但对已打脱叶剂的棉花产量帮助不大。2019 年部分棉田因单铃重下降导致减产幅度超过两成，全疆平均单产减少一成以上。

东疆亚区、河西走廊亚区呈现相同的变化趋势（表 2-4）。

表 2-4　2017—2019 年西北内陆棉区棉花生长季节（4—10 月）气候要素

流域与亚区	≥10℃活动积温（℃）	≥15℃活动积温（℃）	≥20℃活动积温（℃）	4—10 月降水量（毫米）	年降水量（毫米）	日照时数（小时）
			历年平均			
西北内陆	4 101	3 731	2 901	81	103	1 932
南疆	4 270	3 935	3 076	51	59	1 892
北疆	3 844	3 419	2 633	134	179	1 960
东疆	4 173	3 812	3 102	30	35	—
河西走廊	3 260	2 717	1 713	101	111	2 127

（续）

流域与亚区	≥10℃活动积温（℃）	≥15℃活动积温（℃）	≥20℃活动积温（℃）	4—10 月降水量（毫米）	年降水量（毫米）	日照时数（小时）
			2017			
西北内陆	4 171	3 855	3 131	98	122	1 926
南疆	4 355	4 024	3 238	78	93	1 895
北疆	3 855	3 566	2 947	135	176	1 965
东疆	4 617	4 312	3 664	24	27	2 087
河西走廊	3 576	3 130	2 085	129	133	1 978
			2018			
西北内陆	4 131	3 733	2 892	93	116	1 951
南疆	4 296	3 938	3 097	69	79	1 927
北疆	3 857	3 393	2 541	135	178	1 962
东疆	4 487	4 132	3 527	40	45	2 004
河西走廊	3 485	3 036	2 120	128	137	3 022
			2019			
西北内陆	4 328	4 012	3 055	90	101	1 742
南疆	4 454	4 227	3 225	67	70	1 661
北疆	4 113	3 654	2 756	130	152	1 860
东疆	4 713	4 427	3 813	35	41	1 922
河西走廊	3 611	3 176	2 122	164	173	1 857

注：2019 年 4—10 月北疆气象站点降水量数据与实际不符，偏少过多，沿天山北坡的一些县团场 4—6 月的实际降水量超过 150 毫米。

四、各产棉省份主要气象要素和长势

据中国棉花生产监测预警的连续系统监测，进入 21 世纪，全国棉区气候异常加剧，光温水主要气候指标年际间变化十分异常。通过年际间的比较发现，日照时数增减相差好几百小时，夏季“冷凉”与高温热害在同一棉区和不同棉区交替出现；近几年活动积温普遍增加，极端高温与“夏凉、秋凉”几乎年年交替出现；年际间降水增减幅度较大，旱涝转化和交替频繁发生，且分布极为不均。

总之，在全球气候变暖条件下，极端异常气候加剧对棉花生产和生物学的深度影响要引起高度关注，应研究棉区气候变化特点，认识气候变化特征，寻找发现科学规律，及早从科研上研究技术对策，增强应对异常气候的主动性、能动性。

（一）从天气特征来看

综合来看，2017—2019 年全国棉花产区为主要天气特征（表 2－5）如下：

表 2－5　各省市区主产棉区棉花生长季节（4—10 月）气候要素

省	年	≥10℃活动积温（℃）	≥15℃活动积温（℃）	≥20℃活动积温（℃）	4—10 月降水量（毫米）	年降水量（毫米）	日照时数（小时）
四川	历年	4 881	4 881	3 913	834	933	838
	2017	4 990	4 873	4 058	683	796	900
	2018	5 002	4 913	3 976	798	932	815
	2019	4 872	4 775	3 846	968	1 040	798
湖南	历年	5 122	5 078	4 290	957	1 358	1 123
	2017	5 157	5 011	4 385	1 043	1 458	1 035
	2018	5 322	5 236	4 662	863	1 287	1 076
	2019	5 227	5 065	4 469	947	1 379	1 057
湖北	历年	4 912	4 791	3 899	851	1 077	1 281
	2017	4 973	4 768	3 992	1 000	1 217	1 125
	2018	5 157	5 036	4 353	676	974	1 440
	2019	5 098	4 920	4 192	564	732	1 414
安徽	历年	4 828	4 620	3 727	796	1 029	1 349
	2017	4 945	4 730	3 985	923	1 093	1 218
	2018	5 009	4 874	4 109	866	1 142	1 207
	2019	4 950	4 743	4 028	462	680	1 419
江西	历年	5 046	4 980	4 165	1 149	1 615	1 275
	2017	5 190	5 119	4 453	1 653	2 180	1 113
	2018	5 326	5 254	4 607	1 121	1 590	1 087
	2019	5 300	5 186	4 717	866	1 486	1 237
江苏	历年	4 619	4 297	3 347	797	998	1 449
	2017	4 877	4 632	3 846	841	953	1 384
	2018	4 815	4 561	3 714	844	1 080	1 314
	2019	4 721	4 407	3 697	626	818	1 147

（续）

省	年	≥10℃活动积温（℃）	≥15℃活动积温（℃）	≥20℃活动积温（℃）	4—10月降水量（毫米）	年降水量（毫米）	日照时数（小时）
浙江	历年	5 030	4 919	4 112	969	1 394	1 193
	2017	5 347	5 269	4 674	1 123	1 571	1 239
	2018	5 299	5 204	4 633	1 312	1 689	1 167
	2019	5 145	5 041	4 408	1 198	1 843	1 173
河南	历年	4 646	4 320	3 390	576	659	1 413
	2017	4 829	4 505	3 760	594	639	1 294
	2018	4 906	4 679	3 882	585	666	1 283
	2019	4 838	4 548	3 790	470	511	1 262
河北	历年	4 488	4 070	3 213	480	512	1 629
	2017	4 664	4 260	3 682	462	481	1 483
	2018	4 608	4 316	3 530	531	551	1 478
	2019	4 613	4 229	3 681	404	423	1 890
山东	历年	4 520	4 117	3 185	548	598	1 609
	2017	4 766	4 399	3 765	499	534	1 494
	2018	4 718	4 454	3 625	710	759	1 495
	2019	4 704	4 388	3 737	497	536	1 504
山西	历年	4 594	4 208	3 296	457	511	1 628
	2017	4 738	4 371	3 541	446	478	1 340
	2018	4 809	4 523	3 641	363	425	1 400
	2019	4 686	4 264	3 515	562	580	1 226
陕西	历年	4 471	4 030	3 078	453	510	1 488
	2017	4 772	4 431	3 612	522	561	1 301
	2018	4 659	4 309	3 392	288	358	1 362
	2019	4 545	4 096	3 256	508	522	1 236
天津	历年	4 430	3 991	3 128	509	538	1 637
	2017	4 684	4 277	3 735	536	555	1 646
	2018	4 664	4 364	3 620	567	600	1 567
	2019	4 660	4 237	3 811	432	456	1 697

（续）

省	年	≥10℃活动积温（℃）	≥15℃活动积温（℃）	≥20℃活动积温（℃）	4—10月降水量（毫米）	年降水量（毫米）	日照时数（小时）
甘肃	历年	3 260	2 717	1 713	101	111	1 952
	2017	3 576	3 130	2 085	129	133	1 978
	2018	3 485	3 036	2 120	128	137	2 022
	2019	3 611	3 176	2 122	164	173	1 857
新疆	历年	4 109	3 740	2 911	81	103	1 925
	2017	4 176	3 861	3 140	98	122	1 925
	2018	4 136	3 739	2 898	93	115	1 941
	2019	4 332	4 017	3 062	90	100	1 740
新疆（南疆）	历年	4 270	3 935	3 076	51	59	1 892
	2017	4 355	4 024	3 238	78	93	1 895
	2018	4 296	3 938	3 097	69	79	1 927
	2019	4 454	4 227	3 225	67	70	1 661
新疆（北疆）	历年	3 844	3 419	2 633	134	179	1 960
	2017	3 855	3 566	2 947	135	176	1 965
	2018	3 857	3 393	2 541	135	178	1 962
	2019	4 113	3 654	2 756	130	152	1 860
新疆（东疆）	历年	4 173	3 812	3 102	30	35	2 004
	2017	4 617	4 312	3 664	24	27	2 087
	2018	4 487	4 132	3 527	40	45	2 004
	2019	4 713	4 427	3 813	35	41	1 922

数据来源：中国棉花生产监测预警数据。

1. 日照时数增减相间，增减幅度都较大

与历年相比，4—10月日照时数3年都减少有湖南、江苏、河南、山东、山西和陕西。2年减少1年增加有四川、安徽和河北。1年减少2年增加有天津和甘肃，新疆全疆棉区持平、增加和减少各1年，其中2019年南疆、北疆和东疆都减少，主要在4—6月。

2. 热量丰富，气温呈典型的“热”特征，极端高温有害

与历年相比，4—10月活动积温，除四川、湖南和湖北棉区个别年景减少以外，普遍增加。其中≥10℃活动积温增加最多达到 351℃（甘肃，2019），≥15℃活动积温增加最多达到 459℃（甘肃，2019），≥20℃活动积温增加最多达到 683℃（天津，2019），夏季普遍出现高温和极端异常高温的侵袭，其中 2019 年最为明显，7 月 28 日全国多地都出现极端异常高温天气。新疆绿洲 3 年中除 2018 年北疆气温偏低进而影响全疆棉区积温以外，另 2 年都高于历年，与全国其他省市相比，绿洲气温的变化相对平稳些。

3. 降水增减相间

2019 年长江中游棉区大旱——夏旱连秋旱。近几年黄河流域棉区降水出现前移（4—6 月）与后移（9—10 月）的变化趋势明显，过去“春雨贵如油”的状况明显改善，后移往往导致棉花烂铃增加，品种降低。新疆绿洲棉区各季节都有降水，在塔里木盆地的周缘可见大雨，出现地面湿润和棉田积水现象。其中 2019 年 4—6 月北疆天山北坡平原降水偏多明显。因降水偏多，雨量大和日照时数减少，棉花前期迟发较为严重。

另外，近 3 年，长江、黄河台风过境次数明显减少，仅 2019 年 8 月 11 日台风“利奇马”过境山东、天津，对棉花有不利影响。

（二）从长势和单产来看

从气候变化来看，2017 年、2018 年是气候丰产年景，单产提高，早熟性趋好；2019 年是气候减产年景，单产下降，早熟性差。

（撰稿：毛树春　张思平）

第二节　主要棉区棉花生产概况

一、湖北省及长江流域棉花生产概况

（一）面积、单产、总产都下降到历史的低位，并趋稳

湖北省及长江流域棉区，曾是全国棉花大省和主要棉花产区，近几年湖北省及长江流域棉花已下降到历史的低位（表 2－6）。

2019 年，湖北省棉花播种面积 16.3 万公顷，比 2015 年减少 38.6%。同样，整个流域棉花播种面积从 2015 年的 81.1 万公顷下降到 2019 年的 34.9 万公顷，减幅高达 57.0%。

2019 年，湖北省棉花产量 14.4 万吨，比 2015 年减少 51.7%。同样，全流域棉花产量从 2015 年的 93.9 万吨下降到 2019 年的 37.5 万吨，减幅高

达 60.1%。

2019 年，湖北省棉花单产 882.0 千克/公顷，比 2015 年减少 21.5%。同样，全流域棉花播种面积从 2015 年的 1 204 千克/公顷下降到 2019 年的 1 173 千克/公顷，减幅 2.6%。

表 2-6　近 5 年湖北省及长江流域棉区棉花产能变化

单位：千公顷，万吨，千克/公顷

年	长江流域棉区			湖北省		
	面积	产量	单产	面积	产量	单产
2015	811.0	93.9	1 204.0	265.0	29.8	1 124.0
2016	650.0	70.7	1 171.0	205.0	19.0	931.0
2017	488.0	52.1	1 158.0	204.8	18.4	896.6
2018	379.9	42.3	1 204.9	159.3	14.9	937.6
2019	348.8	37.5	1 173.0	162.8	14.4	882.0

数据来源：中国国家统计局。

（二）影响棉花生产因素分析

籽棉售价持续低、气候变化、补贴强度低、技术进步跟不上等因素叠加对湖北省及长江流域棉花生产造成不利影响。

1. 籽棉销售价格持续低迷，植棉效益不保

2017—2019 年 3 年平均物化投入 6 506 元/公顷，比最高 2012 年的 7 778 元/公顷，减少 1 272 元/公顷，减幅 16.4%（表 2-7）。

表 2-7　湖北省近几年棉田收益情况

单位：千克/公顷，元/千克，元/公顷

年份	皮棉单产	籽棉售价	物化投入	人工投入	收益	纯收益
2015	1 124.8	5.6	6 683	—	16 361	9 678
2016	926.8	6.8	6 483	10 322	21 421	11 292
2017	898.4	5.7	6 539	15 465	16 758	10 220
2018	935.3	6.3	6 530	13 023	18 554	12 024
2019	884.5	5.8	6 450	12 750	16 965	10 515

注：纯收益没有扣除人工费。单产数据自湖北统计年鉴。

近 3 年籽棉价格 5.90 元/千克，仅比 2014—2015 年略高，比其余年份平均 7.6 元/千克（不含 2010 年），低 1.70 元/千克。

物化投入虽然减少，但单产下降，售价下降，导致棉田效益和纯收益减少。2017—2019 年棉田平均效益 17 426 元/公顷、纯收益 10 920 元/公顷，分别比 2016 年减少 3 995 元/公顷和 372 元/公顷，如果算上人工费，基本上是亏的。效益持续低迷是棉花种植面积锐减的主要因素。

2. 棉花价格补贴额度小，不足以稳定生产

按照财政部有关文件，对湖北、湖南、安徽、江苏、河南、山东、河北、甘肃等 9 省市补贴，补贴额度为每吨 2 000 元，时间为 2014—2019 年度。

各地细化补贴方案，其中湖北省人民政府办公厅于 2016 年 5 月印发了《湖北省 2015 年度棉花目标价格改革补贴实施办法》（鄂政办函〔2016〕48 号），明确补贴对象为种棉农民（包括国有农场、农垦企业和国有农牧渔良种场的棉花生产者，下同）给予补贴。省对县（市、区）（以下简称县）补贴资金的分配，以 2015 年棉花产量在 500 吨以上的县的实际产量为基数直接分配到县。补贴资金分解到县后，县人民政府按照 2015 年棉花实际种植面积，测算并确定亩均补贴标准，各县补贴为 2 250～3 000 元/公顷。2018 年湖北全省补贴金额基本统一为 3 000 元/公顷，2019 年补贴 3 000～3 300 元/公顷。

3. 气候变化及灾害性天气影响

2017—2019 年长江流域棉区，棉花生长季节积温增加，热量丰富，日照时数减少，降水分布不均是主要气候特征。干旱与渍涝、极端异常高温是主要灾害性气候（见第二章第一节）。

（三）发展棉花生产，提高棉花有效供给的对策措施

湖北及长江流域棉区恢复棉花生产急需政策和技术支持。2019 年以来，美国利用“涉疆法案”，鼓动国际品牌商抵制新疆棉及棉制品，对我国棉花纺织产业带来较大风险，为保障棉花产业安全，要加快调减新疆规模，恢复内地生产。

1. 政策上，目标价格应全覆盖棉花保护区

实践证明，新疆以外产棉省市区 2 000 元/吨补贴不足以调动棉农和地方政府的积极性。为此建议，按照保护区面积进行补贴符合国家增加棉花产量的“底线”要求。湖北和长江流域棉花生产保护区面积 26.7 万公顷，面向新疆 18 600 元/吨的目标应予以覆盖。在提高棉花价格支持力度的条件下，适度恢复长江流域棉区的产能对保障全国棉花的有效供给，平衡三大产区布局的严重失衡，可降低政治、自然和市场风险。

2. 技术上，突破品种和轻简技术

长江中下游棉区轻简化栽培要在“播得下、收得回”品种和技术上下大工夫。

一是培育适应晚播高产早熟的油后直播棉花品种，生育期110天以内，10月20日自然吐絮率达到80%，籽棉产量不低于3 750千克/公顷。二是研究集成轻简高效栽培模式集成技术，破解麦（油）后直播棉存在的播种难、管理难的问题。三是办好集成示范样板。

按照“晚种争早，以密争早”“前促后控”的技术路线，要求5月底前播种出苗，做到一播全苗。方法上，油菜或小麦收获后抢时间播种，可以采用贴茬播种，若采用大犁大耙在时间上和天气上都不允许，如果出现旱与涝年景即“播不下种子”。高密度，收获密度60 000～75 000株/公顷，籽棉产量达到4 200千克/公顷，过密在秋涝秋湿年景“收不回”。

位于长江流域的国家棉花产业技术体系和省级地方科研机构要形成合力，做出有规模的示范样板，为生产应用提供技术支撑。

（撰稿：张教海　羿国香　别墅　王孝刚）

二、河北省、山东省及黄河流域棉花生产概况

（一）面积、总产下滑，单产有所提高

河北省、山东省及黄河流域棉区，曾是全国棉花大省和主要棉花产区，近几年棉花播种面积和产量已下降到历史的低位并已趋稳，单产有所提高（表2-8）。

表2-8　近5年河北省、山东省及黄河流域棉区棉花产能变化

单位：千公顷；万吨；千克/公顷

年份	黄河流域棉区			河北省			山东省		
	面积	产量	单产	面积	产量	单产	面积	产量	单产
2015	1 054.0	111.4	1 188.0	359.0	30.0	1 038.0	516.0	53.7	1 042.0
2016	904.0	101.8	1 262.0	289.0	30.1	1 038.0	465.0	54.8	1 179.0
2017	589.0	73.4	1 233.0	276.0	30.1	1 089.6	290.8	34.5	1 186.1
2018	457.5	52.6	1 187.9	210.4	23.9	1 137.3	183.3	21.7	1 184.2
2019	433.6	47.9	1 174.0	203.9	22.7	1 115.3	169.3	19.6	1 158.0

数据来源：国家统计局。

1. 近几年河北省棉花产能变化

2019 年，河北省棉花播种面积 20.4 万公顷，比 2015 年减少 76.1%。

2019 年，河北省棉花产量 22.7 万吨，比 2015 年减少 24.3%。

2019 年，河北省棉花单产 1 155 千克/公顷，比 2015 年提高 7.4%。

2. 近几年山东省棉花产能变化

2019 年，山东省棉花播种面积 16.9 万公顷，比 2015 年减少 67.2%。

2019 年，山东省棉花产量 19.6 万吨，比 2015 年减少 63.5%。

2019 年，山东省棉花单产 1 158 千克/公顷，比 2015 年提高 11.1%。

3. 近几年黄河流域棉区产能变化

2015—2019 年，黄河流域棉区棉花面积和产量大幅缩减，播种面积从 105.4 万公顷缩减到 2019 年的 43.4 万公顷，减幅高达 58.9%；棉花产量从 111.4 万吨下降到 47.9 万吨，减幅高达 57.0%。单产水平基本持平。

（二）影响棉花生产因素分析

籽棉售价持续低、气候变化、补贴强度低、技术进步跟不上等因素叠加对河北、山东及黄河流域棉花生产造成不利影响。

1. 籽棉销售价格持续低迷，植棉效益不保

2017—2019 年，河北省植棉收益情况，棉农植棉净利润为负数（表 2－9）。

表 2－9 近几年河北省植棉收益情况

单位：千克/公顷，元/千克，元/公顷

年份	皮棉单产	籽棉售价	物化投入	人工费用	现金收益	净利润
2015	1 353	5.4	5 998	25 945	6 652	－6 612
2016	1 399	7.3	5 956	26 641	8 647	－4 268
2017	1 356	6.5	5 999	26 488	7 476	－6 225
2018	1 432	6.3	6 022	26 462	7 958	－4 858
2019	1 116	5.9				

数据来源：河北省统计年鉴。

2. 棉花价格补贴额度小，不足以稳定生产

按照财政部有关文件，对河北、山东等 9 省市补贴，补贴额度为每吨 2 000元，时间为 2014—2019 年度。

近几年河北省棉花补贴情况：2017 年补贴 141.0 元/亩，2018 年河北省棉花保护区域内棉花补贴 252.0 元/亩，非保护区域内棉花补贴 191.0 元/亩，2019 年补贴资金还未到。

近几年山东省棉花补贴150～200元/亩，山东省“价格保险＋期货”于2018年在成武县开展试点，最后赔付棉花126.80元/亩。2019年扩大到平阴县、东营市东营区、寿光市、鱼台县、夏津县、武城县，赔付棉花193.19元/亩，与补贴额度相近，没有超过200元/亩。

3. 气候变化及灾害性天气影响

2017—2019年，河北、山东及黄河流域棉区，棉花生长季节积温增加，热量丰富，日照时数有所减少，降水分布不均是主要气候特征。高温、干旱与渍涝、极端异常高温是主要灾害性气候（见第二章第一节）。

（三）发展黄河棉花生产，提高棉花有效供给的对策措施

河北、山东及黄河流域棉区恢复棉花生产急需政策和技术支持。2019年以来，美国利用“涉疆法案”，鼓动国际品牌商抵制新疆棉及棉制品，对我国棉花纺织产业带来新的风险，为保障棉花产业安全，要加快调减新疆棉花种植规模，恢复黄河流域生产。

1. 政策上，目标价格应对棉花保护区全覆盖

实践证明，新疆以外产棉省（市、区）2 000元/吨补贴不足以调动棉农和地方政府的积极性。为此建议，按照保护区面积进行补贴符合国家增加棉花产量的“底线”要求。河北、山东及黄河流域棉花生产保护区面积46.7万公顷，面向新疆18 600元/吨的目标应予以覆盖。在提高棉花价格支持力度的条件下，适度恢复黄河流域棉区的产能对保障全国棉花的有效供给，平衡三大产区布局的严重失衡，可降低政治、自然和市场风险。

2. 技术上，突破机械化采收

一是黄河流域棉区尤其是河北和山东要以机械化采收统领棉花轻简化技术，办好规模示范样板，扩大应用面积。二是探索高品质棉花的生产订单销售，打通产业链，在补短板方面做出新成效。三是发展绿色技术，重点研究化肥农药减量增效技术。近几年研究取得新进展，扩大示范应用。四是稳定高效棉田。积极探索蒜后直播棉早熟高产机械化采收的集成技术，努力稳定蒜棉两熟高效棉田面积。

（撰稿：马立刚　林永增　王树林　聂军军　董合忠）

三、西北内陆新疆棉花生产概况

（一）面积保持高位，总产持续增加

据国家棉花市场监测系统及新疆维吾尔自治区2017年国民经济和社会发

展统计公报数据显示，2017年新疆棉花实播面积3 243万亩，比上年增19.8%；总产432万吨，增长11.6%；单产133千克/亩，下降3.6%。面积、总产占全国的比重分别为64.8%和74.4%（表2-10）。

表2-10 2016—2019年新疆棉花种植面积、总产、单产及占全国比例

年份	面积			总产			单产	
	面积（万亩）	比上年（%）	占全国（%）	总产（万吨）	比上年（%）	占全国（%）	单产（千克/亩）	比上年（%）
2016	2 707	−5.2	65.7	387	18.6	72.5	138	12.2
2017	3 243	19.8	64.8	432	11.6	74.4	133	−3.6
2018	3 737	15.2	74.3	511	18.3	83.8	137	2.9
2019	3 810	2.0	76.1	500	−2.1%	84.9	131	−4.4

数据来源：国家统计局，新疆维吾尔自治区农业农村厅，国家棉花市场监测系统，新疆维吾尔自治区国民经济和社会发展统计公报，新疆监管棉花网等。

国家统计局数据显示，2018年新疆棉花播种面积3 737.06万亩，比上年增长15.2%；总产511.1万吨，增长18.3%；单产136.87千克/亩，提高2.9%。面积、总产占全国的比重分别为74.31%和83.84%。

2019年新疆（含兵团）棉花种植面积3 810.8万亩，较上年增2%；总产500.2万吨，降2.1%；单产131.3千克/亩，减4.4%，比全国平均单产高13.7千克/亩。面积、总产占全国的比重分别为76.1%和84.9%。

（二）灾害天气频发，单产小幅震荡

单从热量条件分析，3年间棉花生育期内的总体气温偏高，但生育期“南增北减”的降雨趋势及前期低温、雹灾及花铃期的高温天气使热量条件明显后移，前期热量不足、棉苗发育迟缓，后期光热富余、加速生长，在一定程度上缩短了棉花生育进程，单铃重减轻，单株铃数减少，直接影响棉花单产，间接影响原棉品质。总之近年来新疆棉花生育期内频发的降雨、低温、雹灾及花铃期高温已是影响棉花产量最直接、最重要的因子。

2017—2019年棉花生长季节气候变化与棉花生长特点见第一章第一节。

（三）籽棉价格继续探底，收购价格冲高回落

受市场供需关系及皮棉价格影响，2017—2019年，籽棉价格持续探底下滑，年度收购期内总体为南疆高于北疆，手采棉价格高于机采棉。

2017年，南疆籽棉手采棉开秤价在7元以上，冲高回落，均价7.3元/千克，高北疆手采棉0.3～0.5元/千克；受衣分影响，同期南疆机采棉价格为

6～6.4元/千克，北疆则为 5.8～6.2 元/千克，皮棉成本 16 000 元/吨左右，企业多采用边收购加工边销售方式。

2018 年，南疆手采棉籽棉收购价为 6.1～7.3 元/千克，总体均价下降 0.3～0.6 元/千克，北疆机采棉主流收购价为 5.4～5.9 元/千克，皮棉成本下降近千元；棉价连续两年下滑使收购企业在 2019 年观望情绪浓厚，而棉农对后市的看空也促使棉企消极、被动、推迟收购。

2019 年，籽棉开秤收购价降幅较大，南北疆机采棉多地开秤价在 4.5 元/千克，手采棉略高，由于收购期较短，产量下降因素影响，籽棉价格持续上涨，机采棉南疆最高至 6 元/千克上下，均价 5.4～5.7 元/千克，北疆最高至 5.6 元/千克，均价 5.2～5.5 元/千克，南疆手采棉价格较机采棉高 0.3～0.4 元/千克。（表 2－11）。

表 2－11 2017—2019 年度新疆籽棉收购价格及皮棉售价

年份	籽棉收购均价（元/千克）		皮棉销售均价（元/吨）	
	手采棉	机采棉	手采棉	机采棉
2017	7.0～7.4	6.0～6.4	16 100～16 600	16 000～16 200
2018	6.1～7.3	5.4～5.9	15 500～16 000	15 200～15 700
2019	5.1～6.2	4.4～5.5	11 700～13 500	11 700～13 500

（四）植棉成本高位运行，种植收益持续下滑

据国家棉花市场监测系统调查显示：2018 年新疆植棉地租平均 434 元/亩，同比上涨 24 元/亩；除地租外：

新疆手采棉种植总成本 1 869 元/亩，下降 10 元/亩。其中直接生产成本 655 元/亩、人工 1 010 元/亩、机械 160 元/亩、其他 45 元/亩，分别占比 35%、54%、8.6%和 2.4%，总体看来，人工采收占比最大，为 43.3%，其次是化肥、水电费，分别为 13.4%、10.3%。

地方机采棉种植总成本 1 199 元/亩，上涨 9 元/亩。其中生产成本 655 元/亩、人工 138 元/亩、机械 350 元/亩、其他 56 元/亩，分别占比 54.6%、11.5%、29.2%和 4.7%。总体看来，化肥占比重最大，为 21%，其次是水电费和机械拾花费，分别为 16%和 15.8%。

兵团机采棉种植总成本 1 453 元/亩，上涨 3 元/亩。其中生产成本 808 元/亩、人工 110 元/亩、机械 421 元/亩、其他 114 元/亩，分别占比 55.6%、7.6%、29%和 7.8%。总体看来，化肥所占比重最大，为 24.7%，其次是水

电费和机械拾花费，分别为 15.1%、13.5%。

2019 年新疆棉花种植成本数据，租地费用 442 元/亩，上涨 8 元/亩，地方机采棉种植成本 1 214 元/亩，同比上涨 15 元/亩；兵团机采棉种植成本 1 460 元/亩，同比上涨 8 元/亩。

以 2018 年新疆平均籽棉 342 千克/亩（衣分 40%），手采棉收购均价 6.6 元/千克，机采棉 5.6 元/千克计，产值分别为 2 257 元/亩和 1 915 元/亩，而种植总成本则为 2 303 元/亩和 1 633 元/亩，棉农收益为 −46 元/亩和 282 元/亩。而在 2019 年籽棉单产及收购价双下降情况下，棉农种植手采棉和机采棉分别亏损 480 元/亩和 21 元/亩，而兵团则亏损 267 元/亩。

（五）新疆长绒棉长势监测报告

1. 面积回升，单产呈下降趋势

在长绒棉种植面积连续两年创新高，籽棉售价下降情况下，面积迅速大幅回调，其中 2017 年新疆长绒棉种植面积约 100 万亩，锐减 56.4%，占全疆植棉面积的 3.16%～3.01%；2018 年种植 125 万亩，增 25%，占全疆植棉面积的 3.34%；2019 年种植 120 万亩，占全疆植棉面积的 3.15%；连续三年长绒棉种植面积低位调整，基本接近常年种植水平。阿克苏地区仍是长绒棉主产区，面积在百万亩，喀什地区伽师县和岳普湖县面积在 20 万亩左右。

长绒棉种植面积的波动是总产变化的主要原因，由于单产相对较低，年际间单产变幅相对较大，花铃期高温天气是影响长绒棉单产的主要原因，2017—2019 年，棉花单产 2 年下降，其中 2017 年皮棉单产 90 千克/亩，降 5.3%，总产 9 万吨，降 57.14%；2019 年皮棉单产 80 千克/亩，减少 11.1%，总产 9.6 万吨，下降 16.5%（表 2-12）。

2. 价格断崖式下跌，重回 2.0 时代

在 2017 年长绒棉种植面积锐减情况下，皮棉价格出现报复性反弹，年度皮棉价格为 25 000～26 000 元/吨，籽棉收购价也从开秤价的 8.3 元/千克冲高至 9.0 元/千克，虽有回落，但后期稳定在 8.6～8.7 元/千克。此时皮棉价格的高位运行一方面是市场存货充裕，用棉企业边用边采，不屯货，市场观望情绪；另一方面产量锐减，收购企业存在赌后市心理，因此皮棉及籽棉收购价的高位运行缺乏一定的市场价格支撑。

在连续两年的僵持状态下，由于后市缺乏信心，2019 年新棉上市之际，皮棉及籽棉开秤价格均出现断崖式下跌，皮棉重回 2.0 时代，报 19 000～21 000元/吨，与 2016 年处于同一价位；籽棉收购价重回 7.0 时代，为 6.8～

6.9元/千克，收购初期仍为消极收购，晚收、迟收。与此同时在棉农惜售、棉籽价格上涨（约0.4～0.5元/千克）、面积产量双下降、籽棉价格低位运行等多方因素影响下，收购企业试图通过大量收购以拉低上年度皮棉价格，在此情况下，长绒棉籽棉收购价一路上涨，最高至7.9～8元/千克，后回落至7.5元/千克，但皮棉价格仍未上涨（表2-12）。

表2-12　2015—2019年新疆长绒棉生产情况

年份	面积（万亩）	皮棉单产（千克/亩）	总产（万吨）	籽棉售价（元/千克）	皮棉价格（元/吨）
2015	200	60	12.0	7.9	22 000～24 000
2016	230	95	21.0	7.5	19 000～21 000
2017	100	90	9.0	8.8	25 000～26 000
2018	125	90	11.5	9.1	25 000～26 000
2019	120	80	9.6	7.4	19 000～21 000

（六）棉花生产展望和建议

1. 健全种子市场，优化品种布局

“优质高产，良种为先”，良种是科技进步的载体和产业化经营的物质基础，对于支撑棉花产业健康发展作用重大。针对全疆棉花生产布局，建设以核心种子田和原种繁殖田为主的高标准良种繁育田，满足区域内对优质良种的需求，从源头提升原棉质量。在政策、资金上鼓励棉农选用适合本区种植的优良棉花品种，通过机械化、集约化生产加速“一主两辅”或“一主一辅”的推广，以县（市）为单位成立专业执法机构，重点打击套牌售种及假冒伪劣种子，切实保障农民利益。

2. 彻底改变“小、散、弱”的生产组织方式，加快推进集约化、高效化、机械化

农业生产只有在土地规模化基础上才能最大限度地实现提质增效。实践证明，高效集约机械化是棉花产业可持续发展的必然选择，高标准的农田是最重要的物质基础。目前南疆棉花生产者多为基本农户，棉田小而不规则，生产单元小，肥力低，无论从品种上还是规模上均不利于新技术推广，对此急需变革生产组织方式。变革的关键在于整合土地资源，通过土地流转、合作社、集中租用等方式，引导土地集中管理，扩大生产单元。实现高效、集约的机械化生产，大幅降低皮棉成本，增加棉农收入，促进新疆棉产业健康发展。

3. 健全棉花目标价格补贴机制，确保补贴及时发放

新疆棉花目标价格补贴存在程序复杂、工作量大、成本高、操作难、纠纷多、补贴资金发放不及时等问题。工作涉及棉花种植面积核实、测产、实际产量统计、棉花公检、基础数据录入、资金发放、公示、第一批补贴落实、第二批补贴落实等诸多环节，占用了大量的社会资源及人力物力，建议进一步完善补贴机制，简化程序，提高效率。如借助金融系统技术力量，开发棉花补贴数据统计的专业系统软件，实现棉农补贴信息与补贴价格实时传输汇总，在棉花补贴相关数据无法准确核定的情况下，尝试提前发放补贴，实行多退少补或抵作来年补贴。

（撰稿：崔建平　田立文　王亮　阿力甫·艾尔西　郭仁松　林涛　郑子漂 等）

第三节　棉花机械化采收和棉花绿色高质高效行动

一、棉花机械化采收

（一）西北内陆棉区

近几年棉花机械化采收面积继续扩大，其中新疆北疆机械化采收面积达到90%以上，南疆也在加快。据新疆生产建设兵团统计年鉴，2019 年棉花机械化采收面积 720.3 千公顷（1 080.4 万亩），增长 4.9%，占播种面积的82.0%，扩大 1.6 个百分点，其中北疆兵团和地方机采面积达到 95%以上。

全疆采棉机总量 3 600 台，每年需淘汰 200 多台，更新 200 多台。其中兵团 2 300 台，地方和企业 1 300 台，近几年以 2018 年新增最多，达到 650 台，采棉机保有总量达到 3 600 台（表 2－13）。

表 2－13　2017—2019 年新疆机采棉进展

年份	机采种植面积（千公顷）	机采面积（千公顷）	累计采棉机保有量（台）	累计机采棉加工生产线（条）
2016	600	533	2 700	370
2017	1 667	797	3 100	370
2018	1 500	1 000	3 600	370
2019	2 000	1 433	3 600	370

数据来源：中国棉花生产监测预警数据，2016 年数据为国家棉花产业技术体系周亚立估计。

机采棉效益也在不断提升，机采棉生产成本已降至 1 300 元/亩，比手采棉成本低 600 元/亩，降幅达到 30%。

我国采棉机的机型以美国凯斯（Cash IH）CE630 采棉机、约翰迪尔（John Deere）7 660 摘棉机为主，都为大型采收机，价格昂贵。2016 年开始国产采棉机几家公司生产制造了 4MZ－3 型自走式、4MZ－5 自走式和 4MZ－6 自走式采棉机。2018 年国产机达到 800 多台，占新疆采棉机保有量的 22.2%。国产采棉机以 3 行机居多。在全国采棉机制造公司中，以新疆钵施然智能农机股份有限公司市场拥有量最多，稳定性好；另有常州东风农机集团有限公司、中国铁建重工集团股份有限公司、山东天鹅棉业机械股份有限公司等机型，价格都比约翰迪尔公司和凯斯公司的便宜。21 世纪之初“贵行”制造的采棉机基本被淘汰。

（二）长江、黄河流域棉区

近几年内地棉花机械化采收试验示范也在加快推进，各地召开不少技术观摩会，其中山东、河北走在前头，但是从整体看机械化采收进展缓慢，仍然未能形成规模（表 2－14）。

表 2－14　2017—2019 年机采棉示范与轻简栽培高产典型

举办时间	举办单位和地点	展示内容	与会代表
2017－10－15	河间国欣农研会、中国农业大学等在河间	等行 76 厘米，收获密度 6 500 株/亩，凯斯 5 行	体系和山东、河北大县代表
2017－10－17	农业部农机化管理司主办“棉花生产全程机械化推进活动”，地点在山东滨州市无棣县西小王镇	观摩采棉机 4MZ－3 指刷式、4MZ－3 刷辊式与约翰迪尔、凯斯、贵航等国内外采棉机采棉作业演示	农业农村部有关司局、产棉省市区农机部门的代表、农机合作社、植棉大户
2017－10－29	中国农业科学院棉花研究所，地点在河南安阳	观摩国产统收式轻型采棉机 4MZ－3 指刷式、4MZ－3 刷辊式	体系和各省棉花栽培科研教学代表
2017－11－8	湖北省农科院、湖北省棉花协会等，在荆门	机采棉花品种、产量和机械化采收农艺农机融合	农科所、湖北省棉花协会代表
2017－11－9	湖北省农业科学院与黄冈市农业科学院，在黄冈	国产统收式轻型采棉机 4MZ－3 指刷式、4MZ－3 刷辊式	体系和湖北代表

（续）

举办时间	举办单位和地点	展示内容	与会代表
2017-11-10	国家和江西棉花产业技术体系，在江西九江	国产统收式轻型采棉机 4MZ-3 指刷式、4MZ-3 刷辊式	江西代表
2017-11-14	安徽省农科院棉花所皖北试验站与皖南试验站，在安徽望江	国产统收式轻型采棉机 4MZ-3 指刷式、4MZ-3 刷辊式	体系试验站、岗位科学家和安徽省植棉县代表
2019-10-9	山东省蒜（麦）后直播早熟棉机械采摘现场观摩及技术研讨会，在巨野县	蒜后直播棉花机械化采收	山东省棉花创新团队及农业部门等
2019-10-15	黄河流域棉花全程机械化——机械采收观摩会，在河北南宫市	美国凯斯摘锭式、湖州星光摘锭式、4MZ-3 刷辊式轻型采棉机进行现场采收作业，采净率均在 95% 以上	新疆、江苏、安徽、湖北、湖南、河北等省区及各地市农机推广站等
2019-10-21	湖北省棉花直播全程机械化技术集成示范，在湖北荆门市	荆门市农业科学院示范面积 50 亩，籽棉单产 360.0 千克/亩，机械化采收，早熟性好，单产高	测产专家毛树春、别墅、王坤坡、弈国香等
2019-10-23	中国农业科学院棉花研究所和江西省棉花科学研究所，在九江	智能化棉花管理观摩会	棉花栽培专家、国家产业技术体系等
2019-11-2	河北农业大学等，在河间	机械化采收现场	国家棉花产业技术体系、河北省棉花科研系统和大县等
2019-11-8	江西省棉花研究所关于召开“赣杂棉 0906”麦后精量直播技术大田测产，在九江市柴桑区江洲镇	面积 198 亩。麦后直播棉现场测定，籽棉产量 393.0 千克/亩，早熟性好，创全国麦后直播棉单产的高产能	组长和毛树春、张献龙、祝水金、弈国香等专家
2019-11-9	安徽省棉花“双减”及机采棉观摩会，在安徽东至县	东至县测产籽棉 321.8 千克/亩，表明安徽省绿色化植棉取得重大进展	农业农村部有关司局、省棉花产业技术体系、植棉大户、农场主、科技示范户等

数据来源：中国棉花生产监测预警数据。

（三）提高机采棉技术水平

一是以提高早熟性为主要抓手，品种应早熟，栽培措施早熟，肥水供给也要围绕促进早熟，只有早熟才能保障脱叶干净，减少杂质含量，减少轧花加工清理杂质的次数，减轻加工对品质的损害。这一指标为在喷施脱叶剂前自然吐絮率达到40%～50%为早熟。新疆北疆9月5～15日，南疆9月15～25日，长江黄河10月1日前后。二是对新疆而言，要有效控制有害杂物“三丝”，措施包括采用加厚地膜至0.01毫米，全田揭膜，揭净运出带走残膜，确保棉田和棉株的清洁卫生。三是提高机采棉轧花加工工艺，提升加工质量，减少棉结、索丝、杂质、纤维籽屑和疵点等。

二、长江流域轻简化项目

（一）相关项目

2017—2019年，农业农村部安排项目资金额度140万元/年，在湖北省松滋、公安、黄梅和监利等县市实施棉花轻简化提质增效项目。

2017年，省级现代农业粮棉油生产发展资金中设立棉花轻简化栽培技术集成示范项目，投入资金352万元，建立直播短季棉、机采棉和轻简化育苗移栽等示范片12个，每个示范片面积133公顷以上，补助资金30万元以内。通过项目实施，示范区皮棉产量达到1 350千克/公顷左右，节本增效超过3 000元/公顷左右。

2018年，湖北省省级农业发展专项安排棉花提质增效项目资金500万元，在湖北省公安、天门、监利等14个县市和荆州、黄冈等4个科研院所实施。据10月28日现场验收，露地直播棉收获密度5.14万株/公顷，成铃18.9个/株，总铃数97.2万个/公顷，预计皮棉产量1 662千克/公顷；地膜直播棉密度5.13万株/公顷，单株成桃20.3个，总铃数104.1万个/公顷，皮棉产量1 780千克/公顷。

2019年，湖北省投入项目资金500万元，在14个县市区和4个市州农科院开展棉花提质增效技术示范。同时，投入60万元棉花试验资金，在6个有代表性的县市，开展麦油后直播棉轻简高效施肥试验。

通过3年的项目实施，筛选一批优质棉花品种；完善施肥技术，麦（油）后直播棉纯氮用量减至180千克/公顷；推广应用绿色高效模式，如麦（油）—直播棉、西瓜＋棉花、甜玉米—棉花、菜—棉等；推广绿色轻简高效集成技术，通过培训指导及宣传，示范辐射带动，增效在4 500元/公顷以上。

项目对促进湖北省棉花供给侧结构性改革和产业提质增效，保障原棉产能供给，发挥了积极作用。

（二）棉花轻简栽培创高产

从示范效果看，油（麦）后直播棉的产量逐步提高，2014 年 3 645 千克/公顷，2017 年 4 002 千克/公顷，2019 年 4 845 千克/公顷（表 2 - 15）。

表 2 - 15　湖北省油后直播棉试验示范进展

年份	籽棉产量（千克/公顷）	供试品种（系）	播种日期（日/月）	收获密度（株/公顷）	成铃（万个/公顷）	吐絮率（%）
2014	3 645	CN01	22/5	55 230	82.8	80
2015	4 342	CN01	23/5	53 055	100.8	82
2016	3 825	CN01	27/5	52 575	88.2	78
2017	4 002	CN01	31/5	57 900	92.6	79
2018	4 028	CN01	30/5	67 845	98.2	84
2019	4 845	中 619	27/5	82 230	11.4	86

注：10 月 20 日计算自然吐絮率。

2019 年，湖北省沙洋县马良镇北港村示范面积 100 亩，由荆门市农业科学院主持，籽棉产量超过 300 千克/亩，供试品种为中棉 916，播种日期 5 月 25 日，条播；等行距，平均行距 76 厘米，收获密度 5 000 株/亩，成铃 13.4 个/株，铃重 4.5 克/个，衣分率 38.8%，皮棉产量 117 千克/亩。一次性机收采净率达到 90%以上，含杂率小于 4.0%，机采效果良好。

2019 年，江西省九江市柴桑区江洲镇，户主叫黄克林，由国家棉花产业技术体系洞庭湖试验站和省棉花产业技术体系联合主持，植棉面积 500 亩，其中 100 亩于 11 月 8 日由全国农业推广中心组织专家测产，籽棉产量 393.0 千克/亩，皮棉产量 172.3 千克/亩。种植品种为杂交种——赣杂棉 0906；5 月下旬播种出苗；采用窄行，行距 60～70 厘米，有一穴 2 株、一穴 3 株。收获密度达到 7 600 株/亩，成铃 9.6 个/株，铃重 5.3 克/个，衣分率 43.8%。

2019 年是长江中游棉区的大旱年景，夏秋连旱和秋高气爽对湖北、江西、安徽等地高密度栽培极为有利。这是长江中游棉区轻简化栽培取得成功的重要气候因素，是自 2008 年开展试验以来产量最高早熟性最好的一年。

如果秋雨连绵高密度将很难控制，易出现烂铃和采收困难等问题。

三、黄河流域轻简化项目

（一）相关项目

河北省贯彻农业农村部种植业管理司关于开展2019年绿色高质高效行动的通知要求，结合河北省实际，选择生产基础好、产业优势突出、基层组织落实有力的生产大县作为承担单位，在黑龙港地区东光县、威县棉花产业带安排棉花项目；在棉花项目核心区实施面积3.2万亩，推广绿色高质高效技术模式，推进规模化种植、标准化生产、产业化经营，引领农业生产方式转变。实现亩生产用工量减少20%左右，化肥、农药使用量下降10%左右，产能提升、效益增加，示范引领和辐射带动作用充分发挥。

1. 建成示范标准基地

通过以种植大户、家庭农场、农民合作社或农业龙头企业等农业新型经营主体种植基地为主，明确目标任务、推广优新品种、培训种植要点，建成具有明显示范带动作用的样板基地。东光县棉花项目核心区实施面积1.2万亩，涉及2个乡镇21个村，开展统一供种、供肥、供膜和农机农艺技术推广；威县在重要植棉乡——常屯乡建成棉花基地面积2万亩，土地成方连片，地势平坦，土壤条件较好和产量水平较高。

2. 促进绿色高效发展

棉花项目核心区通过统一供种、统防统治等农机农艺技术推广，田间测产皮棉104.5千克/亩，比非创建区提高10%以上，用工减少10%左右，化肥农药使用量减少5%左右，并通过核心区辐射带动，促进县域棉花生产迈上新台阶。

3. 实现产业效益提升

棉花项目核心区平均增产7.1千克/亩，收益提高120元/亩，植棉农户累计增加收入140多万元。

（二）轻简化栽培技术进展

近几年河北省围绕棉花轻简化栽培开展机械化打顶试验，培育适合机械化采收的早熟性好棉种，引进新疆机采棉模式精量播种机等。

2019年南宫市500亩棉花全程机械化示范基地，收获密度6 320株/亩，籽棉单产382千克/亩，用工0.8个/亩，全程机械化模式人工费50元，常规种植方式亩用工投入640元，节本效果极为显著。

四、西北内陆新疆轻简化项目

（一）相关项目

2017年，在10个棉花生产县、市开展棉花供给侧结构性改革试点，面积200万亩。

2018年，在6个地州的12个县市开展110.1万亩改革试点工作，推进生产由追求“量”向追求“质”转变。

2019年，新疆南疆28个县（市）的优质陆地棉区优先建设，包括喀什地区11个县（市），阿克苏地区7个县（市），巴州5个县（市），和田地区4个县（市）及克州的阿克陶县。阿瓦提县等5个县（市）的长绒棉区优先建设。中长绒棉区优先建设岳普湖县等10个县（市）。北疆、东疆优质陆地棉区优先建设昌吉州的3个县（市），塔城地区的3个县（市），博州的2个县（市），吐鲁番地区的托克逊县，哈密地区的哈密市等10个县（市）。北疆中长绒棉优先建设乌苏市和精河县，有机棉基地重点建设民丰县。

重点加大棉花强力、抗病抗逆性品种的育种力度；全力推进棉花高密度栽培＋膜下节水滴灌为主的先进适用技术和精量播种技术；主攻解决棉花“一致性”和“三丝”问题。

（二）进展

2019年，新疆棉花生产呈现规模化种植比例增加、成本降低、集约化水平提升的发展态势。北疆90％以上棉田已实现全程机械化，南疆棉花采收机械化率逐年增长。

2019年，全区地方棉机采面积首次突破1 150万亩，同时逐步调减棉花品种，在全区推广“一主两辅”用种模式，主栽品种占棉花种植总面积73％以上，棉花品质一致性稳步提升。

2019年，新疆大力推进了绿色农业机械装备技术的应用，积极引进、示范推广打包采棉机、大功率拖拉机、等离子打药机、智能精准配肥机、卫星导航自动驾驶、无人植保机等先进智能农机装备。

（撰稿：毛树春　刘向新　崔建平　田立文　阿力甫·艾尔西　余渝 等）

第三章 棉花产业供给侧结构性改革

棉花供给侧结构性改革试点始于2016年。2018年《中共中央　国务院关于实施乡村振兴战略的意见》（即中央1号文件）提出赋予农业“质量兴农绿色发展”“农业八字”的新任务，2018年和2019年中央1号文件都强调“农业由增产导向转向提质导向”的新要求，鼓励农业发展“绿色化、优质化、特色化、品牌化”。

近几年，有几支重要力量在推进棉花的供给侧结构性改革。目标价格继续在新疆释放红利，并由目标价格扩展到棉花保险等项目；新疆生产建设兵团团场经营主体改革释放出了新的活力；国家棉花产业联盟正在积极推动“品质中高端”落地，“良好棉花协会”（BCI）继续推进棉花绿色化生产。这些项目在棉花绿色化、优质化、品牌化方面取得新进展，并在市场化方面摸索出一些行之有效的方法。

第一节　目标价格改革继续

一、2017—2019年棉花目标价格政策

2017年3月国家发展改革委、财政部下发《关于深化棉花目标价格改革的通知》（发改价格〔2017〕516号）指出，在新疆深化棉花目标价格改革，确定2017—2019年新疆棉花目标价格水平为18 600元/吨（约合130美分/磅），补贴数量上限为基期（2012—2014年）全国棉花平均产量的85%。

2017—2019年度目标价格一定3年，这次价格设置上限管理，超出上限

的不予补贴。

通知还指出，要积极研究探索新型棉花补贴方式，合理利用保险、期货等金融工具，择机开展目标价格保险、"保险＋期货"试点，探索建立期货和保险联动机制，也可开展补贴与质量挂钩试点，不断积累经验，为进一步完善农业补贴政策提供参考。

2017—2019 年，新疆维吾尔自治区和新疆生产建设兵团都出台《棉花目标价格改革工作要点》，其中 2019 年明确提出坚持"控制面积、降低成本、提质增效、保障能力"方向，从完善政策设计、健全补偿机制、探索补贴方式、提升棉花质量、稳定生产能力、优化产业布局等方面提出要求，以打造国家优质棉花生产基地，提升新疆棉花产业竞争力，促进新疆棉花产业深度融合和持续健康发展。

通知还指出，促进棉花产业链深度融合发展，推动棉纺织行业技术创新和转型升级，继续提高新疆棉花疆内转化率，推行"棉纺企业＋棉花加工企业＋合作社＋农户"产业链联营模式，引导加工企业向上游农民合作社、下游纺织企业双向合作，探索农民合作社与纺织企业直接交易模式，密切农业生产与消费市场之间的联系。

通知强调，继续提升棉花品质。通过加强优质棉基地建设，引导棉花种植向优势产区集中；推进实施高标准棉田建设，逐步引导农户通过土地流转、联合生产等方式，促进棉花生产集约化、机械化、现代化；持续提升种植管理水平，整合和推荐优质棉花品种，提高棉花品质一致性，提升棉花质量。

二、目标价格补贴效果

测算 2017—2019 年度补贴值在 350～800 元/亩之间，由于按前 3 年全国平均 80％的产量进行补贴，实际合法播种面积的补贴强度低于测算值。2019 年生产者棉花交售价格偏低，补贴额度为近 3 年的最高，达到 800 元/亩上下（表 3－1）。

目标价格政策产生两个重要效果：一是政策的可预期性为生产的稳定性、确定性提供重要支持；二是为植棉者（家庭承包农户、兵团农场职工和工商资本）的收益提供重要的保障，植棉者收益普遍增长。

各年补贴分批发放，第一次发放时间最早为 12 月，2019 年补贴籽棉 0.70～0.93 元/千克不等。第二次为清算后的全额补贴，第二次补贴发放时间将以 2019 年 1 月 31 日交售为准进行清算，2020 年第二批补贴发放时间在 8 月，补贴标准为籽棉 1.35～1.48 元/千克，两次合计籽棉补贴 2.17～2.28 元/千克。按籽棉单产 350 千克/亩测算，单位面积补贴 759.5～798.0 元/亩。

各年对生产者交售籽棉价格进行监测，这是决定补贴的主要依据。2018 年 9—11 月全疆采集价格在 14 337～15 890 元/吨之间，理论上，补贴金额在 2 710～4 263元/吨（按均价 3 486.5 元/吨，补贴 511.1 万吨产量的 85%为 434 万吨，测算补贴资金约 151.3 亿元），按籽棉单产 350 千克/亩测算，约 7 亩生产 1 吨皮棉，单位面积补贴合 387～609 元/亩。

表 3-1 2017—2019 年度新疆棉花目标价格落地情况

补贴方式	补贴金额	植棉者中位数补贴水平（元/亩）	补贴范围
2017 年度目标价格 18 600 元/吨			
产量补贴占 90%（上限为 2012—2014 年全国棉花平均产量的 85%），面积补贴占 10%	面积补贴：57 元/亩 产量补贴： 细绒棉籽棉：0.63 元/千克 长绒棉籽棉：0.82 元/千克	352.6	面积补贴范围：南疆四地州基本农户； 试点实行籽棉 0.2 元/千克的质量补贴
2018 年度目标价格 18 600 元/吨			
产量补贴占 90%（上限为 2012—2014 年全国棉花平均产量的 85%），面积补贴占 10%	面积补贴：86.2 元/亩 产量补贴： 细绒棉籽棉：0.918 元/千克 长绒棉籽棉：1.194 元/千克	400.0*	面积补贴范围：南疆四地州基本农户；试点实行籽棉 0.2 元/千克的质量补贴； 试点实行“价格保险＋期货”补贴，标准为 1.34 元/千克
2019 年度目标价格 18 600 元/吨			
产量补贴占 90%（上限为 2012—2014 年全国棉花平均产量的 85%），面积补贴占 10%	第一次补贴： 细绒棉籽棉：0.93 元/千克 第二次补贴： 1.35～1.48 元/千克，两次合计籽棉补贴 2.17～2.28 元/千克； 兵团第八师统一籽棉补贴 2.26 元/千克。特种棉按 1∶1.3 即加价 30%发放	759.5～798.0（价格＋保险试点补贴为 800 元/亩）	面积补贴范围：南疆四地州基本农户；试点实行籽棉 0.2 元/千克的质量补贴； 试点实行“价格保险＋期货”补贴，标准为 1.34 元/千克

* 因补贴涉及长绒棉，故以阿克苏地区阿瓦提县为例。

三、出台一系列配套措施

新疆进一步完善改革政策及配套措施，先后制定了各年度的《棉花目标价格改革实施方案》《自治区棉花加工企业诚信经营管理办法》等；鼓励棉农分等采摘、分级堆垛；实名交售给有资质的棉花加工企业；建立加工企业诚信经营监管制度；规范加工企业皮棉包装，推行棉布外捆包扎方式；加强纤检机构与企业自检数据的比对工作；采用“一卡通”方式直接兑付；加强对棉花质量补贴资金的监管和违纪行为的监察等措施。

加强对收购、加工、收储、运输等环节的棉花质量管控，尝试建立从田间到轧花厂的质量追溯档案。

四、刺激、鼓励新疆棉花发展，溢出效应不可低估

在目标价格的支持下，新疆棉花规模继续扩大，产量大幅增长，然而目标价格政策的溢出效应也不可低估。

（一）目标价格政策刺激、鼓励棉花产能扩大，引发新问题

1. 鼓励、刺激扩大生产规模

在高额补贴下，刺激、激励新疆棉花规模不断扩大。与 2016 年相比，2019 年棉花播种面积扩大了 73.6 万公顷（1 104.0 万亩）。实际上，2014 年以来，全疆棉花播种面积超过 266.7 万公顷（4 000 万亩）以上。总产越来越多，与 2016 年相比，2019 年总产增长 80.2 万吨，增长 19.1%，总产占全国比例高达 84.9%，比 2016 年扩大了 6.3 个百分点（表 3－2）。

表 3－2　近几年新疆棉花公检产量与统计产量

年份	新疆公证检验数据			新疆棉花面积和产量（国家统计局）			
	截止日期（年-月-日）	包数（万包）	皮棉产量（万吨）	面积（万公顷）	面积占全国（%）	产量（万吨）	产量占全国（%）
2016	2017－7－7	1 753.85	397.4	180.5	56.4	420.0	78.6
2017	2018－7－7	2 210.62	500.2	221.8	69.4	456.6	80.8
2018	2019－7－7	2 278.36	514.1	249.1	74.3	511.1	83.7
2019	2020－7－7	2 272.46	513.0	254.1	76.1	500.2	84.9

数据来源：国家统计局，中国纤维质量监测中心．

目标价格在实际操作中仍以产量和面积为依据，这是引导扩大面积和追求高产的重要原因，与引导“农业由增产导向转向提质导向”的新要求有矛盾。

2. 加剧绿洲水与地的矛盾

绿洲水与地的矛盾加剧，目标价格与“退地减水”存在激烈的博弈。水是绿洲经济社会发展的命脉。根据《全国水土保持规划》（2015—2030）、《新疆水资源平衡论证报告》等，规划退出农业用水量约100亿立方米，2016—2020年全疆退减灌溉面积592.2万亩，2021—2025年全疆退减灌溉面积306.8万亩。高额目标价格政策、高额单位面积补贴与“退地减水”的博弈日益激烈。在这样高的目标价格补贴的诱惑下，退地减水的难度极大。因此，一边要求减少耕地面积以此来控制农业用水，一边出台高额的目标价格，激励、引导农民种植棉花，这两者无论在国家与地方层面，以及政府不同部门之间都在博弈，最终是国家治理与可持续发展在博弈。

3. 加快非目标价格产区萎缩

目标价格下形成棉区“一家独大、一花独放”的非均衡布局，加大了新疆区域内部和全国棉花生产的不可持续性，潜在风险日益加大。已经认识到问题，除绿洲水资源农业过度利用以外，由“烂铃”引起的生物灾害的潜在风险也应引起足够的重视。回顾黄河流域棉区为什么衰减？引发衰退的起因是20世纪90年代棉铃虫和黄萎病的大暴发大危害，接着是持续的气候变化（气候北移、秋雨秋湿）对棉花不利影响，最后才是市场和价格问题。当前全国其他产区对本地棉花发展前景持悲观态度居多。因此，在认可目标价格政策溢出的负面效应不可低估的同时，要研究出台保持全国棉花平衡生产的对策措施。

（二）摸清了新疆棉花产量

通过棉花公证的逐包检验，摸清了新疆棉花产量，其中2017年与统计数据差异近43.6万吨，2018和2019年产量数据两者比较接近（表3-2）。

五、棉花价格补贴

按照规定，自2014年到2018年还对其他9省（湖南、湖北、安徽、江西、江苏、山东、河北、河南和甘肃）棉花实行2 000元/吨的补贴。各地各年实际补贴额度在110～200元/亩。另外，天津市不在国家棉花价格补贴范围内，为了保障本地植棉者利益天津市本地财政出资补贴了多年。

（撰稿：毛树春）

第二节　棉花产业供给侧结构性改革进展

在新疆，以目标价格补贴政策为依托，向价格补贴与质量挂钩、价格补贴与价格保险+期货等内容进行扩展，试点改革旨在引导、推动植棉业从增产导向转向提质导向，并探索“优质优价”目标有效落地的途径、方法和措施，即植棉者、收购价格、流通企业、纺织企业如何实现有效对接。

一、目标价格与质量挂钩试点

（一）出台相关文件推进质量措施落地

鼓励棉农种植单一品种，分等采摘、分级堆垛等方式，对棉农而言提高棉花种植的一致性才能获得更好的收益。改革中，提出了优质量化指标 。比如，要求品质长度、强度达到“双二十九”，清洁度达到“无三丝”，实行加价 800 元/吨；当长度、强度达到“双三零”、无“三丝”，实行加价 1 000 元/吨，以激励和保障植棉者利益。

（二）主要措施方法

推进一地种植一个品种，提高品质的一致性；强化“残膜”回收，提高棉花的清洁度；推进棉花种植轻简化技术、机械化技术、节水节肥绿色化技术等。与棉农专业合作社、企业合作携手发展棉花生产的社会化服务，包括推荐优质高产抗病品种和供给优质种子，供给优质肥料、农药地膜、滴灌管等生产资料，开展测土配方施肥、统防统治、绿色化防治、代耕代播代收等社会化服务，其中残膜回升做法和效果差异大，与布置或检查督促少有很大关系（表 3-3)。

表 3-3　新疆地方供给侧结构性改革实施

年份	实施地点	推进内容
2017	9 县市：沙雅、沙湾、尉犁、轮台、麦盖提、乌苏市、玛纳斯、新和、博乐市等； 9 家企业：棉花企业、机采棉合作社、众望种植合作社和乌苏市棉花联盟等； 6 县开闸目标价格与质量挂钩试点：沙湾、玛纳斯、精河、尉犁、阿克苏市和麦盖提县	继续推进：一地种植一个品种；轻简化技术；机械化技术；绿色化技术；组织化服务； 探索优质优价挂钩内容； 籽棉加价 0.2 元/千克； 加工后的皮棉长度、强度达到“双 29”，马克隆值 3.7～4.2，可追溯；公检结果与企业自检结果、长度、强度和马克隆值的一致性达到 85%

（续）

年份	实施地点	推进内容
2018	目标价格与质量挂钩试点：沙湾、玛纳斯、精河、尉犁、麦盖提和阿克苏市等6县； 引导种植高品质品种，引导高配品质品种规模化种植，连片面积北疆1 000亩，南疆300亩，引导单品种单收单售	在继续推荐主导品种，探索优质优价如何落地，“双29”级及以上，马克隆A级实行加价补贴，籽棉加价0.3元/千克； 每吨单品种单轧“双30”高出混轧皮棉800元，每吨单品单轧“双29”皮棉高出混轧皮棉300元
2018	第一师2团、9团试点团场； 第八师143团、149团	皮棉达到“双29”级，且企业自检结果与皮棉公检结果的长度、断裂比强度、马克隆值一致性达到85%以上的植棉户给予0.2元/千克的补贴
2019	深化供给侧结构性改革，试点县数增加。主体品种布局“一主两辅”，强调清洁生产，节水节肥，绿色防控等	达到高品质籽棉，加价0.3元/千克

（三）项目实施取得的主要成效

一是植棉规模扩大，集中度显著提升。形成总产超100万吨级的特大产棉地区——阿克苏地区。总产达到25万吨级的4个特大产棉县——沙雅县（阿克苏地区）、库车县（阿克苏地区）、沙湾县（塔城地区）和乌苏市（塔城地区）。形成特大产棉师（市）——60万吨级的第八师石河子市，新增第七师胡杨河市30万吨级，新增第五师五家渠市20万吨级。这样一批特大级的县、地区和师（市），棉花生产的集中度得到极大提高。

二是品种布局“多乱杂”得到遏制，一致性明显改善。改革前，一个县、一个师（市）种植几十个品种（系），改革后地方地区级、兵团师级、县级都推出本地的主导品种，引导供种企业经营主推品种，一个县、一个师（市）种植几个品种，品质一致性得到明显改善。在沙湾，以前一个棉花产区种植的棉花品种多且杂，现在采取“一区一品”单品种种植，并通过“良种选育—科学种植—统一管理—现代化机械采摘—精细加工—产品品牌化—农业社会化服务”的模式，实现棉花产业提质增效。在一个产棉大县（市）推行“一主两辅”用种模式，进一步优化棉花品种结构，提高棉花生产综合效益。

三是质量意识增强，提高棉花清洁度。强制残膜回收，恢复“人戴帽子狗穿衣”，严格控制“三丝”措施落地，棉花清洁度有明显改善。

2020年新疆推进“优棉工程”，推荐和引导相同生态区域“一主两辅”用种模式，鼓励“一县一品”“多县一品”，从源头上提高棉花品质的一致性。同时，明确布局向优势棉区集中，压减棉花品种数量，提高棉花品质，扎实推进优质棉生产基地建设，实现新疆棉花“由大变强”。开展棉花品种熟性与品质的区划调查，细分长绒棉、细绒棉等优质特种专用棉生产区域，逐步退出次宜棉区种植。由各地根据区域内棉花生产现状、品质和气候条件，经过棉种适应性种植，选择适宜机采、大面积推广的品种作为主栽品种，增强国际市场竞争力。

（四）存在问题

市场主体不明确是目标价格与质量挂钩存在的最大问题。虽然有政府普遍号召，但轧花厂没有具体可操作的方法，高品质生产规模面积谁来确定，轧花厂如何依据籽棉确定高品质棉花。这些措施没有形成可操作的方案，最后加价的落地效果难以达到预期目标。

二、棉花“价格保险＋期货”试点

2018年，棉花“价格保险＋期货”试点工作在新疆开展，资金来自目标价格，在开展“价格保险＋期货”试点的县乡不享受目标价格补贴。

（一）新疆试点工作

为进一步探索农产品目标价格补贴的市场化机制，推进棉花产业持续稳定发展，新疆启动2018年棉花“价格保险＋期货”试点工作，探索新型棉花补贴方式和棉花市场价格形成机制。

1. 试点内容

2018年11月6日，新疆维吾尔自治区人民政府办公厅印发《2018年自治区棉花“价格保险＋期货”试点方案（试行）》，确定在博乐市、叶城县和柯坪县开展试点。主要内容如下：

（1）保险价格。2018年新疆棉花目标价格水平为18 600元/吨。

（2）棉花期货市场平均价格。根据郑州商品交易所2018年9月1日—12月31日期间各交易日CF1901期货结算价格算术平均值，作为棉花期货市场平均价格，由郑州商品交易所提供相关数据。

（3）棉花现货市场平均价格。根据2018年9月1日—12月31日期间信息平台统计的全疆籽棉交售价格加权平均值折算成皮棉价格作为棉花现货市场平均价格，由全国棉花交易市场按照保密协定提供相关数据（不对外公布）。

（4）保险期限5个月，即2018年9月1日0时至2019年1月31日24时。

（5）棉花产量确定。

——保险数量预测值。保险公司根据试点县（市）棉花种植面积和上年度皮棉平均单产预测试点县（市）皮棉总产量，由自治区农业厅会同自治区统计局提出审查意见，报领导小组审定后确定。自治区农业厅向领导小组办公室提供经审定的保险数量预测值，用于保险公司申请拨付保险费补贴资金。

——实际交售量。根据截止2019年1月31日24时信息平台统计试点的县（市）籽棉交售量，按试点县（市）平均衣分率折算成皮棉数量确定实际棉花交售量，由领导小组办公室会同自治区农业厅、质监局提出意见，报领导小组审核后确定。

实际棉花交售量＝籽棉交售量×平均衣分率

（6）保险费。棉花价格保险费实行财政补贴支持政策，由自治区财政从中央棉花目标价格改革补贴资金中安排，棉农不缴纳保险费。

保险费＝保险目标价格×保险费率×保险数量

（7）赔付金额。保险公司根据自治区确定的棉花市场平均价格和实际棉花交售量等数据核定赔付资金总额。

赔付金额＝（保险目标价格－棉花市场平均价格）×实际棉花交售量

（8）招标采购承办公司。新疆维吾尔自治区发展和改革委员会于2018年11月29日采用政府招标购买方式对棉花“价格保险＋期货”承办保险服务机构进行招标确定。

（9）保险经费来源。通过政府采购确定的保险公司，向领导小组办公室提出保险费补贴资金申请，由领导小组办公室审核并提出拨付方案，并报经自治区人民政府审批同意后，自治区财政厅按照批准方案向保险公司拨付和清算保险费（即：于新棉上市之前按保险数量预测值拨付一定比例保险费，于2019年1月31日之后按实际棉花交售量清算剩余保险费）。根据实际棉花交售量与保险数量预测值之差，领导小组办公室对保险费差额资金提出审查意见，报自治区人民政府审定后，由自治区财政厅进行保险费清算。

此外，一些援疆单位也开展了“价格保险＋期货”试点工作。

2. 主要进展

（1）博乐市。2018年补贴标准为1.34元/千克，明显高于2018年非试点棉农目标价格补贴款。要求保险缴纳农业保险费用，基本农户缴纳9元/亩多，国有土地缴纳22元/亩多。

（2）阿瓦提县、沙雅县。2018年45位棉农，棉田面积1.9万亩和皮棉

2 000吨，共获赔 99.16 万元，相当于单位面积补贴 52.19 元/亩。

根据《2019 年自治区棉花“价格保险＋期货”试点方案（试行）》，在试点县（市）立足保障棉花实际种植者收益不变，原则上确保棉花“价格保险＋期货”试点理赔水平与棉花目标价格补贴水平基本保持一致，力争试点县（市）棉农获得保险理赔标准不低于棉花目标价格补贴标准。

（3）2019 年。“价格保险＋期货”在新疆 4 个产棉县市开展试点工作，昌吉市是试点单位之一。该市参加保险试点农户 913 户，植棉面积 34.94 万亩，籽棉销售量 209 340 千克，获得补贴资金 2.8 亿元。按产量计算，每千克补贴 2.15 元；按面积计算，补贴 801.34 元/亩。这是自 2011 年以来补贴资金最多的例子。若按籽棉单产 400 千克/亩计算，籽棉销售价 5.8 元/千克，单位面积产值 2 320 元/亩，成本 1 500 元/亩，两者收益之和达到 1 621.34 元/亩。

做法：2019 年保险价格为每吨 18 600 元，保险期限为 2019 年 9 月 1 日到 2020 年 1 月 31 日。在保险期限内，棉花市场平均价格低于保险目标价格时，保险公司将根据自治区确定的棉花市场平均价格和实际棉花交售量等数据核定赔付金额，从而帮助棉花种植户合理规避市场波动带来的价格风险，达到稳定棉花发展的目的。资金来源于棉花价格保险费，由自治区财政从中央棉花目标价格改革补贴资金中安排，棉农不用缴纳保险费。

（二）山东省棉花“保险＋期货”试点

2018 年和 2019 年棉花“保险＋期货”试点在山东省产棉县进行，资金来自郑州商品交易所和山东地方财政资金的支持。

1. 2018 年做法

保险覆盖棉田面积 1.5 万亩，涉及植棉农户 3 000 余户，设置籽棉保价 3.15 元/斤（对于皮棉保障价格为 15 763 元/吨），保险保障价格为 15 763 元/吨，并与郑商所“905”的期货合约价格比照，当本地市场低于设定价格，保险公司补齐差额。保险期限从 2018 年 12 月 1 日至 12 月 31 日。

保险费用三方承担：保险棉田 1.5 万亩面积。出资方案：农户每户棉田交保金 16.8 元/亩，合计 25.2 万元，郑州商品交易所项目出资 124.0 万元，地方政府出资 41.0 万元。

在保险期间进行实地价格收集，2018 年 12 月当地棉价一路下行，折算平均价格为 14 495 元/吨，比保险设定价格低 1 268 元/吨，最终保险公司赔付 1.5 万亩面积，资金 190.2 万元。

具体赔付方法：对保险农户按籽棉单产 250 千克/亩进行赔偿给，保险棉田获得赔付金额 126.80 元/亩，比非保险棉田籽棉价格高 0.253 6 元/斤，使棉农从“保险＋期货”金融支农创新模式中受益。

2. 2019 年做法

山东财政安排资金 4 875 万元，在山东省平阴县、东营市东营区、寿光市、鱼台县、夏津县、武城县等 6 个县市开展棉花目标价格保险试点。试点县区内所有棉农均可享受保险补贴政策。设定棉花目标价格保险费为每吨 1 500 元/吨，棉花目标价格保险费每亩 120 元，由财政资金全额保障，不需要农户缴纳一分钱，不给棉农增加负担。保险棉花播种面积 40.64 万亩，农户 8.66 万户，涉及保险保障 4.94 亿元。设定投保目标价格为 15 200 元/吨，保险时间为 2019 年 1 月 1 日到 12 月 31 日，保险期 120 天。在此期间，如棉花市场价格低于目标价格，差价部分将形成赔付责任，由保险公司一次性全额赔付至投保棉农。如棉花市场价格高于目标价格，棉农在按市场价格获得收益的同时，保险公司按每亩 50 元给予补偿，提高棉农获得感和种棉积极性。按照郑州商品交易所最终平均收盘价为 12 785.01 元/吨，低于棉花保险目标价格 15 200元/吨，保险公司和期货公司按照约定赔付 2 414.99 元/吨。即每亩赔付棉花目标价格资金 193.19 元，赔付率 161%，6 个试点县区共赔付 7 843.52 万元，为植棉者提供了收益保障，降低了市场风险。

意义：一是“保险＋期货”模式是利用保险、期货等金融工具，探索新型棉花补贴方式新的路径，能够解决财政补贴的不确定性、预算难以安排等问题，通过发挥市场的作用，在较大程度上简化政府操作、提高补贴资金的工作效率。这对于以后探索形成可推广、可复制、可持续的市场运行模式，有着重要意义。二是棉农获得最大实惠，保费全额由财政资金承担，切实减轻了棉农负担。农业保险费由县区财政出资，赔付资金由省级财政出资，从根本上解决了“愿保尽保”。

该项试点工作由山东省农业农村厅计划财务处牵头，由中华联合财产保险股份有限公司山东分公司承保，鲁证经贸有限公司与棉农参与完成。

3. 效果

棉花“期货＋保险”的保险方式与一般性生产性的保险方法不同，生产性保险是一种生产成本性的保险，遇到灾害补贴因灾害损失的生产成本，与棉农收益不挂钩，而“价格保险＋期货”是一种按照期货价格确立的收益性保险，在于解决因灾害减少致使收益减少的保险，增强收益的保险性。

通过开展棉花“价格保险＋期货”试点，探索形成可推广、可复制、可持续的市场运行模式，进一步完善棉花价格补贴机制，建立棉花目标价格改革补贴可替代路径；持续稳固和壮大新疆棉花优势产业，推进新疆棉花产业融合发展，积极应对 WTO 国际贸易规则等诸多挑战；发挥金融市场功能，有效化解棉花市场风险，保障棉花实际种植者基本收益，减轻国家财政负担。

棉花价格保险仅靠期货和流通企业的单打独斗，力量薄弱，覆盖面积小，实施效果一般。

（撰稿：毛树春）

第三节　新疆生产建设兵团农场经营体制改革

一、经营和管理体制改革

新疆生产建设兵团农场经营体制改革始于 2017 年，从此团场职工拥有《国有农用地承包经营权证》。全面取消由团场长期实行多年的“五统一”（统一种植计划、统一农资采供、统一产品收购、统一农机作业、统一产品销售）这一大包大揽、依靠行政命令和行政干预的经营管理模式，改革后对职工实行“分田到户”承包经营，职工对承包田实行自主种植、自主管理、农业生产资料自主购买、农产品自主经营，职工可自由购买棉花种子、地膜、滴灌带、农药、化肥等全部农业生产资料，可以自主销售所产农产品。通过团场农业职工经营机制的改革释放更多利好。

改革后团场以连队为单位，建立合作社，设立理事长与监事会对连队进行管理；连队由党支部领导，支部委员兼任理事会或监事会成员。

建立新型民主议事制度，扩大职工自主权，职工享有“四权”——知情权、参与权、选择权和监督权。

关于轧花厂实行股份制改革，团里持股 51%，职工持股 49%。对农机具实行股份制，成立农机合作社、种植合作社和植保合作社对职工开展生产性服务。

大力培育新型农业经营主体——坚持“民办、民管、民受益”的原则，规范农工专业合作社的组建和运行，不搞行政主导的农工专业合作社，杜绝空壳、挂名专业合作社。

改革后，每位职工分得承包经营耕地面积 40～50 亩不等（北疆职工承包地面积相对大些，南疆较少，最少仅 35 亩/人），职工科学种田、科学植棉、科学管理的主动性和创造性得以发挥。

另外，第六师五家渠市还对棉籽、短绒等棉副产品产生的利润进行再分配，这在过去从未有过，通过节本实现增效，减轻投入负担，返还附加值，职工收益增加。

二、农业职工自主管理和经营

改革后，团场农业职工自主经营和管理。职工是承包土地的主人，有利于职工在市场引领下节本增效种好棉花。

产品自主经营。“职工自主经营后，哪里收购价格高就把棉花交售到哪里去，因此，轧花企业感受到了前所未有的市场竞争压力，必须用更好的服务、更优的价格吸引棉花种植户”，加工企业千方百计提高轧花质量，使企业、种植户利益真正与棉花质量统一起来，实现了优质优价。

政府引导。兵团植棉师团进一步落实好《关于加强兵团棉花质量管理的指导意见》《兵团棉花优势区域布局方案》等，连队“两委”围绕增收做好服务，为棉花全面丰产增收提供了强大动力。

连队“两委”干部也取消了干部身份资格，人数减少 64.3%，一些连队从改革前的 14 人减到 5 人，“两委”干部由职工选举产生，连队管理人员的收入和职工的收入与管理服务的绩效直接挂钩，因此，“两委”服务团场职工的意识和能力明显增强，管理模式由以前的行政强制管理转变为以服务引导为主。

三、改革成效

（一）发挥科学植棉的积极性

职工种植的棉花品种数量大幅度减少，品种多乱杂局面有较大的遏制。兵团农业局和各师都发布了推荐的主导品种，倡导在一个师主推一个品种一个辅助品种。由于种植品种数量的大幅度减少，棉花质量的一致性明显提升。

扩大了植棉面积，不少职工改过去种植番茄、葵花子、西瓜、甜瓜为种植棉花。其中兵团第六师五家渠市抓住了改革带来的新机遇，棉花播种面积 2017 年比 2016 年扩大了 42.9 万亩，增长 46.7%，总产达到 20.2 万吨，增长 53.7%。2018 年扩大到 184.7 万亩，总产达到 28.8 万吨，都比 2016 年翻了一番。第六师因此一跃成为兵团的第三大产棉师（市）。

（二）大幅降低种植成本

改变过去依靠强制性的大水大肥追求超高单产——滴灌供水量大，滴入氮肥大，导致肥水过量投入，职工自主管理后，实行精细管理，注重投入产出比例，化肥、农药、种子、地膜、灌溉水的成本大幅度减少，节水节肥省药的效果显著，生产成本降低。据调查，第一师一些农户生产成本降低 119 元/亩，40 亩棉田节水成本合计 4 760 元，收益增加 200 元/亩，合计增收 12 760 元/户；还有不少职工节省成本在 50～100 元/亩之间，过去大水大肥的强制性购买、分派的武断做法被终止，职工收入增加为扩大再生产和屯垦戍边提供了新的经济基础。

2018 年全兵团近 40％的团场棉花质量达到了“双 29”，北疆大部分师团棉花整体质量水平提升，部分达到或接近“澳棉”水平。

（三）政策是基础

目标价格补贴保障职工收益。2018 年兵团农业经营体制的改革是在继续实行目标价格改革背景下实行的。改变过去职工统一交售为职工在全兵团范围内自由交售，领取补贴；交售价格则完全由市场决定，在籽棉交售时一次性结算，建立更加公平有序的市场竞争机制。此次棉花目标价格改革释放出的红利，让兵团棉花种植户大大受益。

土地确权提升棉农积极性。土地确权登记颁证，在明确了职工享受各项权利的同时，也明确了职工要积极履行民兵义务，要坚决落实土地、职工、民兵“三位一体”要求，明确团场连队的土地就是“职工自主经营田、法定民兵义务田”，把兵团土地维稳戍边的“养兵”属性、职工自主经营的合法权益、民兵履行职责的义务统一起来，对不履行民兵义务的取消职工身份、收回承包经营的身份地。

在落实土地、职工、民兵“三位一体”要求的同时，团场为解决一线职工负担重的问题，规范承包职工缴费，建立承包职工社会保险缴费新机制。现在职工自身受益的社会保险费也是自行缴纳，团场则按照多缴多补、补贴额与个人缴费额及完成民兵维稳任务情况挂钩的办法，给予适当的社会保险费补助。截至 2018 年 11 月底，兵团连队职工参保人数达到 31.9 万人，征缴率为 94.3％，签订协议率为 99.0％。

（撰稿：毛树春）

第四节　国家棉花产业联盟

国家棉花产业联盟于 2016 年 11 月在北京成立。本联盟宗旨是：立足国家、地方重大战略和产业发展重大需求，以服务国家、地方农业发展战略和全产业链各市场主体为根本，以推进联盟成员单位共同利益为基础，以协同创新和提高产业科技含量为核心，以科技创新为引领，以市场需求为导向，以促进植棉业、纺织业等升级发展为目标，以建设高端品质棉花发展新模式为重点，通过科研、生产、加工、流通、纺织等产业链主体的通力合作，建立产业“上中下游一条龙”深度联合的新模式、新机制、新方法，激发全产业链发展活力。用“中高端品质”引领棉花产业发展，提高有效供给能力；用“四化”

（轻简化、机械化、绿色化和组织化）引领现代植棉业发展，提高现代农业水平。在推进农业供给侧结构性改革方面建功立业，提升我国棉花产业水平和国际竞争力，推进棉花大国迈向棉花强国。

本联盟力争用5～10年时间，在主产棉区打造出500万～1 000万亩、产能60万～120万吨的中高端品质原棉生产基地（相当于1～2个澳大利亚的棉花产能规模）；以同步协调提升棉花产量和品质为宗旨，以“四化”为关键技术引领现代植棉业，构建订单农业供应链，推动中高端原棉的产业化，促进农业增效、农民增收、纺织企业盈利。

一、技术指南

经过与生产方多次协商，制定了《CCIA棉花生产技术指南（试行）》和《CCIA棉花加工技术指南（试行）》两个重要技术文件。其中《CCIA棉花生产技术指南（试行）》，由2017年7月25日理事长会议通过，是国棉联盟的基础性标准。内容有：

第一章　制定依据和原则，共4条

第二章　使用范围和目的，共2条

第三章　重要技术和措施，共13条（第7条—第19条）

第七条　提升棉田质量，提高棉花生产技术水平

第八条　增强污染危害意识，推广使用棉花清洁生产技术

第九条　科学布局品种，提升纤维一致性水平

第十条　示范高品质新品种/系，协调推进高品质棉订单生产

第十一条　优化工序，实行轻简快乐植棉

第十二条　科学施肥，减少化肥投入

第十三条　节水灌溉，有效保护水资源

第十四条　综合防治病虫害，减少农药用量

第十五条　科学调控，提高早熟性和丰产性

第十六条　科学防灾减灾，提升灾害应对能力

第十七条　推行单种单收单运单加工，确保一致性和清洁度

第四章　保障措施和支撑条件，共3条

第五章　附则，共3条

《中高端品质棉花加工技术指南（试行）》内容包括：规定了国家棉花产业联盟在棉花收购及加工全过程的基本技术要求，适用于国家棉花产业联盟的实

验区、核心示范田和中高端品质棉花生产基地，并以本指南为依据制定各试验区、核心示范田和中高端品质棉花生产基地的棉花加工技术方案或操作规程，指导棉花的收购、加工和储运。主要章节内容如下：

第一章　制定依据与原则

第二章　使用范围与目的

第三章　主要技术措施

第四章　保障措施

第五章　附则

按照实验区—示范区“路线图”的技术路线推进落地，打造以高端品质品种为主导的绿色化规模生产基地，生产品质长度、强度达到“双三三”，商品棉品质达到“双 30”的高品质基地。

二、实施进展

2018 年 10 月 17 日，我国最大量（约 20 万吨）的棉花订单合同在郑州签订。合同由国棉联盟（见证方、平台方）与新疆生产建设兵团第七师（生产方）、郑州棉花交易市场有限公司（贸易方）、河南永安纺织有限公司（用棉方代表）四方共同签订。合同约定，按照高品质、绿色化、可持续先进理念进行生产和认证的 CCIA 棉花，品质指标以公检为参考，凡达到“双 28.5”以上，全部订单采购，有多少采购多少；以“3128B”为基础，对长度、强度、马克隆 A＋B2 品级实行加价，并再加价 3%～5%，测算达到这一指标预计加价达到 1 500～1 800 元/吨，转化成资料加价 0.5～0.6 元/千克，合同约定 2018 年、2019 年的两个年度。11 月生产方第七师“以师棉销售组发［2018］17 号文件”落实 5 万亩高品质棉花生产基地到团场连队、到农户。

长期以来，困扰我国棉花订单生产、订单销售的机制难点问题终于得以破解，协议最大亮点是各主体的合作意愿强烈，明确平台方、生产方、贸易方、市场方应承担的主体责任，试图探索构建“共商共建共享共赢”的合作模式，这是我国棉花供给侧结构性改革在机制创新方面的一个标志性成就，是推进大国棉花上台阶的一个新举措。

三、辐射带动

以发展绿色高品质棉花为主线，国棉联盟发挥较大的辐射带动作用。根据公检数据，达到“双 28.5”及以上、马克隆值 3.7～4.6 的高品质原棉比例在北疆不断提高，2017 年度占 71.1%、2018 年度提高到 73.9%，数量分别为 66.8 万吨和 129 万吨。其中第七师分别占 9.9%和 14.9%，第八师分别占 20.0%和 16.9%，第一师分别占 4.9%和 5.9%。

2017 年：兵团第一师、第七师、第八师主推品种和清洁度生产，按照《CCIA 棉花生产技术指南（试行）》组织清洁生产。

2018 年：打造高品质规模化生产基地，引领产业高质量发展，第七师印发《国家棉花产业联盟兵团第七师生产基地 2019 年 CCIA 品牌高品质棉花品种中 641 种植、加工收购管理实施指导意见》的通知，原棉品质大幅度提高，受到市场充分肯定。

2019 年：新疆生产建设兵团第七师主推新陆早 52、中棉所 75 等长度、强度“双 30”以上的高品质品种，种植品种数量减少一半以上，一致性显著提高。

作用和不足：需要机制创新与技术创新紧密结合，搭建共商共建共享平台；推进科研—生产—加工—纺织—金融的深度融合；农业内部要做到农技—农化—农机的有效融合。

（撰稿：毛树春）

第五节 良好棉花

瑞士良好棉花发展协会（Better Cotton Initiative，简称 BCI）于 2009 年在日内瓦注册，是一家非盈利的国际性会员组织机构，在全球拥有全产业链会员 1 100 多家，致力于在全球范围内转变棉花生产方式，使全球棉花的生产更有利于棉花生产者，更有利于棉花生长的环境，更有利于棉花行业的未来，是旨在贯彻联合国《21 世纪议程》具体行动的组织机构。

BCI 把棉花产业链上人员组织联系起来，从田间到商店，促进生态生产环境、农业社区和棉花产区的可持续改善。通过近几年的实践，良好棉花在助推我国棉花产业转型升级提质增效中发挥了积极的作用。

一、生产原则和标准

良好棉花第二版（2019 年）倡导种植者需遵循七大生产原则和 53 条标准（通用标准 42 条），分别是：良好棉花棉农应最大限度地减少作物保护措施的有害影响；良好棉花棉农应促进水资源的管理和保护，充分利用天然降水；良好棉花棉农应关注土壤健康，提出保持土壤健康技术措施和方法。良好棉花棉农应负责任地使用土地并加强生物多样性；良好棉花棉农应关注并保护纤维质量；良好棉花棉农应促进体面劳动；良好棉花棉农应运行有效的管理系统，种植全过程应可追溯，提高 BCI 认证棉花的透明度。

按照 7 大原则制定了 42 条通用标准。按 BCI 对植棉者、生产者划分三类（小农户、中型农场和大型农场），设置进步指标和核心指标，采用普遍和带有差别的方法执行，生产者必须达到核心指标，鼓励生产者通过进步指标进一步改进提高。这些措施与我国强调化肥、农药、灌溉水负增长的目标接近，可贵之处在于有目标还有可操作的措施、方法，并要登记进行检验、评价，执行力高。

7 大原则及其具体方法有很多“落地”、可操作的可取之处。比如：如何实现最大限度地减少农药使用，指出采取综合防治策略防治病虫害，强调把重点放在病虫害防治技术而非施药上，进而减少对农药的依赖，提出了采取尽量减少农药潜在有害影响的具体做法。在一个区域单元里，生产者单位有一个基于农业生态系统分析，制定因地制宜、有时限的病虫害综合防治计划，该计划包含实施病虫害综合防治（IPM）5 项原则——病虫害综合防治计划，种植健康作物、防止害虫种群积聚和病害传播，保护和增强有益生物的种群、定期对作物健康和主要害虫及益虫进行实地观察、抗性治理，制定了实施病虫害综合防治五项具体措施的时间期限，特别是不能无定期打药或随意打药。

二、市场联结机制

良好棉花从产业链的“终端”（纺织品服装的著名品牌公司和大型零售品牌公司）发力向“中端”（棉纺织品服装生产企业包括纺纱、织布、印染、服装等）和“前端”（植棉业和轧花加工业）推进，采用订单采购模式连接产业链的两端——生产端与需求端。这一模式形成的订单生产和订单销售具有强烈的市场价值，其机制可重复，经验可资借鉴。其最大优点是对认证的原棉，积极推进与纺织、服装业的品牌企业连接，促进销售，但是项目执行者没有背上认证原棉销售的包袱，没有市场风险。

三、追溯和评价

一是按“良好棉花”7 大原则和 53 项技术措施进行生产，皮棉 100％是

“良好棉花”，需要分别堆放，分别轧花和打包，分别储存。

二是对认证原棉实行出库入库平衡管理和供应链监管指导，包括纺纱厂—织布—成衣的可追溯体系。

三是零售商需要成为会员，需要遵守会员准则，并对零售商会员负责。

四是评价。采用第三方对实施地区进行现场和文件的评价。第三方依据BCI生产原则和具体标准一一评价，从田间生产到籽棉—轧花厂—纱厂—织布—印染—服装全链条都可追溯，第三方评价时在现场认证，对生产者进行提问，现场对比回答查看记录的真实性，整个链条都可追溯记录，透明度高。

四、工作机制

良好棉花中国秘书处（总部）设在上海。秘书处负责领导组织中国项目的全部工作，接受瑞士总部领导。

中国的工作班子和工作机制：秘书处——执行合作伙伴（IP）——生产者单位经理（PU，管理一个大区，可以是地区或是一个小流域）——田间指导员（FF，管理服务一个到几个学习小组）——学习小组（LG，由多个植棉农户组成，在田间指导员指导下开展活动）。在新疆生产建设兵团采用以秘书处——战略合作伙伴（IP）——大农场经理（PU）组织团场连队实施。

良好棉花聘任大量国内人员为执行合作伙伴或区域经理或战略合作伙伴，最基层为指导员，还聘请不少国内各方面专家参与原则、标准和实施方案的起草，以及现场指导、技术、管理培训和评价工作。

良好棉花工作费用按面积和农户数量拨付，第一年单位面积50元/亩，以后按推进年份的延长逐步减少。

BCI工作经费全部来自良好棉花总部拨付，这些经费是BCI从全球零售商、品牌商、棉纱厂、棉制服装企业等按企业规模予以收取，类似早期我国提倡的“以工补农”。

五、实施效果

BCI项目于2012年进入我国，已开展植棉县（市）团（场）有60多个，2017年认证棉花播种面积794万亩，认证产量120.0万吨（占中国实际产量的18.6%），比2016年增长28.8%。2019年认证棉花播种面积745万亩，中国纱厂采购认证棉花46.8万吨，比2018年增长31.8%，可见使用BCI认证的原棉不断增加，是市场认可的重要体现（表 3-4）。

表 3-4 良好棉花（BCI）在中国的实施进程

年份	生产者单位（个）	实施县团场（个）	棉农人数（个）	推进面积/认证面积（万亩）	认证产量（万吨）	中国纱厂采购认证棉花量（万吨）
2016	24	42/39	51 746	723/602	93.2	23.4
2017	22	47/43	78 097	842/794	120.0	35.5
2018	21	37/30	81 245	747/646	89.0	46.8
2019	41	8/25	140 000	745/612	88.5	67.9（1—8 月）

注：①生产者单位是指小农户和中型农场的集合体，比如合作社。②为新疆生产建设兵团与地方的团场数。③BCI 项目实施地点在新疆、山东、河北、湖北、甘肃、湖南等省市区。

本表系良好棉花发展协会李博、鱼冰冰提供，致以感谢！

从 BCI 7 大原则和 42 项技术措施来看，这比我国倡导的“减肥减药减灌溉水”“生物多样性”和环境友好的措施更具体、更细致，更可操作。从组织推进方法来看，BCI 落地的工作机制更扎实、工作方法更细致具体，实施结果接受第三方评价检验，市场的可信度增强。

（撰稿：毛树春）

第四章

WTO与中国棉花18年

本章论述自2001年我国加入WTO以后的18年（2002—2019年）时间里，全国棉花生产、市场和价格发生的变化，棉花在价格、收购、销售和种子科技进步方面取得的成果，适应经济全球化和市场国际化棉花产业的体制变革。

2014年我国国民经济发展进入新常态，2015年以来我国棉花生产、消费、进口等重要指标呈现经济学中“蛛网模式的收敛型”状态，2016年中央提出了供给侧结构性改革的新要求，明确指出我国贸易要从“大进大出”向“优进优出”转变，原棉、棉制品和服装也不例外。

第一节　对我国棉花产能的影响

一、棉花播种面积和总产呈现开口向下的“抛物线”收缩模式

总结加入WTO 18年以来，我国棉花产能发展的特点，植棉面积和棉花总产都呈现开口向下的“抛物线”增长模式，曲线特点为扩大—高峰—收缩，产能状态为“两头低中间高”，单产受气候影响在波动中增长。

棉花播种面积以2006—2008年最大，达到8 550万～8 850万亩（实际上这3年的最大播种面积超过9 000万亩），自2009年开始下滑，2015年下滑到5 698.5万亩，2016年探底为5 064万亩。

棉花总产也以2006—2008年较高，达到740万～760万吨（这3年的最高总产达到800万吨以上），2016年下滑到534.3万吨。

全国棉花播种面积 2017—2019 年呈现继续下滑态势，分别为 4 792.5 万亩、5 031.0 万亩和 5 008.5 万亩，其中 2017 年为历史最低水平；总产分别为 565.3 万吨、610.3 万吨和 588.9 万吨。

受天气影响，棉花单产水平呈现持续增长态势。2018 年继续提高达到 1 819 千克/公顷，2019 年因气候不利下降到 1 764 千克/公顷，减少 3.0%。

二、产值、成本和收益大幅增长，波动都很大

(一) 产值和收益大幅增长，现金收益波动大

产值是价格和单产的乘积，产值和收益是棉花生产的“稳定器”，是市场和产能对产品的集中体现。可喜的是，入世 18 年棉花产值和收益取得了长足进步。据国家统计局数据（表 4－1），主产品产值从 2001 年的 689.60 元/亩增长到 2018 年的 1 814.31 元/亩，增长了 1.63 倍。然而产值的稳定性差，2017 年因籽棉售价大降产值减幅达到 14.2%，2018 年又有较大的恢复。

收益等于产值减去成本，反映植棉效益，是棉花生产的落脚点，更是稳定植棉面积的关键因素。植棉纯收益从 2001 年的 157.0 元/亩增长到 2018 年的 777.29 元/亩，增长了 3.95 倍。植棉收益受产量、交售价格的影响很大。

表 4－1　2001—2018 年全国棉花产值和收益对比

年份	样本产量（千克/亩）	主产品产值		总成本		生产成本		现金收益	
		元/亩	增减（%）	元/亩	增减（%）	元/亩	增减（%）	元/亩	增减（%）
2001	73.80	689.60	—	580.00	—	214.00	—	157.00	—
2016	113.50	2 047.39	37.70	1 505.82	0.20	591.64	−5.00	541.57	2 525.00
2016*	98.55	1 818.31	33.02	2 306.61	0.79	2 004.43	−0.18	937.26	89.75
2017	105.94	1 560.99	−14.15	2 330.80	1.05	2 023.83	1.00	895.74	−4.43
2018	105.83	1 814.31	16.22	2 275.21	−2.39	1 950.47	−3.62	777.29	−13.22

注：①2001 年、2016 年、2017 年、2018 年为《全国农产品成本收益资料汇编》数据。②＊2016 年生产成本为中国棉花生产预警监测数据，原为物化成本，与现生产成本所包含的内容不同。现生产成本包括物质和服务费用、人工成本和土地成本。

（二）棉花生产成本保持高位

棉花生产成本由物化成本、人工费用、间接成本和固定生产折旧等组成。

近几年，全国棉花生产总成本总体保持高位（表4－1）。物质和服务费用都在增长，其中地膜费用增长与地膜加厚有关（表4－2），化肥农药费用增长与2015年农业部倡导的“一控两减三基本”不相适宜。

表4－2　2016—2018年全国棉花生产主要物化成本增长情况

单位：元/亩

年份	直接费用	其中物质与服务费用						间接费用
		种子	地膜	化肥	排灌	农药	机械作业	
2016	610.71	54.50	29.99	192.25	71.36	67.96	92.57	60.92
2017	670.11	56.53	36.14	194.76	77.91	70.90	112.85	63.98
2018	755.56	56.91	41.22	219.71	92.65	72.30	124.97	84.61
比上年增长（%）	12.75	0.67	14.06	12.81	18.92	1.97	10.74	32.24

注：①物质与服务费用还包括原材料费、技术服务费、工具材料费、维护修理费等。

②间接费包括固定资产折旧、保险费、管理费、财务费、销售费等。

数据来源：全国农产品成本收益资料汇编。

近几年棉花生产用工数量在13～16个/亩，整体呈减少趋势。其中人工总费用减少趋势更加明显。虽然家庭用工和雇工单价在增长但用工数量减少可予以抵消。用工量数量减少是因为机械化的替代功能不断增强，也有农艺管理措施简化的功劳（表4－3）。

表4－3　2016—2018年全国棉花生产用工情况

年份	人工总费用	家庭用工及作价			雇工及价格		
	人工费用（元/亩）	家庭用工日数（个/亩）	劳动力日数（个/亩）	家庭用工折价（元/亩）	雇工日数（日/亩）	雇工价格（元/日）	雇工费用（元/亩）
2016	1 393.72	14.30	81.40	1 164.26	2.20	104.30	229.46
2017	1 353.72	13.26	83.10	1 102.07	2.36	106.63	251.65
2018	1 194.91	11.34	84.89	962.91	2.11	109.95	232.00
比上年增长（%）	−11.73	−14.47	2.15	−12.63	−10.59	3.11	−7.81

数据来源：全国农产品成本收益资料汇编。

需要指出的是，2016 年、2017 年和 2018 年雇工费用分别占人工总费用的 16.5%、18.6%和 19.4%。如果把家庭用工折价都转化为劳动收益，再加上现金收益，植棉单位面积收益分别为 2 101.52 元/亩、1 997.81 元/亩和 1 740.20元/亩。如果加上补贴则更多，植棉还是很合算的（表 4-1）。

（三）每千克皮棉成本在“拐点”之后继续下降

每千克皮棉生产成本在 2014 年出现下降“拐点”，结束了过去连续 12 年的上涨态势之后，2016 年每千克皮棉生产成本 13.27 元，比 2015 年 15.61 元/千克减少 2.34 元/千克，减幅 15.0%。

按国家统计局数据，每千克皮棉生产成本有几种算法。第一种按生产成本（包括物质和服务费用，加上人工成本组成生产成本），2016 年、2017 年和 2018 年分别为 20.34 元/千克、19.10 元/千克和 18.43 元/千克；第二种仅按物质和服务费用测算，分别为 6.20 元/千克、6.33 元/千克和 7.21 元/千克；第三种为直接费用加间接费用测算，分别为 6.82 元/千克、6.93 元/千克和 7.94 元/千克。可见这几种方法都与中国棉花生产景气报告监测预警数据不相同。

三、影响产值和收益的主要因素

产量、成本和价格要素共同影响棉花的产值和收益。2017/2018 和 2018/2019 年度全国棉花交售价格相对平稳，然而受中美贸易摩擦的影响，2019/2020 年度市场疲软，籽棉销售价格继续下降 6.4%（表 4-4）。

表 4-4　2001/2002—2019/2020 年度棉农籽棉售价变化

年度	籽棉售价（元/千克）	比上年度增减（%）	样本皮棉产量（千克/亩）	比上年度增减（%）
2001/2002（2001）	3.00	基本持平（估计）	73.80	—
2002/2003-2006/2007	5.00	—	76.4	—
2007/2008-2011/2012	7.13	42.6	90.9	18.95
2010/2011（2010）	10.59	73.4	83.3	−15.6
2011/2012（2011）	7.67	−27.6	95.1	14.2
2012/2013（2012）	7.92	3.3	101.9	7.2
2013/2014（2013）	8.23	3.9	93.3	−8.4
2014/2015（2014）	5.96	−27.6	94.2	1.0
2015/2015（2015）	5.69	−4.5	96.7	2.7

（续）

年度	籽棉售价（元/千克）	比上年度增减（%）	样本皮棉产量（千克/亩）	比上年增减（%）
2016/2017（2016）	6.99	22.8	113.5	17.4
2017/2018（2017）	7.04	基本持平	105.94	−6.7
2018/2019（2018）	7.01	基本持平	105.83	基本持平
2019/2020（2019）	6.56	−6.4		

数据来源：中国棉花生产预警监测数据；2017/2018—2019/2020年度为市场数据。

成本因素影响植棉收益。分析指出，全球石油价格从2001年的21.82美元/桶上涨到2013年的98美元/桶，年均增长13.34%，进而推动化肥、农药、地膜和柴油等价格的全面上涨，持续了10多年。2014年国际石油价格下降50%诱发物化成本出现下降的“拐点”，2015年以来国际石油价格在50美元/桶上下波动，反映在化肥、地膜和农药等单价上都有所下降，这对农业生产是一个利好。2019年国际原油价格上涨到60～65美元/桶，导致柴油、地膜价格也在上涨。

人工成本上涨源自工业化、城镇化进程的加快。劳动力价格上调是农业劳动者价值的具体体现，农业劳动者的价值有效转移到农产品价格之中，则是资金从城市转移到农村的有效方式。

展望：就农业生产来讲，只有依靠科学种田，按照投入产出的合理比例才能控制成本。农业农村部提出到2020年全国化肥、农药“零增长”计划。这需要依靠科学施肥、科学用药、科学灌溉，还需要发展轻简栽培种植技术，如轻简育苗移栽，培育“代育代栽”“统防统治”“代耕代管代收”等社会化服务，才能实现“零增长”目标，棉花生产成本也将进一步降低。

2017—2019年新疆开展棉花目标价格改革，价格由市场形成，通过补贴保障植棉者的基本收益（见第三章）。

四、棉花品种科技进步加快

种子是重要的不可替代的农业生产资料，科技兴农，良种先行。入世18年，我国棉花品种科技进步加快，高峰时期出现在2006—2010年。近几年审定品种数量和种植品种数量都有所减少，商品用种“多乱杂”现象也有所收敛。

(一) 品种审定数量和种植数量都有所减少

2017—2019 年全国初次审定品种分别为 76 个、106 个和 127 个，其中新疆审定最多，其次为河北和山东，品种类型包括转 Bt 基因、非转基因、常规和杂交、陆地棉与海岛棉、白色棉与彩色棉，以及陆地棉中长绒品种等。尽管长江流域、黄河流域棉花播种面积在缩减，但育种科技创新力度不减（表 4－5）。

表 4－5　2001—2019 年全国棉花品种审定数

单位：个

年份	合计	国审	地审	地方审定															
				川	湘	鄂	赣	皖	苏	浙	冀	鲁	豫	晋	秦	津	疆	甘	辽
2001	22	5	17	0	1	1	0	0	3	1	1	4	2	2	0	0	0	1	1
2013	97	5	92	6	1	2	0	19	2	1	11	0	6	11	1	2	23	5	2
2014	85	0	71	3	6	1	4	4	19	1	13	2	7	1	0	2	18	1	3
2015	74	27	47	0	1	4	0	0	1	1	10	4	11	0	2	0	13	0	0
2016	63	13	50	2	1	5	3	4	1	0	2	9	9	0	0	0	10	4	0
2017	76	10	66	0	6	8	1	1	3	0	9	4	3	0	0	0	21	4	6
2018	110	9	101	6	2	4	8	3	0	3	13	11	9	2	0	3	31	2	4
2019	127	23	104	0	3	9	6	2	5	2	22	13	14	3	0	0	17	4	4

注：国家和地方品种名称相同计 1 个，省与省之间的重复审定也只计 1 个，但在应用区域和面积上有差异。

数据来源：中国棉花生产预警监测数据。

种植品种（系）不断减少。据调查，在新疆农业供给侧结构性改革的试点县——沙雅、沙湾等大县、新疆生产建设兵团第七师、第六师等都在推进品种种植改革，种植品种数从改革前的一个县几十个减少到 5～6 个。同时，农业农村部也在加强品种品质的抽查，对品种真实性进行种植检验，有助于遏制品种的套牌和假冒现象。

(二) 杂交制种仍保持一定面积

我国棉花杂交优势利用仍在持续，制种面积仍保持一定规模。2017—2019 年，全国杂交棉制种收获面积仍保持在 10 000 亩（图 4－1）上下。制种区域已从黄河流域、长江上游转向华南（三亚）地区和西南地区的云南，有效发挥地域气候资源优势和劳动力价格、土地价格相对便宜的优势。其中新疆闫氏德海种业公司选育高品质陆海杂交种，具有产量高、品级优，纤维长度、强度超

“三三”的高品质，早熟性好。近几年云南、海南和河南等地制种面积1 500亩。计划 F_1 播种面积 6 万～8 万亩，生产超“双三零”高品质原棉 1 万吨，预计产值增加 2 000 万元。

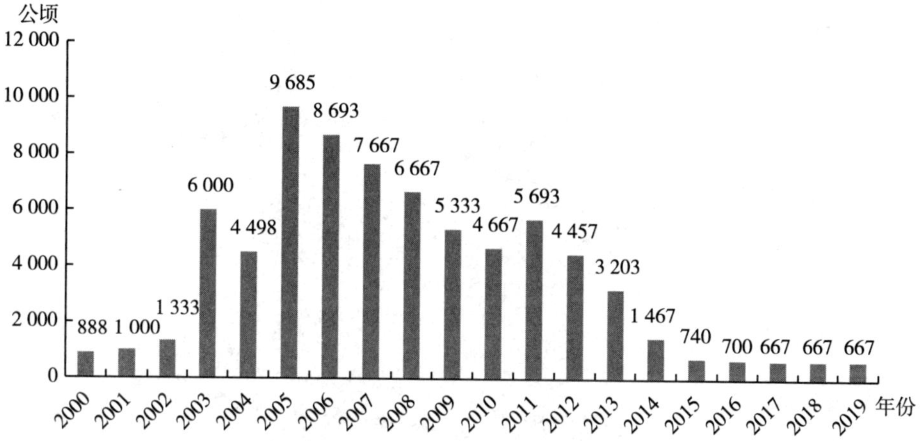

图 4-1　2000—2019 年全国棉花杂交制种面积

数据来源：中国棉花生产预警监测数据。

五、纺织用棉继续减少，消费疲软是主因

纱锭是纱线加工的工具和基础装备，是判断纺织业产能的基本指标；纱线产量是纺织品服装深加工的基础产量；纺织用棉是棉花作为工业原料的基本用途和工业价值的基本体现。

2000—2019 年，中国棉纺纱锭从 3 443 万锭增加到 11 200 万锭，增长了 225.3%，年均增长率 6.24%。大致划分为快速增长—高峰—平稳几个阶段。2000—2006 年为快速增长阶段，是中国加入 WTO 后的第一个快速扩张，纱锭达到 8 500 万锭。2007—2009 年为第二个快速扩张期，纱锭进入 1 亿锭级，达到 1.1 亿锭。2010 年进入高峰，纱锭达到 1.2 亿锭，到 2019 年纱加工产能保持相对稳定（图 4-2）。

2000—2019 年，中国纱线产量从 660 万吨增长到 2 892 万吨，增长 338.2%，年均增长率 8.09%。大致划分为快速增长—高峰—下降几个阶段。2000—2006 年为快速增长阶段，为中国加入 WTO 后第一次快速扩张，纱线产量突破 1 000 万吨级，达到 1 700 万吨，增长了 70%。2007—2012 年为第二次扩张，纱产量达到 2 000 万吨级，最高 2 900 万吨。2013—2015 年为第三次扩张，纱线产量达到 3 000 万吨级，2016 年和 2017 年纱线产量达到4 000万吨级，2018 年和 2019 年为收敛阶段，纱线产量下降到 2 000 万吨级（图 4－2）。

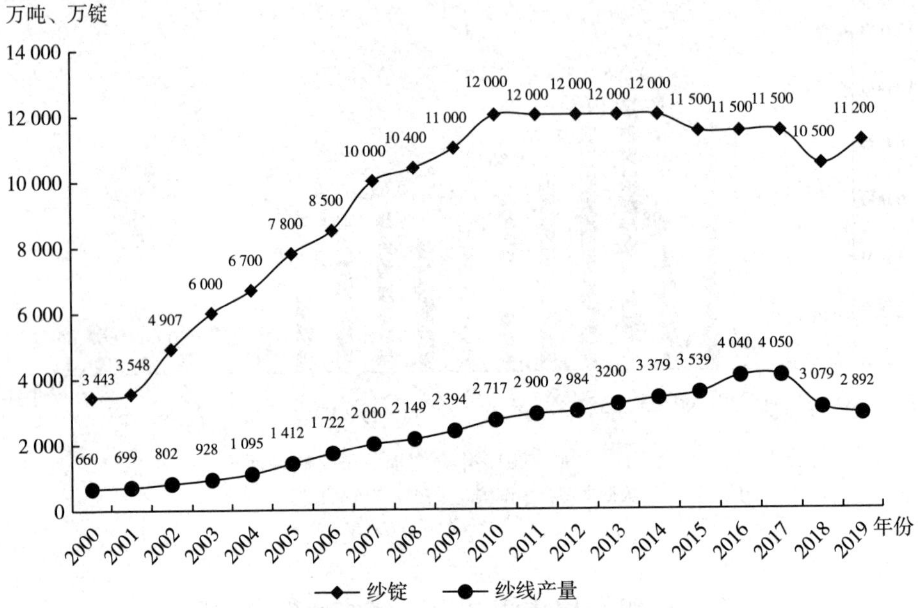

图 4－2　2000 年以来全国纱锭和纱线产量变化

数据来源：为中国市场和产业估计数据。

2000—2019 年，中国棉纺纱线用棉量从 450 万吨增长到 669 万吨，增长 48.7％，年均增长率 2.11％。整体上，纺纱用棉量呈现典型开口向下的抛物线，大致划分为快速增长—高峰—下降几个阶段。2000—2005 年，纺织用棉增长 1.18 倍达到 980 万吨。2006—2010 年攀上高峰，用棉量进入 1 000 万吨级，最高达到 1 350 万吨。2011 年之后纺织用棉大幅下降，在 675 万～800 万吨。造成用棉减少的原因非常复杂，其中国内棉花价格高于国际市场价格是主要原因之一，国内棉价过高导致化学纤维替代棉花的能力增强；各年用棉量及增减比例变化还与当年棉花价格有紧密关系，也与劳动力成本不断上涨、纺织产业结构和布局转移等有关系。

需要指出的是，纺织纱线中的用棉比例，20 世纪 70 年代 100％为棉花，那时全球还没有纺织用的化学纤维。80 年代化学纤维开始进入棉纺织业，那时纱线中棉花所占比例在 80％以上，90 年代下降到 75％上下。进入 21 世纪，由于化学纤维的多样化、多功能性，使之不断进入纺织业，2000—2009年纺织表观用棉量平均值为65.6%，2010—2019年平均值为25.0%，其余近75%都为化学纤维，及少量的麻、丝（图4-3）。

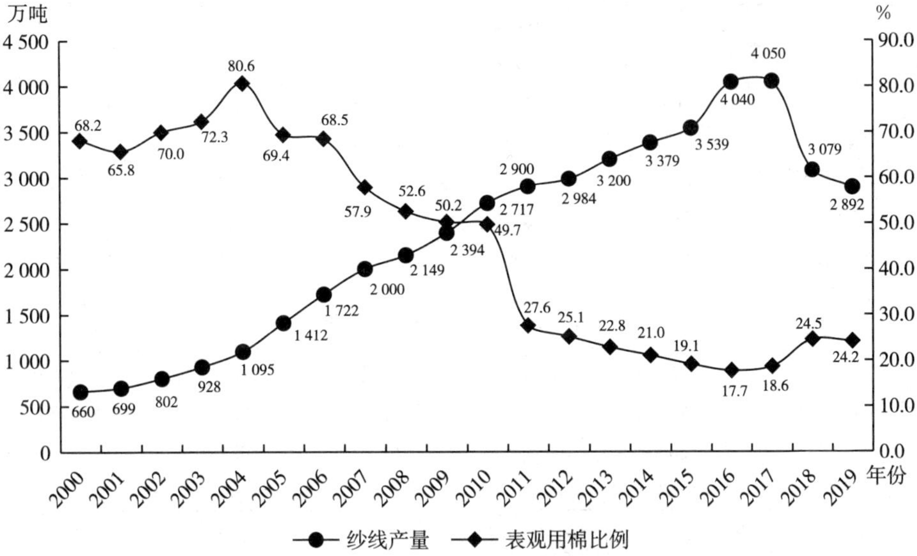

图4-3　2000年以来中国棉纺织表观用棉量变化

数据来源：为中国市场估计数据。

第二节　原棉、棉副产品及棉纺织品贸易变化

我国加入WTO后，由于全球纺织品贸易一体化的进程加快，棉纺织业综合优势得到充分高效释放，棉花在国内外的贸易地位上升。在国际，我国成为全球最大的原棉进口国；在国内，棉花成为主要进口的大宗农产品。近几年受国内库存量大、结构调整转型升级、中美贸易摩擦等因素影响，进口棉花数量减少。

一、原棉及棉副产品进口仍保持高位

（一）原棉累计进口量和主要来源地

加入WTO 18年（2002—2019年），我国累积进口原棉（税号52010000，未梳棉花）4 041.5万吨，年均224.53万吨；积累进口额751.08亿美元；年均41.73亿美元（表4-6）。

表 4-6 加入世界贸易组织 18 年（2002—2019 年）中国进口棉花来源地前 10 位

国家	进口量（万吨）	进口量比重（%）	进口金额（亿美元）	进口金额比重（%）	进口均价（美元/吨）
中国	4 041.50	100.0	751.08	100.0	1 870.92
美国	1 474.93	36.74	270.82	36.06	1 836.15
印度	865.01	21.55	160.17	21.33	1 836.15
澳大利亚	511.00	12.73	108.34	14.42	2 106.54
乌兹别克斯坦	333.10	8.25	58.05	8.25	1 753.25
巴西	219.09	5.46	42.81	5.70	1 953.99
布基纳法索	107.63	2.68	18.20	2.42	1 690.98
贝宁	76.57	1.91	12.63	1.68	1 649.47
喀麦隆	60.27	1.50	10.67	1.42	1 770.37
马里	58.69	1.46	10.57	1.41	1 800.99
科特迪瓦	35.06	0.87	6.45	0.86	1 839.70
其他	300.2	7.43	52.37	6.98	—
前 10 位合计/平均	3 741.35	92.57	698.71	93.02	1 823.76

注：据《海关统计》2002—2019 年各年整理。因四舍五入尾数有差异，总数也有一定差异。

在这 18 年里我国进口原棉的来源地常年有 30 多个，其中 2013 年进口量来源地最多，达到 64 个国家和地区（图 4-4、图 4-5）。

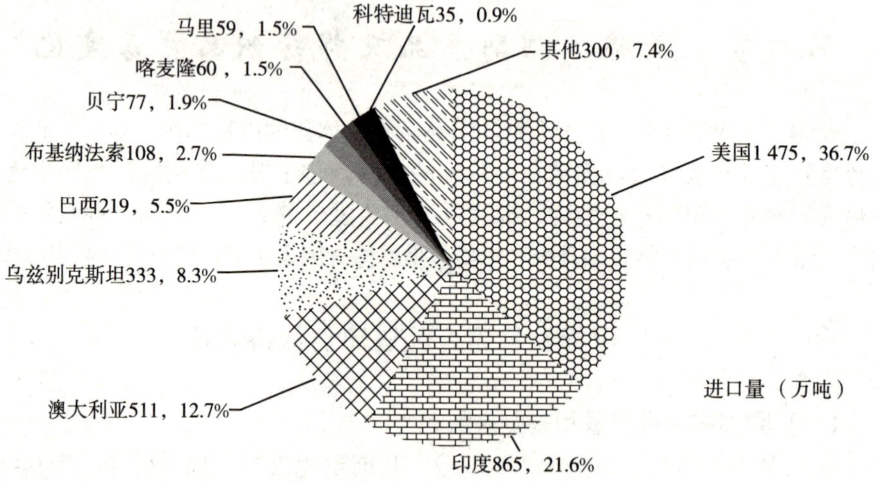

图 4-4 加入 WTO 后 18 年（2002—2018 年）进口原棉
4 041.5 万吨主要来源地及比重

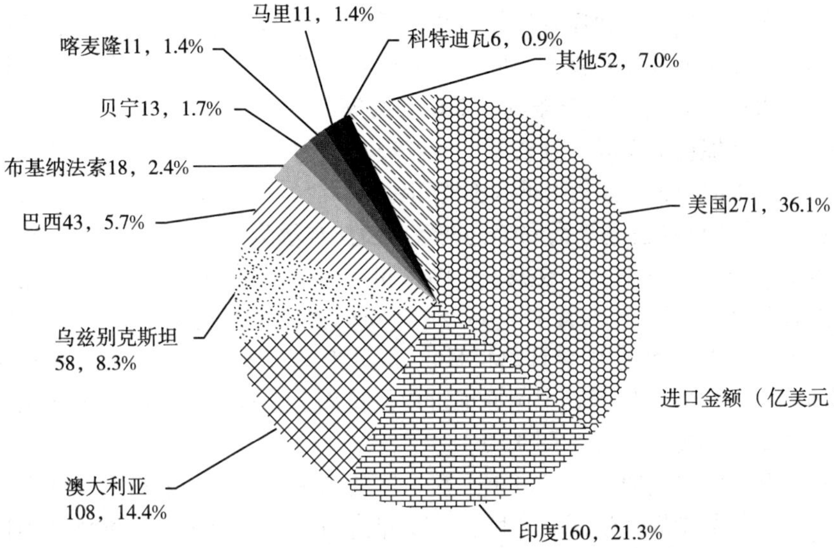

图 4-5　加入 WTO 后 18 年（2002—2018 年）进口原棉金额 751.08 亿美元主要来源地及比重

在所有进口来源地之中，按数量计，美国位居首位，印度其次，澳大利亚第三，乌兹别克斯坦第四，数量分别占来源地的 36.74%、21.55%、12.73%和 8.25%，该 4 国合计占 79.27%。其中印度比例不断提高，美国比例不断下降。西非国家占进口总量的 8.42%，其中布基纳法索最大，占比 2.68%，其次是贝宁、喀麦隆、马里、科特迪瓦。因中美贸易摩擦，近几年我国从南美洲的巴西进口量增长，占比大幅提高到 5.46%（表 2-6、表 2-7，图 4-4 和图 4-5）。

（二）进口棉花特点

1. 进口棉的作用

自 2005 年全球纺织品一体化之后，2006 年以后我国进口数量增长。据分析，进口动力包括：一是产不足需形成进口的原动力，国产棉无法满足需求，通过进口弥补数量上的短缺。二是棉价“倒挂”形成进口的推动力。国际棉价特别是 2012—2014 年低于国内 5 000 多元/吨，进口国际低价原棉有利于降低生产成本，谁获得进口配额谁就能获得“额外”利润。三是进口棉品质好于国产棉，形成进口的诱惑力。主要是美棉、澳棉无或少“三丝”等有害杂物，且品质的一致性好，以致在 40%的高关税条件下也有进口。

2. 进口棉存在的问题

一是数量上短重，缺斤少两。二是降质或质量不稳定，如品级、长度、细度、强度和成熟度等稳定性差，同国家不同年份差异明显。三是含有植物检疫对象（病虫草等），还有有害杂物、霉烂和污染物。四是掺杂使假，低级、质量差混杂。五是棉包不规范，包装不良、破损和烂包，包装材料不符合要求。六是贸易过程中的问题。如货物批次不清和包号不清，码单与实际货物不符等。

（三）我国棉花在国际贸易中的地位已发生显著变化

据 2019 年 12 月 ICAC 数据，中国入世 18 年年均进口原棉 230 万吨，占全球进口比例为 27.0%。其中 2011/2012 年度占比最高达到 54.7%，进口量 534 万吨。而这 18 年中国合计出口量仅 55.8 万吨。因此，我国棉花在国际的贸易地位为原棉净进口国。中国原棉进口量位居全球首位，其次是孟加拉、土耳其、越南和印度尼西亚（图 4－6）。

进口弥补资源短缺，满足供求平衡，这是国际贸易的一般规则。然而，也出现价格调节贸易的新情况。2011—2014 年进口大幅增长主因是价格“倒挂”，这 4 年合计进口 1 465 万吨，导致国产棉严重积压，前 3 年（2011—2013 年）国家临时收储 1 610 万吨，结果出现“洋棉入市，国棉入库”的被动局面，表明过多进口对国产棉造成了严峻的冲击，由此衍生出后几年国产棉去库存的新问题。

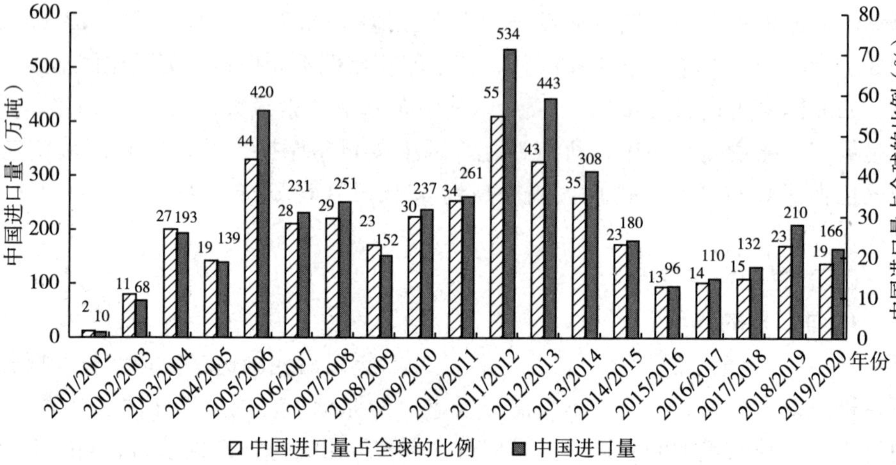

图 4－6　2001/2002—2019/2020 年度中国原棉进口量及占全球比例

（四）棉短绒、废棉及棉的回收纤维进口

加入世界贸易组织的 18 年，我国累计进口棉短绒、废棉及棉的回收纤维

240.3万吨，进口额13.41亿美元，平均单价548.1美元/吨。棉短绒占绝大部分，废棉和棉的回收纤维数量和金额较少。

近几年随着环境治理的加强和全国“蓝天保卫战”行动的推进，我国棉短绒、废棉及棉的回收纤维等进口已大幅减少（表4-7）。

表4-7　2001—2019年进口棉短绒、废棉及棉的回收纤维

年份	数量（万吨）	金额（万美元）	平均单价（美元/吨）
2001	5.3	785.3	148.2
2002	2.3	456.0	198.3
2003	8.1	1 819.2	224.6
2004	7.7	1 954.2	253.8
2005	8.0	2 424.8	303.1
2006	16.4	5 347.7	326.1
2007	15.6	5 622.6	360.4
2008	7.8	3 279.8	420.5
2009	7.1	3 463.2	487.8
2010	10.0	5 029.3	503.0
2011	6.2	5 556.0	896.1
2012	10.8	11 080.0	1 025.9
2013	19.6	20 933.0	1 066.4
2014	18.1	10 979.3	607.0
2015	28.3	14 866.6	525.3
2016	34.2	20 810.1	608.4
2017	20.7	16 984.6	820.7
2018	5.3	2 514.4	476.1
2019	8.8	238.8	1 162.8
2002—2019年合计	240.3	134 144.9	548.1

数据来源：据《海关统计》整理。

注：废棉税号包括52021000、52029900和52029100。

二、棉花在大宗农产品贸易中的地位

2017—2019年，棉花在国内粮棉油大宗农产品中的贸易地位显著上升。按累计进口总额计，棉花位列第四，食用植物油排第三，谷物及谷物粉排第二，大豆排第一。即在全国粮棉油大宗农产品贸易中，棉花是仅次于大豆、谷物及谷物粉、食用植物油的第四大进口农产品。进口数量大，进口金额多，贸易逆差大是主要特点。

需要指出的是，由美国挑起的中美贸易争端没有改变我国农产品的进口总量，但进口农产品的品种发生变化。比如，2018 年大豆进口减少 750 万吨，比 2017 年减幅 7.9%；而 2018 年食用植物油进口量增加 52 万吨，比 2017 年增长 9.0%；2019 年食用植物油进口量创新高，达到 953 万吨，比 2017 年增长 376 万吨，增幅高达 65.2%。

我国进出口食用油品种繁多，品种间也可替代。进口食用植物油包括大豆油、花生油、菜籽油、棉籽油、棕榈油、橄榄油、葵花籽油、亚麻籽油、椰子油、芝麻油、玉米油等，基本涵盖了所有食用油品种，其中进口棕榈油比例最大。进口的品种多，品种间同样具有替代效应。

中美经贸摩擦之前美国是我国大豆的第一来源国，经贸摩擦之后巴西成为第一来源国，棉花也是如此。贸易实践证实，我国农产品进口无论品种类型还是来源地都具有替代效应。

大宗农产品进出口贸易情况见表 4－8、表 4－9。

（一）大豆

2017—2019 年，我国共进口大豆 27 207 万吨，进口总额 1 130.3 亿美元。2017—2019 年，大豆出口总量 35 万吨，出口总额 2.8 亿美元。按进口额计，大豆在大宗农产品贸易中排第一。

入世 18 年总贸易。我国大豆贸易量逆差 95 093 万吨，年均净进口 5 283 万吨，占全球贸易市场的比例达到 50%；贸易额逆差 4 279.7 亿美元，年均净进口额 237.8 亿美元，贸易份额也占全球极高的比例，可见大豆是我国最短缺的大宗农产品。

其中 2019 年大豆进口量 8 851 万吨，比 2018 年增 0.5%；进口额 353.4 亿美元，比 2018 年减 7.2%。2018 年中美贸易摩擦暴发，进口来源国从原美国转向现在的巴西，2019 年从巴西进口大豆 5 800 万吨，占我国大豆进口份额的 65.5%。巴西替代美国成为全球大豆第一生产国和第一出口国。

（二）谷物及谷物粉

2017—2019 年，共进口 6 391 万吨，总进口额 176.0 亿美元。平衡来看，2017—2019 年，进口较稳定的主要原因是价格差异，国际谷物和谷物粉价格都低于国内市场价格。据国家统计局，2017—2019 年全国稻谷产量 63 441.5 万吨，同比增 0.24%；小麦产量 39 936.4 万吨，同比增长 1.3%；玉米产量

表 4-8　2017—2019 年和加入 WTO 18 年我国粮棉油大宗农产品进出口数量平衡

单位：万吨

项目	2017—2019 年出口量	2017—2019 年进口量	2017—2019 年平衡	18 年（2002—2019）平衡	2017 年		2018 年		2019 年		2019 年比 2018 年增减（%）	
					进口	出口	进口	出口	进口	出口	进口	出口
谷物及谷物粉	723	6 391	−5 668.0	−12 465.0	2 559	156	2 047	249	1 785.0	318	−12.8	27.9
其中：小麦	—	1 101	−1 101.0	—	442	0	310	0	349.0	—	12.5	—
稻谷和大米	603.4	966	−362.6	−891.6	403	119.7	308	208.9	255.0	274.8	−17.3	31.5
玉米	12.4	1 114	−1 101.6	−436.6	283	8.6	352	1.2	479.0	2.6	36.0	114.4
大豆	35	27 207	−27 172.0	−95 093	9 553	11	8 803	13	8 851.0	11	0.5	−14.5
原棉	11.6	458	−446.4	−3 958.7	116	1.7	157	4.7	185.0	5.2	17.4	10.1
食用植物油和油籽	315.2	29 366	−29 050.8	−106 396.9	10 130	91	9 432	113.5	9 804.0	110.7	3.9	−2.5
其中：食用植物油	76.2	2 159	−2 082.8	−12 039.9	577	20.0	629	29.5	953	26.7	51.5	−9.6
豆油	54.8	203	−148.2	−2 479.5	65	13.3	55	21.8	83	19.7	50.3	−9.7
食用油籽	239	—	239.0	1 300.0	0	71	0	84	0	84	—	−8.4
肥料	7 818	2 979	4 839.0	11 472.0	918	2 548	950	2 494	1 111	2 776	16.9	11.3
化肥	7 465	2 977	4 488.0	12 912.0	917	2 416	950	2 394	1 110	2 655	16.9	10.9
尿素	1 203	46.1	1 156.9	9 204.2	11.5	465	16.4	244	18.2	494	10.7	102.4

注：①资料据 2002—2019 年《海关统计》整理，因四舍五入尾数有差异。②小麦无出口。大豆出口含在食用油籽中，进口单列。食用油籽出口含大豆、花生、花生仁，无进口。食用植物油进出口含豆油、菜子油、芥子油等。化肥出口以尿素为主。③食用植物油和油籽，出口＝食用植物油＋食用油籽（含大豆），进口＝食用植物油＋大豆。④粮棉油总计＝谷物及谷物粉＋棉花＋食用植物油和油籽。⑤平衡＝出口—进口。⑥净进口＝进口—出口。逆差即进口大于出口，顺差即出口大于进口。⑦2009 年食用植物油进口数量增长 8.4%，数据应为 885 万吨而非《海关统计》的 816 万吨。

表 4-9 2017—2019 年和加入 WTO 18 年我国粮棉油大宗农产品进出口额平衡

单位：百万美元

项目	2017—2019 年出口额	2017—2019 年进口额	2017—2019 年平衡	18 年（2002—2019）平衡	2017 年		2018 年		2019 年		2019 年比 2018 年增减（%）	
					进口	出口	进口	出口	进口	出口	进口	出口
谷物及谷物粉	3 062.7	17 599.9	−14 537.2	−41 808.1	6 485.2	756.6	5 911.8	1 065.9	5 202.9	1 240.2	−12.0	16.3
其中：小麦	—	2 943.6	—	—	1 082.5	—	858	—	1 003.1	—	16.9	—
稻谷和大米	2 543.4	4 796.5	−2 253.1	−6 667.9	1 860	596.9	1 639.3	887.5	1 297.2	1 059	−20.9	19.3
玉米	38.1	2 455.4	−2 417.3	−999.7	603.4	22.2	788.8	6	1 063.2	9.9	34.8	64.7
大豆	283.5	113 034.6	−112 751.1	−427 966.0	39 637.7	91.2	38 060	100	35 336.9	92.3	−7.2	−7.8
原棉	132.6	8 931.9	−8 799.3	−74 230	2 189.8	33.6	3 171.6	9.4	3 570.5	89.6	12.6	−4.3
食用植物油和油籽	3 761.5	128 626.5	−124 865.0	−343 804.6	44 168.3	1 078.3	42 787.7	1 334.8	41 670.5	1 348.4	−2.6	1.0
其中：食用植物油	810	15 591.9	−14 781.9	−96 685.8	4 530.6	229.7	4 727.7	307	6 333.6	273.3	34.0	−11.0
豆油	534.6	1 567.3	−1 032.7	−20 117.3	536.4	138.8	437.8	209.6	593.1	186.2	35.5	−11.2
食用油籽	2 951.5	—	2 951.5	13 369.7	0	848.6	0	1 027.8	0	1 075.1		4.6
肥料	20 677.8	8 590.7	12 087.1	36 496.2	2 339.7	6 181.6	2 723.8	7 152.2	3 527.2	7 344	29.5	2.7
化肥	20 188.9	8 575	11 613.9	38 132.9	2 334.4	6 047.4	2 719.1	6 998.7	3 521.5	7 142.8	29.5	2.0
尿素	3 319.4	121.8	3 197.6	25 719.1	29.9	1 140.9	45.4	773.8	46.5	1 404.7	2.4	81.5

注：①资料据 2002—2019 年《海关统计》整理，四舍五入有差异。②小麦无出口。大豆出口含在食用油籽中，进口单列。食用油籽出口含大豆、花生、花生仁，无进口。食用植物油进出口含豆油、菜子油、芥子油等。化肥出口以尿素为主。③食用植物油和油籽，出口＝食用植物油＋食用油籽（含大豆），进口＝食用植物油＋大豆。④粮棉油总计＝谷物及谷物粉＋棉花＋食用植物油和油籽。

77 701.5 万吨，同比减 0.17%。

入世 18 年总贸易。我国谷物及谷物粉贸易量为净进口 12 465 万吨，年均净进口 692.5 万吨；贸易额逆差 418.1 亿美元，年均净进口额 23.2 亿美元。虽然谷物及谷物粉出口所占全球贸易市场的比例低，但意义极大，证明我国较好地解决了稻谷和小麦的口粮问题，粮食安全有保障，还对世界粮食有所贡献。这与国家高度重视农业，增加粮食生产投入，推动科学种粮紧密相关。

其中 2019 年谷物及谷物粉进口量 1 785 万吨，比 2018 年减 12.8%；进口额 52.0 亿美元，比 2018 年减 12.0%。

（三）食用植物油

2017—2019 年共进口食用植物油 2 159 万吨，进口总额 155.9 亿美元。按进口额计，食用植物油在大宗农产品贸易中排第三。2017—2019 年出口总量 76.2 万吨，出口总额 8.1 亿美元。

入世 18 年总贸易。我国食用植物油贸易量逆差 12 039.9 万吨，年均净进口 668.9 万吨，占全球贸易市场的比例极高；贸易逆差 966.8 亿美元，年均净进口额 53.7 亿美元，贸易份额占全球的比例极高，可见食用植物油是我国较短缺的大宗农产品。

其中 2019 年食用植物油进口量 953 万吨，比 2018 年增 51.5%；进口额 63.3 亿美元，比 2018 年增 34.0%。

（四）原棉

2017—2019 年共进口原棉 458 万吨，进口总额 89.3 亿美元。主要原因是国际价格低于国内很多。2017—2019 年出口总量 11.6 万吨，出口总额 1.3 亿美元。按进口额计，棉花在大宗农产品贸易中排第四。

入世 18 年总贸易。我国原棉贸易量逆差 3 958.7 万吨，年均净进口 220.0 万吨，占同期全球进口贸易量的 26.5%；贸易额逆差 742.3 亿美元，年均净进口额 41.2 亿美元，贸易额占全球的比例最高，可见原棉也是我国短缺的大宗农产品之一。

其中 2019 年原棉进口量 185 万吨，比 2018 年增 17.8%；进口额 35.7 亿美元，比 2018 年增 12.6%。

（五）肥料

2017—2019 年我国肥料进口总量 2 979 万吨，进口总额 85.9 亿美元。2017—2019 年出口总量 7 818 万吨，出口总额 206.8 亿美元。可见，我国肥料出口较稳定，进口逐年增长。

入世 18 年总贸易。我国肥料贸易量顺差 11 472.0 万吨，年均净出口

637.3 万吨；贸易额顺差 365.0 亿美元，年均净出口额 20.3 亿美元，贸易份额占全球的比例低，可见我国很好地解决了农业生产资料问题。

其中，2019 年肥料进口量 1 111 万吨，比 2018 年增 16.9%；进口额 35.3 亿美元，比 2018 年增 29.5%。

（撰稿：毛树春　李鹏程）

第三节　加入 WTO 18 年对棉花产业影响的基本评价

从我国加入 WTO 18 年贸易平衡历程来看，我国棉花产业形成了“加工型”和“大进大出”的贸易格局，通过进口原棉加工成棉纱线和棉机织物，进而纺织棉布和棉制服装。这 18 年原棉和棉纱线为净进口，棉机织物为净出口，我国从加工和贸易中获取相关利润，安置了大量劳动力，为农村劳动力的成功转移提供了良好的就业支撑。

近几年，我国原棉进口贸易有所缩减，棉纱线贸易逆差有所缩减，棉机织物贸易顺差有所放大。而原棉贸易、棉纱线贸易平衡后的差异仍在放大，棉机织物贸易平衡后的顺差也在放大。受中美贸易摩擦影响，贸易规模有所收敛。

展望未来，我国棉花产业“大进大出”的贸易加工要从数量效益型向质量效益型转变，形成“优进优出”和“国内国际双循环”的新格局，新冠肺炎疫情也催生出了这一新格局。全面提升棉织品及棉制服装国际市场的竞争力将是新常态，而转型升级则是适应居民消费和贸易新情况新格局的新举措。

一、原棉贸易平衡为大逆差

2019 年，我国进口原棉 184.9 万吨，比 2018 年增长 17.5%；原棉出口 5.2 万吨，比 2018 年增长 10.6%。2019 年进口金额 35.7 亿美元，比 2018 年增长 12.6%；出口金额 0.9 亿美元，持平（表 4－10、表 4－11）。

在入世 18 年（2002—2019 年）时间里，我国累计出口原棉 55.8 万吨，累计进口原棉 4 041.5 万吨，贸易量逆差 3 958.7 万吨，年均 220 万吨；累计出口金额 8.8 亿美元，累计进口金额 751.1 亿美元，金额逆差 742.3 亿美元（表 4－10、表 4－11）。

表4-10　2017—2019年和入世18年我国原棉和棉纱进出口

单位：万吨、亿美元、亿米

年份	原棉				棉纱线				棉机织物			
	出口		进口		出口		进口		出口		进口	
	数量	金额	数量	金额	数量	金额	数量	金额	数量	金额	数量	金额
2017	1.7	0.3	115.5	21.9	39.4	16.6	198.4	54.6	89.4	139.3	3.5	8.7
2018	4.7	0.9	157.3	31.7	40.2	17.7	206.0	58.5	84.2	143.4	3.6	8.9
2019	5.2	0.9	184.9	35.7	37.5	15.9	195.0	49.5	79.3	133.5	2.8	7.3
比2018年增长（%）	10.6	0.0	17.5	12.6	−6.7	−10.2	−5.3	−15.4	−5.8	−6.9	−22.2	−18.0
18年合计	55.8	8.8	4 041.5	751.1	822.4	321.7	2 447.5	666.7	1 335.3	1 961.8	174.7	300.4

注：因四舍五入尾数有差异。

数据来源：中国棉花生产监测预警数据。

表4-11　2017—2019年和入世18年我国原棉和棉纱进出口平衡

单位：万吨、亿美元、亿米

年份	原棉贸易平衡		棉纱线贸易平衡		棉机织物贸易平衡	
	数量	金额	数量	金额	数量	金额
2015	−144.6	−25.2	−200.1	−47.0	77.3	128.3
2016	−88.7	−15.6	−162.0	−86.9	84.1	128.5
2017	−113.8	−21.6	−159.0	−38.0	85.9	130.6
2018	−152.6	−31.8	−165.8	−40.8	80.6	134.5
2019	−179.7	−34.8	−157.5	−33.6	76.5	126.2
入世18年	−3 958.7	−742.3	−1 625.1	−345.1	1 160.6	1 661.4

注：因四舍五入尾数有差异。负数表示逆差，正数表述顺差。

数据来源：中国棉花生产监测预警数据。

二、棉纱线贸易平衡为大逆差

2019年，我国进口棉纱线195.0万吨，比2018年增长−5.3%；棉纱线出口37.5万吨，比2018年增长−6.7%。2019年进口金额49.5亿美元，比

2018 年增长 −15.4%；出口金额 15.9 亿美元，比 2018 年增长 −10.2%（表 4-10、图 4-7、图 4-8）。

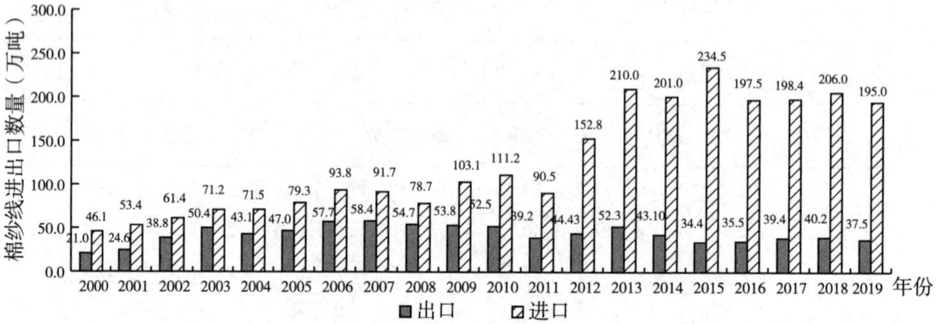

图 4-7　2000—2019 年我国棉纱线进出口数量

数据来源：中国棉花生产监测预警数据。

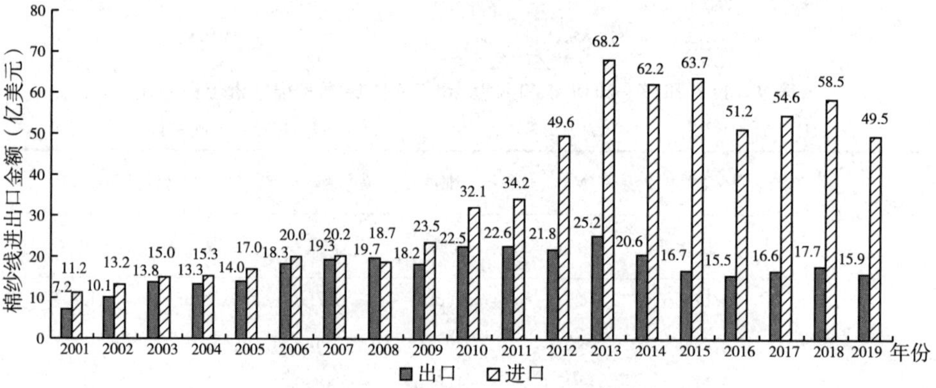

图 4-8　2001—2019 年我国棉纱线进出口金额

数据来源：中国棉花生产监测预警数据。

入世 18 年，我国积累出口棉纱线 822.4 万吨，累计进口 2 447.5 万吨，贸易量逆差 1 625.1 万吨，年均 90.3 万吨；累计出口金额 321.7 亿美元，累计进口 666.7 亿美元，累计金额逆差 345 亿美元。

三、棉机织物贸易平衡为大顺差

2019 年，我国进口棉机织物 2.8 亿米，比 2018 年下降 22.2%；棉机织物出口 79.3 亿米，比 2018 年下降 5.8%。2019 年进口金额 7.3 亿美元，比 2018

年下降18.0%；出口金额133.5亿美元，比2018年下降6.9%（表4-10、图4-9、图4-10）。

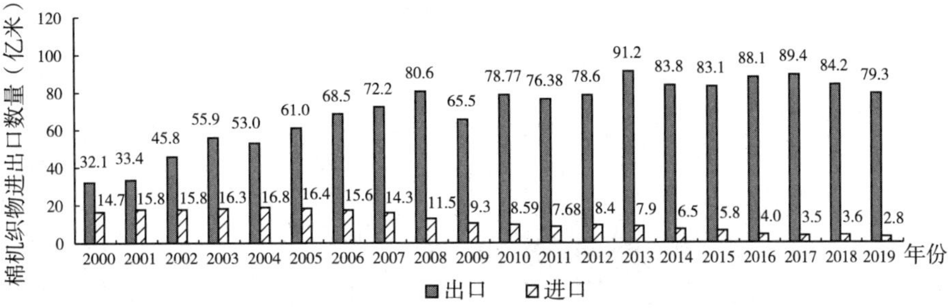

图4-9　2002—2019年我国棉机织物进出口数量

数据来源：中国棉花生产监测预警数据。

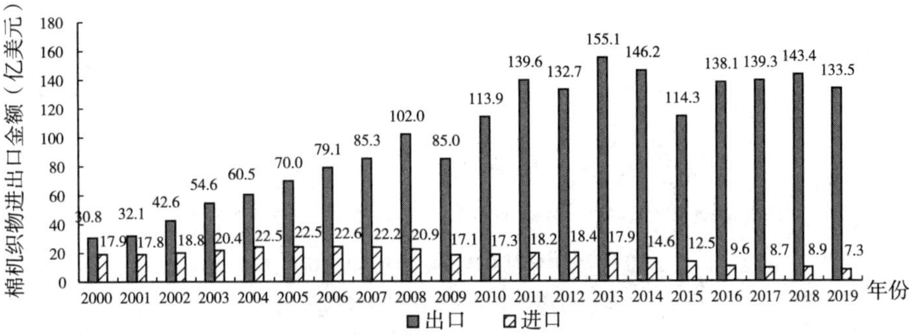

图4-10　2002—2019年我国棉机织物进出口金额

数据来源：中国棉花生产监测预警数据。

在入世18年，我国积累出口棉机织物1 335.3亿米，累计进口174.7亿米，贸易量顺差1 160.6亿米，年均64.5亿米；累计出口金额1 961.8亿美元，累计进口300.4亿美元，累计金额顺差1 661.4亿美元。

四、棉花及棉制品“大进大出”向“优进优出”转变取得新进展

从国际贸易来看，我国棉花产业经济呈现典型的加工业经济，形成“大进大出”的贸易格局，这是在加入WTO之后出现的新情况，即棉花进口多，棉纱线进口多，棉机织物出口多，服装出口多，通过加工和贸易获取的利益多。

但是，近几年受全球经济复苏缓慢和中美贸易摩擦影响，进出口贸易都在收敛。

图 4-11 指出，入世 18 年我国累计净进口原棉 4 266 万吨，净进口棉纱线 1 625 万吨，净出口棉机织物 1 161 亿米。

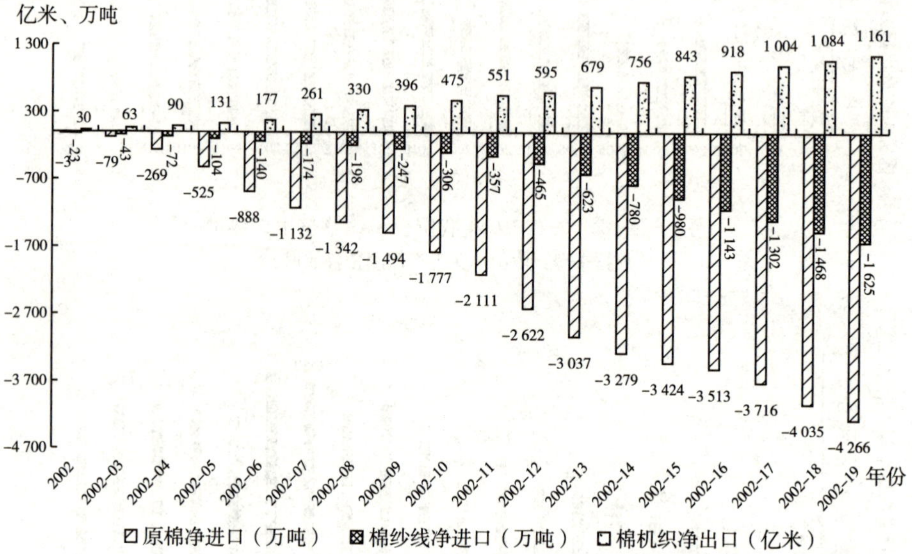

图 4-11　入世 18 年中国原棉、棉纱线和棉机织物贸易量变化

数据来源：中国棉花监测预警数据。

入世 18 年，我国原棉＋棉纱线＋棉机织物贸易的出口总金额 2 292.3 亿美元，进口总金额 1 718.2 亿美元，累计顺差 574.1 亿美元，比前 15 年之和的 382.4 亿美元，增长 50.1%，贸易顺差的增长表明从“大进大出”向“优进优出”的转变取得了新进展（图 4-12），且三种产品相加的顺差都是不断增加的。

棉花初级加工产品“量减价升”是“优进优出”的具体体现，这是我国贸易结构转型升级提质增效取得的新进展，是比较优势理论的有效发挥，通过贸易可以产生双赢和多赢的结果。通过贸易发挥各国的比较优势，形成具有竞争优势的集约化、规模化产业，从而发挥棉纺织业在增加就业、提高人民生活水平、推进社会进步等方面的积极作用。

贸易顺差的增长还表明，在中美贸易摩擦与全球经济复苏进程缓慢的大背景之下，我国棉花产业有较强的韧性和适应能力，揭示国内产业链之间对国际市场变化具有较强的协调能力和应变能力，使得贸易更具韧性和新的平衡性。

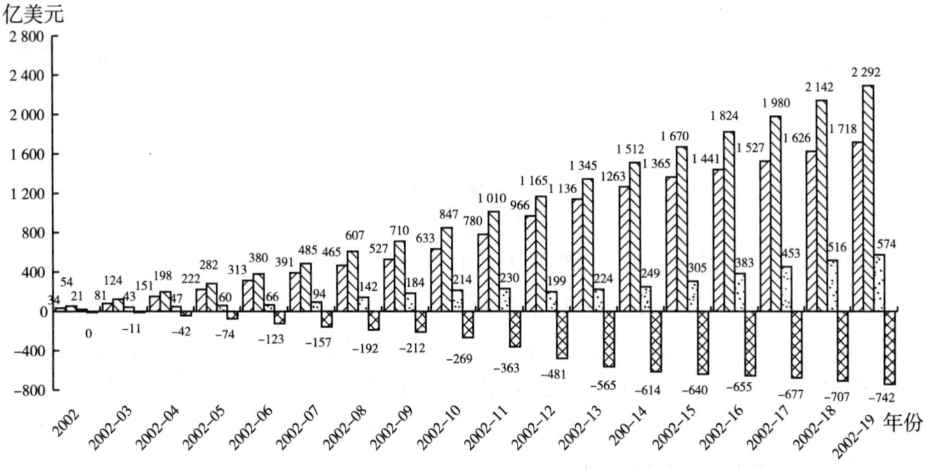

图 4-12 入世 18 年中国原棉、棉纱线和棉机织物贸易金额变化

数据来源：中国棉花生产监测预警数据。

五、棉织品及棉制服装出口“十分天下有其三”

我国棉织品及棉制服装出口额在 2014 年达到 1 015 亿美元的顶峰之后，近几年不断减少，与全球经济复苏缓慢及中美贸易摩擦的关系密切（图 4-13）。

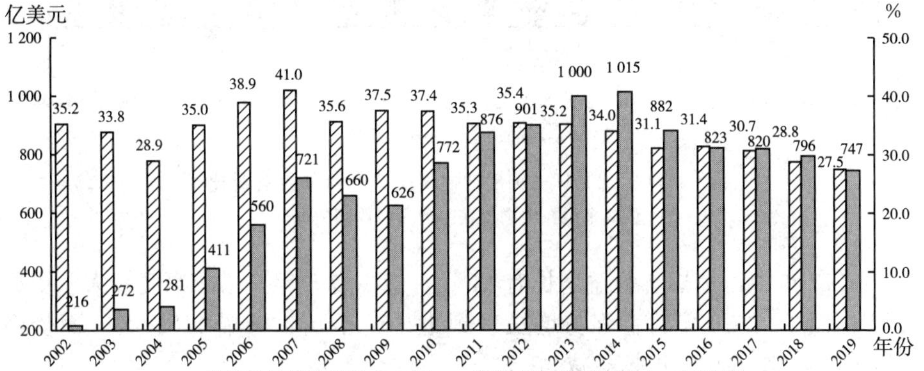

图 4-13 2002—2019 年中国棉织品及棉制服装出口

数据来源：中国棉花生产预警监测数据。

棉织品及棉制服装占全国纺织品服装出口的比例最高达到 41.0%（2007

年），近两年已下降到 30%以下，其中 2019 年比例为 27.5%。

尽管如此，我国棉织品及棉制服装优势仍在，整体看，棉织品及棉制服装出口仍将保持“十分天下有其三”的市场份额。

六、植棉收益

入世 18 年我国棉农收益整体呈增加的趋势，是天气、市场、价格等多因素的共同作用的结果。作为具有金融属性的棉花产品，表现出更大的波动性，突出问题是收益的不稳定和预见性差，目标价格改革后增强了收益的预见性。

在这 17（2002—2018）年中，主产品产值比上一年增加有 9 年，减少 8 年（图 4-14），其中主产品产值突破 2 000 元/亩的有 4 年，如 2010 年创新高达到 2 433 元/亩，2016 年 2 047.39 元/亩，比 2015 年增 560.46 元/亩，增 37.7%。

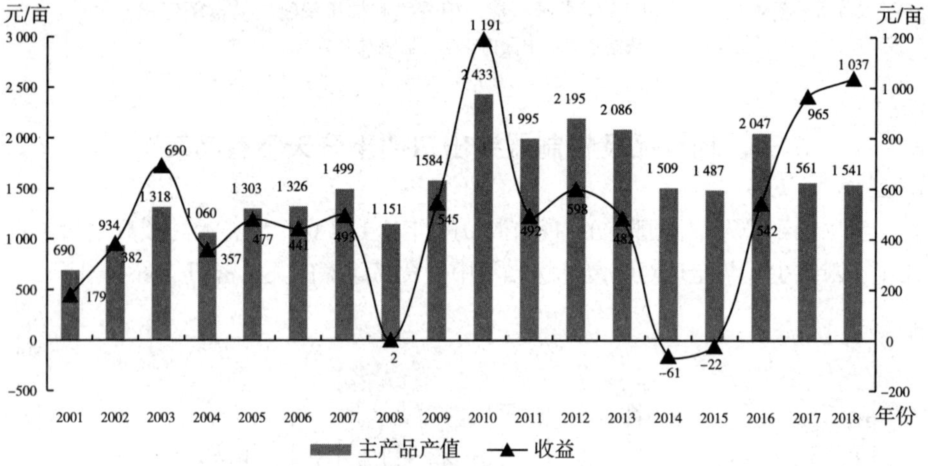

图 4-14　2001—2018 年中国棉花产值和收益对比

数据来源：中国棉花生产预警监测数据。

在 17 年中，植棉者收益增长有 11 年，减少有 6 年，增减幅度较大。受通货膨胀影响，2010 年收益强势增长达到 1 191 元/亩，增幅 118.5%。而受经济紧缩的影响，2011 年收益减 58.7%。

2017—2019 年，国家对新疆棉花实行目标价格，确定价格为 18 600 元/吨，当市场价格低于目标价格时即启动补贴，各年补贴因市场价格不同有很大差异，同期内地 9 省对皮棉按 2 000 元/吨进行补贴。

（撰稿：毛树春）

第五章

专题研究

本章专题研究棉花领域关注的热点问题——关于棉花的对外依存度、高品质产需、布局和短缺情况、全国棉花布局和各个时期的生产重心及变化的原因，粮棉争地及粮棉双丰收的实践和理论，新时代棉花产业链特征和棉花重要性的表述等，影响棉花生产和供给的综合因素——棉花的替代品、纺织品消费及弹性等，厘清和提出棉花产业规模、专业领域的一些适合时宜提法，“十四五”规划的棉花专业设想，力求为认识棉花产业新情况、新问题、新对策提供新知识、新见解。

当前正处于“十四五”规划的时间节点上，党和国家十分重视规划的制定，向全国征求意见，开门问策，问计于民，集思广益。本专题为研究新情况作出新规划力求提供专业性的专家支持，也是应国家政府有关部门和机构提出一些棉花产业专业性强的疑问所作的解答，希望对产业界同仁有所帮助。

第一节　我国棉花对外依存度研究

摘要：自 1980/1981 年度到 2017/2018 年度的 38 个年度，我国原棉净进口依存度，国际数据与国内数据分别为 17.4%或 11.6%。分阶段来看，前 20 个年度对外依存度极低至 3.0%或 1.3%，后 18 年依存度大幅度提高至 40.9%或 27.5%。还需说明，这是纺织业加工原棉能力且是在严格控制进口条件下的依存度，不是居民纺织品服装消费的依存度。

又据数据，后 18 个年度我国棉花产量与进口量占全球比例都高达四分之一，是名副其实的生产大国和进口大国。这是因为我国“人口红利”转化成棉花和棉纺织产业后形成的新的比较优势，生产与进口的“双增长”“双扩大”以满足包括出口加工型企业所需的原料需求。

测算18年（2000—2017年）我国大陆居民人均拥有国产棉花量的年均值为4.70千克（2000年）与4.53千克（2017年），高于全球同期平均水平34.7%与29.8%，证实过去18年国产原棉能够有效保障居民的衣着消费需求。

棉花的产业链条长，中间产品类型多，产业增值能力强，附加值也很高。除原棉参与贸易以外，作为原料的棉花经过加工之后形成的初级产品（棉纱线、棉机织物）和终端产品——棉及棉制品服装，都参与国际贸易。

分析表明，入世15年（2002—2016年），我国原棉（逆差234.2万吨/年、逆差43.7亿美元/年）和棉纱线（逆差76.2万吨/年、逆差15.5亿美元/年）都是净进口产品，国际贸易金额都为逆差；棉机织物（顺差61.25亿米/年、顺差84.7亿美元/年）和棉及棉制品服装都是净出口产品，国际贸金额都为顺差。其中，棉及棉制品服装出口占全国纺织品服装出口总额（年均677.3亿美元/年）的1/3，理论上可以看作进口原棉、棉纱线通过加工、再加工保持了原棉的进出口平衡。一为国家提供了大量的就业岗位，实现了原料到产品的升级；二是产业链条上各环节都实现了增值，提供了获得更大的利润和附加值的机会；三是通过国际贸易取得了双赢和多赢的良好结果。我国棉花生产、进口与棉及棉制品、棉及棉制品服装进出口在“量”上大致保持一种平衡关系，国人穿衣所需的国产棉原料有足够的保障，这是作为负责任大国的最佳诠释。

今后，满足人民对美好生活的向往，满足日益增长纺织品所需原料的需求，国产棉有效供给数量不低于600万～650万吨，有效供给质量需要足够的“中高端品质”；原棉进口量控制在200万吨/年以内被认为是安全的阈值。这是市场经济条件下准确把握棉花这一生活必需品及其棉花经济属性的底线。

本研究对保持足够的国产棉产能，改进提高国产棉品质是供给侧结构性改革的最终目标，对全国棉区布局的优化调整，保持全国棉花均衡、可持续生产提出了意见和建议。

一、我国棉花净进口依存度及棉花安全进口的阈值问题

（一）我国棉花净进口依存度不断提高

对外依存度采用卜伟等（2013）方法计算，净进口依存度＝净进口/表观消费量，其中表观消费量＝净进口＋国内产量。

结果指出，自1980/1981年度到2017/2018年度的38年，我国棉花净进

口依存度，ICAC（国际棉花咨询委员会）数据与中国国家统计局数据分别为17.4%和11.6%。分阶段来看（表5-1），前20年度（1980/1981—1999/2000）年度对外依存度极低，甚至还有出现净出口的状况。这一阶段我国是原棉进出口调节国家，生产发展能够满足纺织需求。当棉花丰收即出口，棉花歉收即进口，处于满足棉花加工能力自给有余的状况。

后18年度（2000/2001—2017/2018）我国棉花净进口依存度大幅度提高至42.7%或28.7%，最近8个年度高达40.9%和27.5%。分析这一阶段依存度大幅提升的主因，2001年11月我国加入世界贸易组织，特别是自2005年全球纺织品配额取消之后，助推了改革开放的步伐，我国人口多、劳动力成本低的巨大"人口红利"得到全面释放，巨大的生产、消费潜力得以挖掘，纺织加工能力不断扩大，消费促进了国内棉花生产，并拉动国际市场原棉的大量进口，国内居民纺织品消费和纺织品服装出口呈现"双位数增长"的良好局面。满足包括"两头在外"的加工出口型企业原料需要，是净进口对外依存度得以大幅度提高的主要原因。还需说明，这是纺织业加工原棉能力且是在严格控制进口条件下的依存度，不是居民纺织品服装消费的依存度。

表5-1　我国棉花净进口平均对外依存度

单位：%

年度	ICAC中国数据	中国国家统计局数据
1980/1981—1989/1990	0.6	-1.2
1990/1991—1999/2000	5.8	4.0
2000/2001—2009/2010	26.8	19.1
2010/2011—2017/2018	40.9	27.5
1980/1981—2017/2018	17.4	11.6

（二）净进口依存度不能很好反映棉花供需的真实状态

净进口依存度不一定能够准确反映棉花的需求状态。数据指出，2011/2012年度之后的3个年度合计净进口12 790千吨，按照ICAC和中国国家统计局数据，我国净进口依存度分别高达80.6%和44.6%、64.6%和39.2%、48.7%和32.7%（图5-1）。这主要是需求之外的国内价格大幅高于国际市场，即所谓价格"倒挂"造成的。分析指出，这3个年度价格"倒挂"分别在4 936元/吨、6 508元/吨和5 814元/吨，在强烈的价差条件下刺激的进口引申出"洋货入市、国货入库"的新问题。

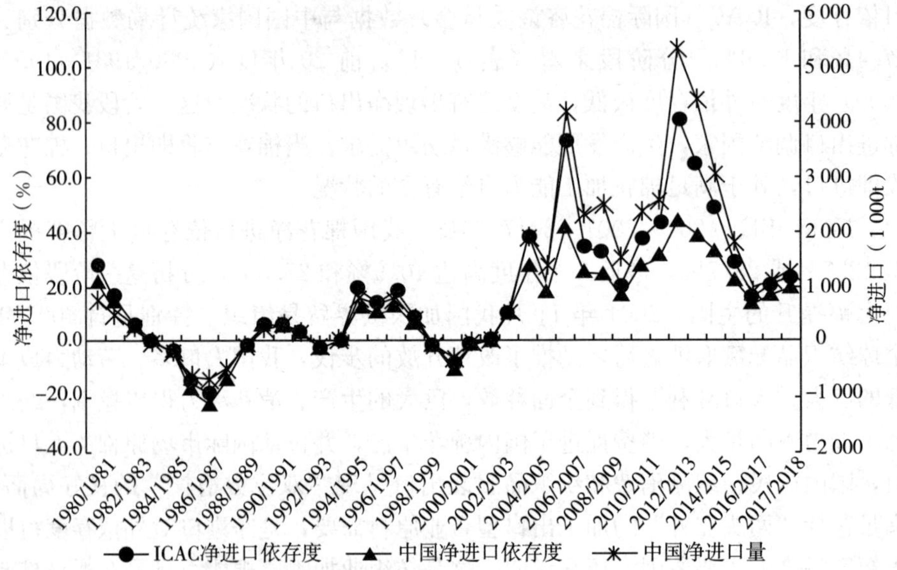

图 5－1　1980/1981—2017/2018 年度中国净进口依存度和净进口原棉

结果表明，国内外市场价格对棉花贸易产生重要影响，进而严重干扰正常的供需平衡关系。

（三）关于棉花贸易的安全性阈值

入世 15 的实践证实，我国原棉进口量 200 万吨/年对国产棉是安全的。但是，一旦进口量超过 200 万吨就有可能形成冲击。比如，2005/2006 年度进口量达到 420 万吨，导致 2006/2007 年度国内棉农籽棉售价下滑 11%。2011 年度之后的 3 个年度合计进口量高达 1 284.3 万吨，则对国产棉造成了更大的冲击。

二、我国棉花及棉花加工品形成“大进大出”的贸易格局

原棉是纺织工业的初级原料，棉纱线和棉机织物是棉花的初级产品，棉制服装才是终端产品。虽然通常棉纱线在资源平衡表中不予呈现，但与棉花具有替代与互补关系，从原棉到成纱线的比例为 1∶1.05，即原棉的成纱率约为 95%。

原棉经过纺纱加工变成棉纱线，经过织布变成棉机织物，经过缝制变成最终产品——棉制服装。在产业链上，棉花每经过一次加工，其产值就大幅提升一次，到最终产品附加值更大，可获利的潜力也更大。

加入 WTO 后的 15 年，我国原棉和棉纱线的贸易为逆差，棉机织物贸易和棉制服装的贸易为顺差。即通过不断升级的加工实现了棉花的最大增值，通

过国际贸易取得一个双赢和多赢的良好结果。

（一）原棉贸易呈现巨大逆差

在这15年时间里，我国积累出口原棉44.1万吨，进口原棉3 556.8万吨，贸易量的逆差为3 512.7万吨，年均逆差234.2万吨；出口金额6.67亿美元，进口金额661.8亿美元，贸易额的逆差为655.1亿美元，年均逆差43.7亿美元（表5-2）。

表5-2　2015—2016年和入世15年我国原棉和棉纱进出口平衡

项目	原棉贸易平衡		棉纱线贸易平衡		棉机织物贸易平衡	
	数量（万吨）	金额（亿美元）	数量（万吨）	金额（亿美元）	数量（亿米）	金额（亿美元）
2015年	−144.6	−25.2	−200.1	−47.0	77.3	128.3
2016年	−88.7	−15.6	−162.0	−86.9	84.1	128.5
入世15（2002—2016年）	−3 512.7	−655.1	−1 142.8	−232.5	917.6	1 270.2
15年的平均值	−234.2	43.7	−76.2	−15.5	61.2	84.7

注：因四舍五入尾数有差异。负数表述逆差，正数表述顺差。

数据来源：毛树春，李亚兵．中国棉花景气报告2016［M］．北京：中国农业出版社，2017.

（二）棉纱线贸易呈现巨大逆差

我国是棉纱线的净进口国家，在贸易上呈现较大逆差（图5-2）。入世15年，我国棉纱线累计出口量705.3万吨，进口量1 848.1万吨，贸易量的逆差1 142.8万吨，年均逆差76.2万吨；累计出口额271.6亿美元，进口额504.1亿美元，贸易额的逆差232.5亿美元，年均逆差15.5亿美元（表5-2）。

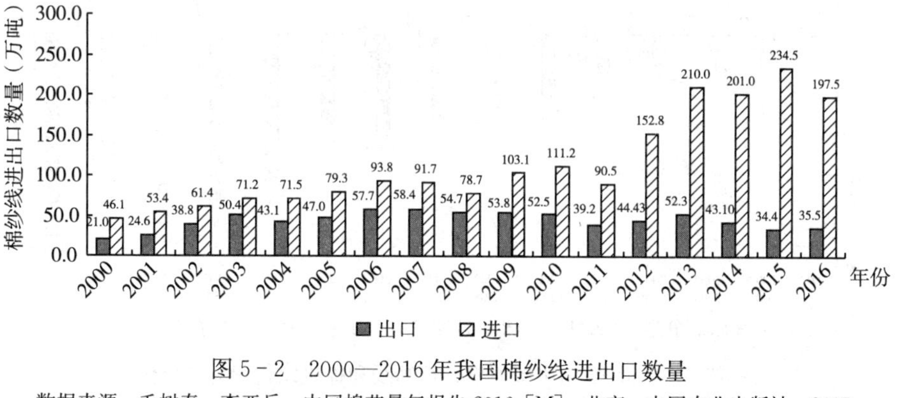

图5-2　2000—2016年我国棉纱线进出口数量

数据来源：毛树春，李亚兵．中国棉花景气报告2016［M］．北京：中国农业出版社，2017.

（三）棉制织物呈现顺差

入世 15 年，我国棉机织物累计出口量 1 082.4 亿米，进口量 164.8 亿米，贸易量的顺差 917.6 亿米，年均顺差 61.2 亿米；累计出口额 1 545.7 亿美元，进口额 275.5 亿美元，贸易额顺差 1 270.2 亿美元，年均顺差 84.7 亿美元（表 5-2、图 5-3）。

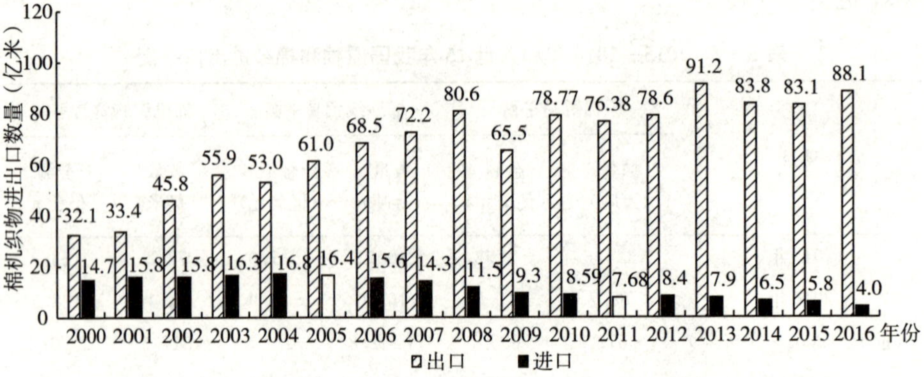

图 5-3　2000—2016 年我国棉机织物进出口数量

数据来源：毛树春，李亚兵．中国棉花景气报告 2016［M］．北京：中国农业出版社，2017.

（四）原棉、棉纱线、棉机织物累加呈现较大的顺差

入世 15 年我国累计净进口原棉 3 513 万吨，净进口棉纱线 1 143 万吨，净出口棉机织物 918 亿米（表 5-2、图 5-4）。

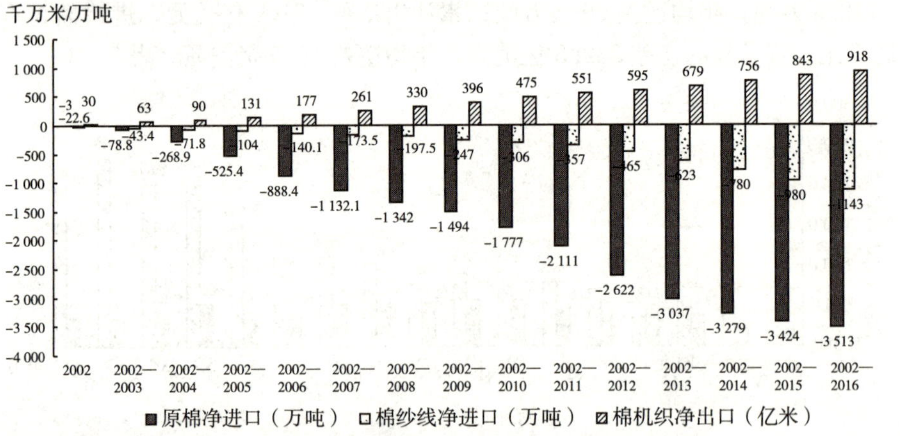

图 5-4　入世 15 年中国原棉、棉纱线和棉机织物贸易量变化

数据来源：毛树春，李亚兵．中国棉花景气报告 2016［M］．北京：中国农业出版社，2017.

入世 15 年我国原棉+棉纱线+棉机织物贸易的出口总金额 1 824 亿美元，进口总金额 1 441 亿美元，累计顺差 383 亿美元（表 5－2、图 5－5）。

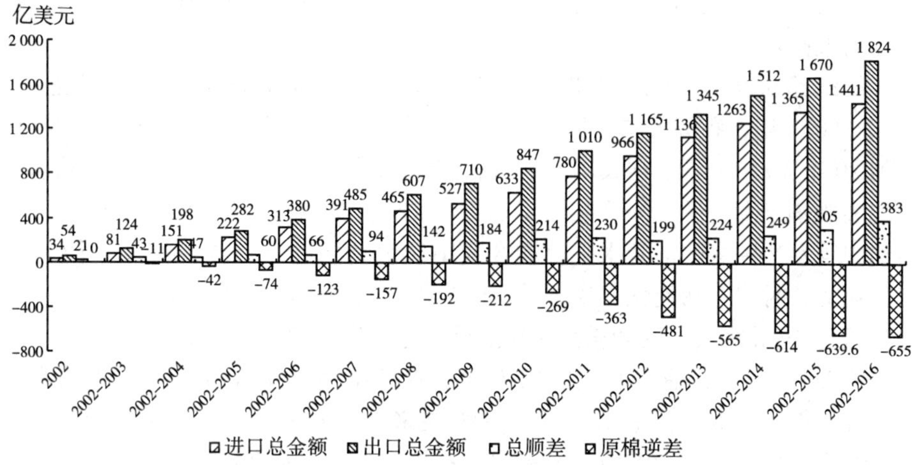

图 5－5　入世 15 年中国原棉、棉纱线和棉机织物贸易金额变化

数据来源：毛树春，李亚兵．中国棉花景气报告 2016［M］．北京：中国农业出版社，2017.

（五）棉及棉制服装出口“十分天下有其三”

又据海关统计数据，2002—2017 年，我国棉及棉制服装出口额年均值 677.3 亿美元，占整体纺织品服装出口额年均值的 34.9%，即棉织品出口“十分天下有其三”，可以理解进口原棉通过加工变成纺织品服装出口，是形成“大进大出”贸易格局的最佳诠释。

我国较好利用国内外两个市场、两个资源，在保持国内棉花足够产量的前提下，棉花产业形成“大进大出”的新格局——即我国棉花生产多，棉花、棉纱线进口多，棉花、棉纱线加工多，出口多，贸易顺差增长。在我国棉花产业发展和获利的同时，全球棉花生产国、出口国、纺织品进口国和全球人民都从中受益匪浅，是一个双赢、多赢的贸易格局。

三、过去 18 年国产原棉能够有效保障居民的衣着消费需求

（一）我国大陆居民人均拥有较高的棉花量

关于人均拥有棉花量的测算，据国家统计局，这 18 年（2000—2017 年）全国大陆人口平均值 13.264 4 亿人，再按 18 年 ICAC 平均值 6 237 千吨/年和中国国家统计局产量 6 004 千吨/年，测算我国大陆居民人均拥有棉花量平均

值 4.70 千克/年（ICAC 数据）和 4.53 千克/年（国家统计局数据）（两者平均值 4.62 千克/年）。又据 ICAC 数据，全球同期人均表观棉花消费量 3.49 千克/年，我国比全球同期水平分别高出 34.7%（ICAC 数据）和 29.8%（国家统计局数据）。

纺织品极大丰富是 21 世纪以来我国棉花产业取得的重大成就之一。1978—2017 年，我国大陆居民纺织品服装人均表观消费量从 2.88 千克/年提高到 20 千克/年上下，增长了 5.94 倍，年均增长率 5.09%。2015 年大陆居民人均表观消费量达到 20 千克/年，高于全球人均表观消费量水平的 60%，已达到中等发达国家的消费水平。如今我国纺织品已进入丰富、靓丽、个性化、特色化的新时代，功能性、生态性、时尚性成为引领新时代的新需求。

（二）国际比较，我国居民纺织品需求还有继续增长的空间

ICAC 指出，目前工业化国家人均表观纤维消费量在 30 千克/年的水平上，我国仍比工业化国家低 30%。从发展来看，人民对美好生活的向往，扩大纺织品消费仍有较大潜力，未来居民衣着将更加丰富多彩。

在所有纺织纤维中，2019 年我国棉纤维占非棉纤维的比例约为 23.3%，全球棉纤维占非棉纤维的比例为 25.2%，我国与之相近。

四、对今后我国棉花生产发展的意见和建议

（一）满足人民对美好生活的向往，我国需保持 600 万～650 万吨的底线产能

据国家统计局，2017 年我国大陆居民人口 13.90 亿，在保持过去 18 年人均棉花拥有量 4.70 千克/年不变时，测算需求国产棉 653.3 万吨。这与中国工程院于 2012 年项目“经济作物产业可持续发展战略研究”中所预测 2020 年国产棉花产量 700 万吨的结果相近。这是作为负责任大国和满足人民对美好生活向往所必需的数量。

当下，满足居民日益增长纺织品原料的需求应有效供给数量不低于 600 万吨的棉花，这可作为是国产棉产量的阈值。不仅如此，按照“高质量”发展的新要求，国产棉还要保障足够的中高端品质，应全面改进提高棉花的遗传品质、生产品质和初级加工品质。在商品棉的清洁度、一致性、初级加工和品质“公检”方面取得实质性进展；要大力发展高端品质商品棉，补高端品质的短板，以满足纺织工业对高端品质原料的新需求。

当前，全国棉花产量和面积分别位于 600 万～650 万吨和 5 500 万亩上下

水平。其中：西北内陆新疆棉花面积 3 500 万亩，产量 450 万吨；内地（长江流域和黄河流域）棉花面积 2 000 万亩，产量 200 万吨。根据资源禀赋和均衡、可持续发展要求，我国应适当恢复长江流域棉区、黄河流域棉区面积，保持长江流域棉区、黄河流域棉区、西北内陆新疆棉区“三足鼎立”的优化布局。为了全国棉花生产的可持续均衡发展，应大幅度调减新疆棉花面积和产量（面积调减至 3 000 万亩，产量 400 万吨），长江流域和黄河流域棉花面积和产量恢复到2 000万亩以上，产量 200 万吨。

2016 年，国务院办公厅发布开展消费品工业“三品”专项行动，“以增品种、提品质、创品牌的‘三品’战略为抓手”，满足国内品质消费的暴发增长，抢占国际中高端市场，推进贸易从“大进大出”向“优进优出”转变，纺织品服装对原料的需求从中低端转向中高端是必然要求。

（二）市场经济条件下需准确把握棉花的经济特征

棉花不仅是优质的天然纺织原料，还是农民致富奔小康的大田经济作物，脍炙人口的“要发家种棉花”是对棉花经济属性的最佳阐释。棉花这一经济属性决定棉花具有金融属性，在国内外市场竞争和博弈中呈现多重特征。因此，发展棉花生产具有保障居民衣着原料必需品和农民增收的功能。需要指出的是，棉花还是我国在更大范围、更高层次参与经济全球化、市场国际化具有较强竞争性的大田经济作物。

此外，棉花还是我国重要国产食用植物油脂资源，在国产植物油脂资源方面棉花是“无名英雄”（国家没有统计数据）。

（三）配额关税管理的改革要最大限度地减低放开后对国产棉的冲击

配额和关税是看好国门的一把锁上的两个钥匙。2004 年以来，由于 1%的 89.4 万吨低关税配额不能满足纺织需求而需要进口，对 40%高关税税率采用滑准税予以降低，目的是既要保障国内需求又要保证进口棉的成本高于国际市场价格，以保障国内棉农销售棉花的价格。但是，有关配额外追加和滑准税税率早就存在争议，纺织企业要求放开配额，降低关税的呼声一直不断。当下放开棉花配额列入议事日程，然而，不同产业部门、不同行业的观点极为相左。

我国棉花进口是否放开配额管理，其中涉及两个重要因素：一是总量生产能力，2007 年曾创 760 万吨的历史最高产量，700 万吨产能前后维持了 3 年，今后能不能保持 600 万吨的基本生产能力极为重要。这也是为什么学术界一再力举适当恢复内地棉花产能的原因。新疆最大问题是水与地的平衡问题，农业用水比例过高挤占大量生态用水，生态脆弱性耕地面积不断扩大，强度不断增强；同时发展现代工业用水量必须增加，不可持续的生产能力在增大。黄河流域棉花高产能仅持续了 20 年，新疆高产能已经持续了 20 年，区域作物的生产能力发展具有周期性的变化规律。这一问题需高层有更多的认识和自觉，因此政策调控和价格指导是第一要素。二是高品质所占比例。纺织业转型升级后对高品质原棉需求量增长，当下纺织业对中高端品质原棉的需求量占 80%以上，国产高品质原棉的供给能力仅占 40%，表明我国原棉的国际竞争力很弱。我国棉花生产的高成本、高补贴、高价格理论上应与高品质相一致。然而，现实国产高品质原棉缺口高达 60%以上。对企业而言，使用高价的国产中低品质原棉纺织不如在国际市场购买中低支的棉纱线。换句话讲，用中低品质原棉纺中低支纱线企业根本无利可图，也不能满足面料产品升级的需要。当我国中高端原棉有效生产能力达到 80%时，可考虑放开棉花进口配额管制。

（撰稿：毛树春）

第二节　我国高品质棉花产需分析与发展建议*

以高品质原棉市场需求与西北内陆新疆棉区为对象，结合生产调查和走访棉纺织企业，征询中国棉麻流通经济研究会和国家市场监管总局中国纤维质量监测中心的意见，对取自中国纤维质量监测中心网站的 2016—2018 年新疆棉花公证检验每包数据按照行政单位归类并进行全面统计，分析新疆高品质原棉生产能力、产区分布与差异原因，提出发展高品质原棉生产若干意见建议，供决策参考。

一、高品质原棉的供需现状、分布及短缺原因

（一）高品质原棉的定义和纤维品质指标

按照中国棉花协会、中国棉纺织行业协会和中国棉麻流通经济研究会于 2018 年 9 月 10 日发布的资料：适纺 40^S（英支）及以上纱线的棉花定义为高品质原棉。又据中国棉花协会、中国棉纺织行业协会提出的高品质原棉应符合以下主要指标：纤维长度 28.5 毫牛及以上，断裂比强度 28.5 厘牛/特克斯及以上，马克隆值 3.7～4.6，这 3 个指标要统一和协调；用于纺漂白纱和色纱的原棉 16 毫米及以下短纤维率分别控制在 11.5%和 15.0%以内，异性纤维含

* 农业农村部种植业管理司经济作物处 2019 年政府购买服务项目（125E0202）；中国农业科学院基本科研业务费专项院级统筹项目（Y2019LM11）。发表在《中国棉花》，2020，47（3）。

量控制在 0.3 克/吨以内。本研究按上述标准对公检数据进行整理分析。

（二）高品质原棉需求和供给状况

按照中国棉花协会、中国棉纺织行业协会提出的需求数量（表 5－3），2016 年、2017 年和 2018 年，我国高品质原棉市场需求量分别为 278.8 万吨、285.0 万吨和 287.8 万吨，这 3 年需求量的平均值为 283.9 万吨。

表 5－3 近几年我国棉纺织企业对高品质原棉的需求

年份	高品质原棉市场需求量（万吨）	新疆原棉达到高品质指标产量（万吨）	新疆供给能力（%）	短缺量（万吨）	短缺率（%）
2016	278.8	85.3	30.6	193.5	69.4
2017	285.0	94.0	33.0	191.0	67.0
2018	287.8	175.1	60.8	112.7	39.2
平均	283.9	118.1	41.6	165.7	58.5

注：①新疆供给能力＝新疆公检达到高品质指标产量/高品质原棉市场需求量×100%。②短缺量和短缺率未考虑异性纤维含量。如果考虑异性纤维含量，所占比例将更小。

2016—2018 年，新疆公检原棉产量分别为 363.5 万吨（1 603.9 万包）、462.3 万吨（2 038.3 万包）和 501.9 万吨（2 222.6 万包），统计公检原棉达到高品质指标产量分别为 85.3 万吨、94.0 万吨和 175.1 万吨，高品质原棉所占比例分别为 23.5%、20.3%和 34.9%。理论上这 3 年可供给的高品质产量平均值为 118.1 万吨，平均供给率 41.6%（表 5－3、图 5－6）。

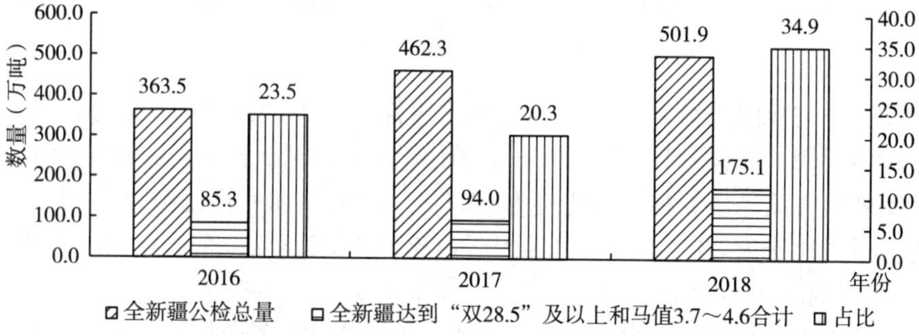

图 5－6 2016—2018 年新疆高品质原棉占新疆公检原棉产量的比例

2016—2018 年，高品质原棉的短缺量分别为 193.5 万吨、191.0 万吨和 112.7 万吨，短缺率分别为 69.4%、67.0%和 39.2%；3 年平均短缺量 165.7 万吨，平均短缺率高达 58.5%。需要指出的是，以上供给数量尚没有考虑异性纤维的含量，如果考虑异性纤维含量，高品质原棉供给能力将进一步减小。总体看，我国高品质原棉的需求大，供给量小，短缺严重，产小于需的矛盾尖锐。

（三）新疆高品质原棉的分布和结构

按新疆3个生态亚区来分，2016—2018年的3年平均值，高品质原棉北疆占全疆的平均比例为71.0%，南疆占全疆的平均比例为27.0%，东疆占全疆的平均比例为2.0%（图5-7）。可见，新疆高品质原棉分布很不均衡。

实际上，2016—2018年北疆棉花产量占全疆比例的平均值为43.1%，而高品质原棉所占比例很高；南疆棉花产量占全疆的比例高达54.1%，而高品质原棉所占比例大幅低于北疆；东疆产量占全疆的比例较小，高品质所占比例也较小（图5-7）。

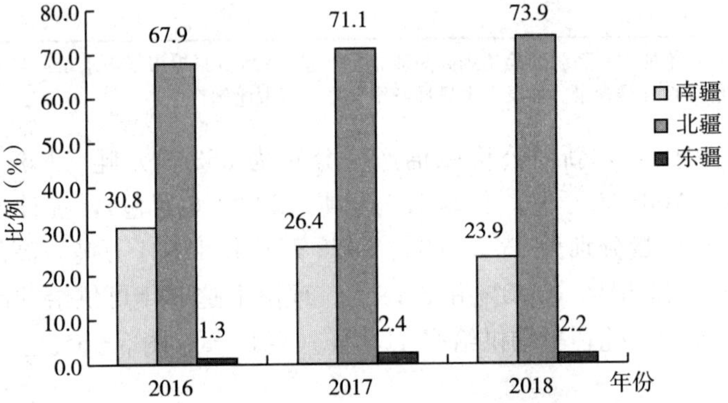

图5-7　2016—2018年新疆不同生态亚区高品质原棉的比例分布

按地方与兵团来分，新疆地方高品质原棉占全疆的比例为55.1%，新疆生产建设兵团（简称“兵团”）占全疆的比例为44.9%。2006—2018年3年平均，南疆地方高品质原棉所占比例为20.5%，南疆兵团所占比例为6.5%；北疆地方所占比例为33.1%，北疆兵团所占比例为37.8%；东疆地方所占比例为1.4%，东疆兵团所占比例为0.6%（图5-8）。

再从地方与兵团的行政单位划分来看，在全疆83个产棉县（市、区）和兵团13个师（市）中，按在3年中有一年高品质原棉产量占本地产量的比例达到5%进行筛选，高品质原棉占本单位公检产量比例的平均值大小排序如下：第八师所占比例为19.1%，排位第一（北疆）；第七师所占比例为12.3%，排位第二（北疆）；第六师所占比例为8.3%，排位第三（北疆）；乌

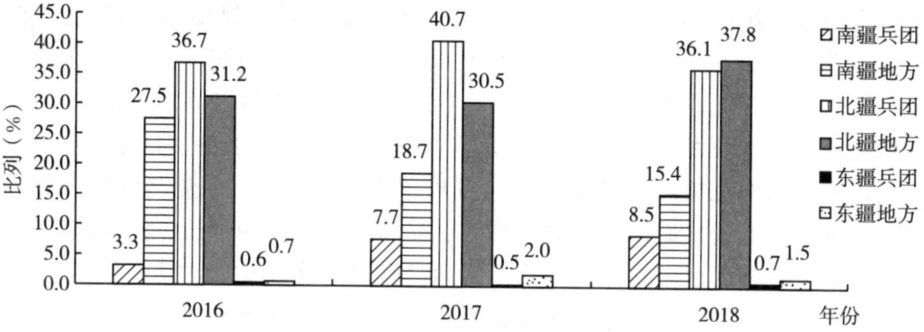

图 5-8　2016—2018 年新疆地方、兵团高品质原棉比例分布

苏市所占比例为 6.7%，排第四（北疆）；阿克苏市所占比例为 5.7%，排第五（南疆）；阿瓦提县所占比例为 4.8%，排第六（南疆）；沙湾县所占比例为 4.7%，排第七（北疆）；第一师所占比例为 4.1%，排第八（南疆）；呼图壁县所占比例为 4.0%，排第九（北疆）；昌吉市所占比例为 3.7%，排第十位（北疆）（图 5-9）。

以上 10 个行政单位合计高品质原棉占全疆的比例为 73.4%，其中南疆合计为 14.6 百分点，北疆合计为 58.8 百分点。这些单位高比例的高品质原棉为新疆棉花的提质增效做出了重要贡献，也为高品质原棉基地建设提供了重要依据，将是未来建设高品质棉花生产基地和生产带的重点考虑地区。

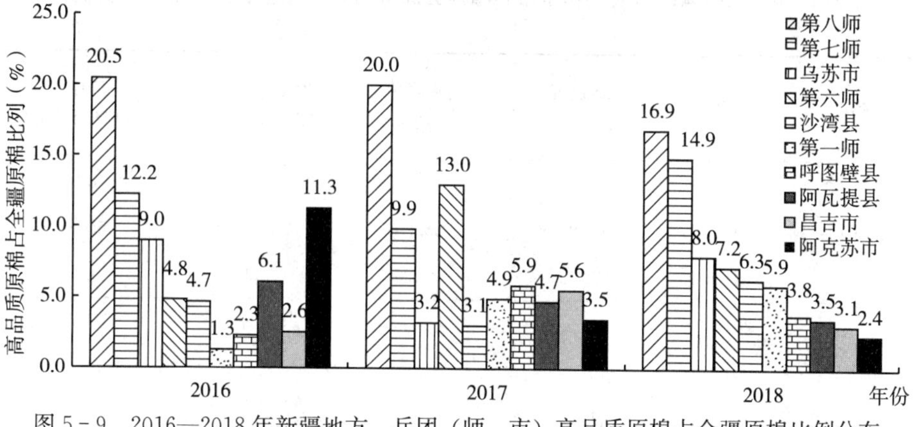

图 5-9　2016—2018 年新疆地方、兵团（师、市）高品质原棉占全疆原棉比例分布

（四）新疆不同生态亚区高品质原棉产量差异的原因简析

1. 北疆

北疆高品质原棉比例远远高于南疆，这是棉区气候变化、品种和生产管理

等综合因素作用的结果。一是全球气候变暖，增温对北疆棉花更有利。进入21世纪以来，北疆≥10℃活动积温增加300℃以上，无霜期延长了15天以上，其中石河子地区无霜期已达到192天；春早秋晚，夏季极端高温少，这为北疆棉花的种植、生长发育和产量、品质形成创造了优越的条件。这也是进入21世纪以来北疆棉花单产大幅度提高（籽棉单产提高1 500千克/公顷）和品质明显改善的重要气候原因。同时，积温明显增加，无霜期延长，使原次适宜棉区也变成适宜棉区。二是品种因素。内地品种进入北疆较少，其中昌吉市、沙湾县、五家渠（第六师）等大多种植新疆本土选育的新陆早系列品种，其早熟性有保障。三是生产管理。北疆棉花生产以兵团为主，肥水供给、病虫害控制等管理水平明显好于南疆，大面积长势一致性好、整齐度高。此外北疆初级加工（轧花）质量相对好些。

值得探讨的是，位于北疆的博乐市、精河县和玛纳斯县都是总产超过5万吨的产棉大县市，为什么达到“双28.5”和马克隆值3.7～4.6的高品质原棉比例却较低？分析原因有：一是纤维长度偏短，其中博乐市和精河县棉花纤维长度≤28毫米所占比例在34.5%～49.9%，在除玛纳斯县以外的区域，具有普遍性。而玛纳斯县长度偏短的比例并不很高，其原因待进一步探讨。其次是马克隆值偏大，其中博乐市和精河县棉花马克隆值≥5.0比例最高年份分别达到50.8%和49.5%（表5-4）。

表5-4 北疆玛纳斯县、博乐市和精河县原棉各指标较差级别原棉所占比例

单位：%

地区	年份	纤维长度≤28毫米	马克隆值≥5.0或≤3.4	比强度<26.0（厘牛/特克斯）	其中马克隆值≥5.0
博乐市	2016	34.5	4.0	5.3	4.0
	2017	49.8	50.8	0.8	50.8
	2018	35.7	1.3	1.4	0.9
精河县	2016	36.5	12.0	7.8	12.0
	2017	49.9	49.5	0.7	49.5
	2018	41.1	3.1	3.9	2.7
玛纳斯县	2016	20.2	1.7	0.1	1.6
	2017	12.8	2.6	0.1	2.6
	2018	31.5	0.6	0.3	0.3

2. 南疆

南疆高品质原棉占全疆比例仅为26.2%，与产量占全疆比例的54.1%极不相符，分析主要品质指标的差异有：一是绒长偏短。据2016—2018年3年公检数据，纤维长度≤28毫米的原棉分别占58.9%、56.9%和50.3%，即占一半以上的原棉长度偏短。二是纤维偏粗与过成熟，马克隆值≥5.0的原棉分别占29.2%、21.5%和19.0%；另外还有极小比例的马克隆值≤3.4，反映纤维不成熟。三是部分原棉纤维断裂比强度极低至＜26.0厘牛/特克斯，所占比例分别占17.6%、16.1%和8.4%。

主要因素分析：一是气候变化。过去研究表明，高温与缺水是引起纤维长度变短变粗的主要原因。就南疆而言，全球气候变暖对棉花生产的利弊并存，“利”即早熟性显著改善，霜前花率大幅提高；“弊”即极端异常高温对棉花有害，这也是纤维长度缩短和马克隆偏大的重要原因。二是水资源短缺，供水、供肥不足与供水、供肥过量并存，其中供水不足是长度缩短的又一重要原因。三是品种布局“多乱杂”更严重。商用品种“假冒”“套牌”，杂交种掺混三代、四代，真假难分，鱼目混杂，特别是内地品种进入南疆马克隆值偏高，近年种植衣分过高（超过45%）的品种遗传性能上短纤维比例增加。四是病虫草害防控不力，黄萎病、蚜虫、红蜘蛛在一些产地集中大规模暴发危害。五是技术水平参差不齐，南疆棉花生产以地方为主，近几年南疆棉花栽培技术呈现整体性退步。此外南疆初级加工（轧花）质量相对差于北疆。

气候变化对棉花纤维品质产生极为重要的影响。其中马克隆值偏大与纤维发育期间的气温日较差（昼夜温差）的影响最为密切。一般认为，白天平均高温不很高，夜晚平均温度不很低，平均气温日较差12.0℃，马克隆值趋佳。这可以解释北疆天山北坡一带马克隆值为什么趋佳的气候原因。在北疆天山北坡一带，花铃期夜温16～20℃，昼温31～33℃；或夜温17～22℃与昼温32～34℃，马克隆值在3.7～4.2之间。但是，气候变化如何影响新疆不同生态亚区棉花的早熟性、纤维长度、断裂比强度和马克隆值，应深入研究。

（五）中美澳原棉品质比较

澳大利亚被认为是全球高品质棉花的生产国家，该国灌溉棉田所产原棉品质几乎与遗传品质一样，纤维长度、细度和强度指标相协调。美国是一个棉花品质类型齐全的国家，在陆地棉品种中，“爱字棉（SJV）”为高品质品种。这两个国家的棉区热量都很丰富，在栽培措施方面都不采用地膜覆盖，也很少有异性纤维问题。

澳棉是全球棉花价格最高的国家。据数据对比，2019 年 11 月国际棉花到我国港口的平均价，Cotlook A 指数为 74.93 美分/磅，澳棉-SM（相当于我国的 2129 级）平均价为每磅 87.28 美分，美棉 EMOT-M（相当于 3128 级）均价为每磅 77.49 美分，澳棉价格高于国际棉价（Cotlook A 指数）12.35 美分/磅（折合人民币 1 905.9 元/吨），高于美棉 9.79 美分/磅（折合人民币 1 510.8 元/吨）。数据表明，国际市场认可并遵循"优质优价"的交易原则。

据对河南永安纺织有限公司、华孚时尚股份有限公司和安徽华茂集团有限公司等棉纺织企业的走访调查，企业反映，新疆机采棉断裂比强度低、绒长短、一致性差、含杂率高、异性纤维较多、短绒率高等问题仍很突出。近几年在供给侧结构性改革项目、国家棉花产业联盟等推动下，新疆一些产地棉花品质有所改进，也赢得了市场的认可。但是整体改进步伐较慢，高品质棉花规模化种植的程度低，产出少，市场的认可程度还不高。早在 2014 年中国棉纺织行业协会等提出的长度短、断裂比强度低、残膜等有害杂质含量高等问题仍然存在（表 5-5）。

表 5-5　美棉、澳棉 M 级与新疆 3 级棉的数据对比

棉花来源	马克隆值	成熟度	长度（毫米）	长度整齐度指数（%）	<12.7 毫米短纤维率（%）	断裂比强度（厘牛/特克斯）	断裂伸长率（%）	杂质含量（%）
澳大利亚原棉	4.39	0.88	29.97	82.70	10.48	29.18	6.48	1.64
美国原棉	4.26	0.87	29.17	81.70	11.66	29.83	7.91	1.76
新疆机采原棉 1	3.90	0.84	28.30	81.80	18.20	27.00	5.50	2.90
新疆机采原棉 2	4.03	0.85	28.19	81.70	12.70	27.70	6.60	3.00
新疆机采原棉 3	4.25	0.86	27.89	81.50	11.60	28.30	7.50	1.90

二、我国高品质原棉需求主因简析

（一）随着纺织制造业的效率提升，对原棉质量的要求不断提高

在国内，随着棉纺织自动化技术的不断突破，一系列先进装备包括清梳联、粗细络联、筒纱自动包装仓储系统、无梭织机、全流程信息化等技术装备，大幅提高了纺纱的劳动生产率。环锭细纱的万锭用工平均水平已从 20 世

纪80年代的300人减少到2000年的200人，2015年接近70人。其中，一批优秀企业采用全流程数字化、自动化、信息化、智能化生产线等，并采用机器人替代值守，最先进生产线每万锭用工仅为15～25人。

随着棉纺织技术水平和装备的不断更新，纺织企业对纱线质量水平要求大幅提高，对原棉质量的要求也越来越高。据2015年中国棉纺织行业协会的调查结果，纺织企业首先关注的棉花质量指标是纤维长度、马克隆值、断裂比强度、长度整齐度指数、异性纤维含量、短纤维率和棉结含量等，其次才是颜色级和轧工质量。

先进纺织技术——紧密纺用陆地棉原料可直接纺60^{S}～80^{S}（英支）的高支纱，无需搭配长绒棉。河南永安纺织公司紧密纺生产线采用全流程数字化控制，100％的细绒棉可生产JCF 60^{S}（精梳纯棉60英支，下同）、JCF 70^{S}和JCF 80^{S}的纯棉高支纱，不需搭配长绒棉。这类棉纺织机械要求陆地棉的纤维长度30毫米以上，断裂比强度≥30厘牛/特克斯，马克隆值3.7～4.4，短绒（16毫米以下）率≤13.0％，无有害杂物特别是残膜污染，成熟度好，加工品质好。其中纺40^{S}纱要求棉花马克隆值为3.7～4.6，纺60^{S}及以上纱要求棉花马克隆值3.7～4.6。可见，纺纱支数越高要求适宜的马克隆值范围就越窄。

（二）新型棉纺织装备对棉花品质提出了新需求

不同纺纱装备对纤维品质指标的要求顺序有所不同，其中长度和长度整齐度指数对于高效率纺纱非常重要。我国审定品种棉纤维长度整齐度指数在83％～85％之间，然而轧花之后原棉大多在83％上下。此外，转杯纺纱、喷气纺纱和摩擦纺纱等都要求原棉清洁干净、无或仅允许极少的异性纤维。

三、发展高品质棉花生产的几点意见建议

（一）保障有效供给必须补新疆棉花的品质短板

国产原棉品质多处于中低端水平是制约我国棉花竞争力、附加值低的关键，也是我国原棉进口的根本原因。因此，要牢牢树立和准确把握没有品质就没有竞争力的理念，这应作为质量兴棉和提升大国棉花竞争力的落脚点。一是随着“一带一路”倡议的深入推进，鉴于“人口红利”不断消失，劳动力成本不断上涨，我国将要让出部分缺乏价格竞争力的原棉和棉纺织中低端产品市场。因此，作为全国最大产棉区的新疆更要加快抢占高品质棉的“制高点”。

二是从规模、成本与支持政策来看，新疆棉花生产的集约化规模化程度高，生产成本也更高，获得补贴也更多，对生产高品质原棉应有更多的担当和价值体现。

（二）明确新疆高品质原棉生产的主攻方向

一是提升原棉的清洁度和一致性水平，有效改进棉花生产的基础品质；二是改良遗传品质，提升纤维的长度、降低马克隆值，以使长度、强度和细度（马克隆值）指标相协调，以及优质与早熟性相匹配；三是提高新疆机采棉品质要以提高早熟性为统领，只有早熟性得到明显改善，才能提高脱叶效果，降低籽棉含杂率；四是改进籽棉初级加工水平，有效减轻轧花对长度的损害。

（三）建设高品质棉花生产基地和高品质生产带

建议在宜棉产区建设高品质棉花生产带，提高规模化和集中度水平，扩大高品质原棉的生产能力。其中北疆“天山北坡经济区”的高品质原棉产出多，这里集中度更高，潜力最大。主抓科学利用品种，推进一地种植一个品种，提高一致性水平；大力提高从田间到家庭到加工厂的全程干净生产，提高清洁度水平；提倡种植高品质品种，积极探索产供销对接模式，促进出台“优棉优用”和“优质优价”可操作的落地政策。近几年国家棉花产业联盟进行了积极探索，具有借鉴作用。

致谢：本研究得到中国棉麻流通经济研究会吴晓红，国家市场监管总局中国纤维质量监测中心熊宗伟、冷奕锦，安徽华茂集团有限公司倪俊龙，河南永安纺织有限公司张全法和华孚时尚股份有限公司孙小挺等的大力支持，在此深表感谢。

（撰稿：毛树春等）

第三节 “十四五”我国棉花生产发展和供给保障的若干思考

一、棉花生产保障能力现状与问题

（一）产需平衡现状

1. 国产棉花的产能

棉花是我国仅次于粮食的大宗农产品。20 世纪 80 年代中期以后，我国成为世界上最大的棉花生产国。在农村经济体制改革、棉花流通体制改革以及我国加入 WTO 以后等有利大环境下，我国棉花生产取得了长足发展，并在世界棉花生产中占有举足轻重的地位。2006—2008 年连续 3 年总产突破 700 万吨，历史新高不断刷新，分别达到 753.5 万吨、759.7 万吨和 723.2 万吨。2009 年以后随着棉花播种面积快速下降，棉花产量逐渐下降。近 5 年（2015—2019 年），我国棉花播种面积在 5 000 余万亩，总产 600 万吨左右，棉花面积低位徘徊。2015—2019 年，全国棉花播种面积从 3 796.7 千公顷下降到 3 339.2 千公顷，降 12%。由于单产的提高，抵消了棉花面积下降的影响。随着《全国棉花优势区域发展规划》的实施和棉花高产创建行动的展开，棉花单产水平不断提高。2015—2019 年，我国棉花平均单产从 1 487.6 千克/公顷提高到 1 763.7千克/公顷，增 18.6%，居全球产棉大国的首位。

最近 18 年，全国棉花种植区域发生了明显变化，棉花生产逐渐向新疆转移。2015—2019 年，新疆占全国总面积的比重从 50.2%上升到 76.1%，产量比重从 62.5%上升到 84.9%（表 5-6）。

表 5-6 2015—2019 年全国棉花生产情况

年份	新疆面积（千公顷）	全国面积（千公顷）	新疆占全国比重（%）	全国平均单产（千克/公顷）	新疆产量（千吨）	全国产量（千吨）	新疆占全国比重（%）
2015	1 904.3	3 796.7	50.2	1 487.6	3 503	5 603	62.5
2016	1 805.2	3 344.7	54.0	1 584.2	3 594	5 300	67.8
2017	2 217.5	3 194.7	69.4	1 698.6	4 566	5 653	80.8
2018	2 491.3	3 352.3	74.3	1 818.3	5 111	6 096	83.8
2019	2 540.5	3 339.2	76.1	1 763.7	5 002	5 889	84.9

数据来源：历年统计年鉴，由于更新后的统计数据未列出分省数据，故 2016 年之前数据仍使用原有年鉴数据。

2. 棉花消费

我国是棉纺织大国和棉花消费大国。2006—2010 年，棉纺用棉连续 5 年突破 1 000 万吨，其中 2010 年最高达到 1 300 万吨。但是，由于 2008 年美国金融危机暴发，自此之后全球经济复苏缓慢，加上我国“人口红利”不断减少，我国棉花消费开始进入波动下行阶段，近几年棉纺织用棉在 750 万～800 万吨。

3. 原棉进口

我国是棉花进口大国。2011—2013 年进口量分别达到 335.6 万吨、513.7 万吨和 415.0 万吨，历史新高不断刷新。2014 年取消棉花临时收储政策，实施棉花目标价格补贴政策，国内外棉花价差大幅缩小，棉花进口开始下降。在进口政策方面，2015 年之后收紧滑准税配额发放，只发放 1%以内的关税配额，2015—2019 年进口规模保持低位，分别为 147.2 万吨、89.7 万吨、115.3 万吨、158.5 万吨和 184.6 万吨，平均值 139.1 万吨，低于 2002—2019 年 223 万吨平均值的 37.6%。

从进口来源国看，我国棉花进口来源地高度集中。2007—2018 年，我国棉花进口主要来自美国、印度、澳大利亚、巴西和乌兹别克斯坦，这 5 个国合计占我国棉花进口近 90%，其中对美棉进口占棉花进口总量的比重平均为 33.1%。但 2019 年由于受中美贸易摩擦影响，我国进口美棉大幅下降。2019 年我国棉花进口主要来自巴西、澳大利亚、美国、印度和乌兹别克斯坦，比例分别为 27.3%、21.5%、19.5%、11.2%和 4.2%。

4. 库存量大与“去库存”

临时收储政策导致国产棉库存高昂，供给侧结构性改革要求去库存。2011/2012—2013/2014 年度，国家出台高价临时收储政策，收购价格 19 800～20 400元/吨，这 3 个年度合计收储 1 465 万吨，约占当年产量的 80%以上。由于国内外价格差巨大，导致 2011—2014 年进口 1 509 万吨，形成“国棉入库、洋棉入市”的被动局面。大量进口冲击国内棉花生产，大量收购的“高价低质”国产原棉，纺织企业不愿意用，导致国家财政不堪重负。2016 年开始“去库存”，2016—2018 年去库存量 607 万吨（指国产棉），2019 年接着“拍卖”99 万吨，至 2019 年底，我国尚有库存国产棉 700 万吨以上。

（二）急需解决的生产问题

21 世纪以来，全国棉区布局经历了较大的转移变动，从长江、黄河和西北“三足鼎立”到西北新疆一家独大。总产经历了不断增长达到顶峰再下降的过程，呈现“开口向下”的抛物线，期间 2006—2008 年总产最高，总产记录不断刷新。

1. 全国棉区布局从“三足鼎立”到一家独大

长江流域棉区（图 5 - 10、图 5 - 11）。棉田面积占全国的比例从 2000 年的 30.7%下降到 2018 年的 11.3%，缩减了 19.4 个百分点。播种面积从 2000 年的 123.3 万公顷缩减到 2018 年的 38.0 万公顷，减少 69.2%。棉花总产量从 2000 年的 120.7 万吨下降到 2018 年的 42.3 万吨，减幅高达 65.0%，占全国比例从 27.4%下降到 6.9%，缩减了 20.5 个百分点。本区域棉花单产从 2000 年的 978 千克/公顷提高到 2018 年的 1 112 千克/公顷，提高 13.7%；单产从 2000 年为全国的 89.5%下降到 2018 年的 61.2%。

黄河流域棉区（图 5-10、图 5-11）。2000—2018 年，棉花播种面积从 2000 年的 174.4 万公顷下降到 2018 年的 45.7 万公顷，减少了 128.7 万公顷，减幅高达 73.8%，占全国比例也从 2000 年的 43.3%下降到 2018 年的 13.6%，缩减了 29.7 个百分点。区域总产量从 2000 年的 168.4 万吨下降到 2018 年的 52.6 万吨，减少 115.8 万吨，减幅高达 68.8%；占全国比例从 2000 年的 38.2%下降到 2018 年的 8.6%，缩减了 29.6 个百分点。本区域单产水平从 2000 年的 966 千克/公顷提高到 2018 年的 1 148 千克/公顷，提高了 18.8%；单产比例从 2000 年为全国的 88.3%下降到 2018 年的 63.1%。

西北内陆棉区（图 5-10、图 5-11）（含新疆全区、甘肃河西走廊和内蒙古西部）。棉花播种面积从 2000 年的 104.7 万公顷增长到 251.3 万公顷，扩大了 146.6 万公顷，增长 140.0%。面积占全国比例从 2000 年的 26.0%扩大到 2018 年的 75.0%，扩大了 49 个百分点。本区域总产从 2000 年的 151.3 万吨增长到 514.6 万吨，增长 363.3 万吨，增长幅度高达 240.1%；总产占全国比例从 2000 年的 34.4%扩大到 2018 年的 84.4%，扩大了 50.0 个百分点。本区域单产水平从 2000 年的 1 446 千克/公顷提高到 2018 年的 2 048 千克/公顷，增长 41.6%。单产比例从 2000 年为全国的 132.2%下降到 2018 年的 112.7%。

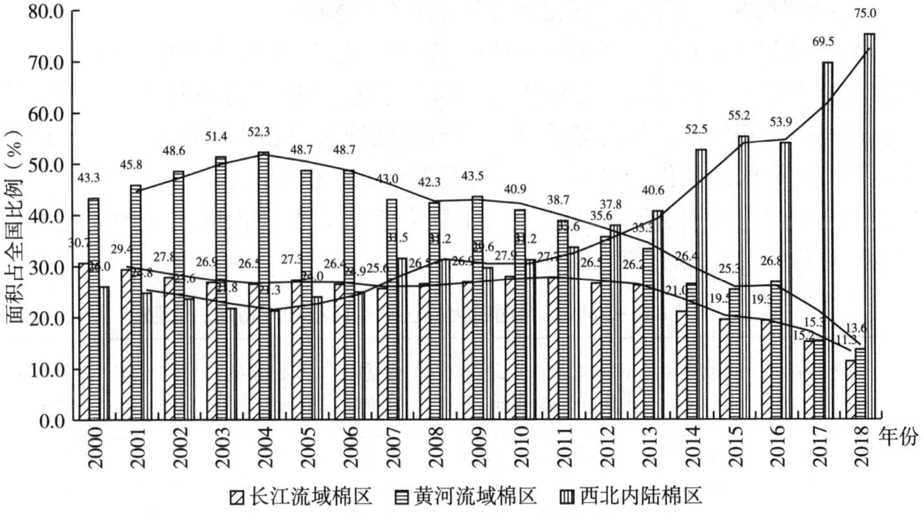

图 5-10　2000—2018 年全国不同棉区面积比例变化

注：面积比例数据是按各省市区实际数据相加得到全国数据，以此总数计算所占比例，不等于全国的统计数据。

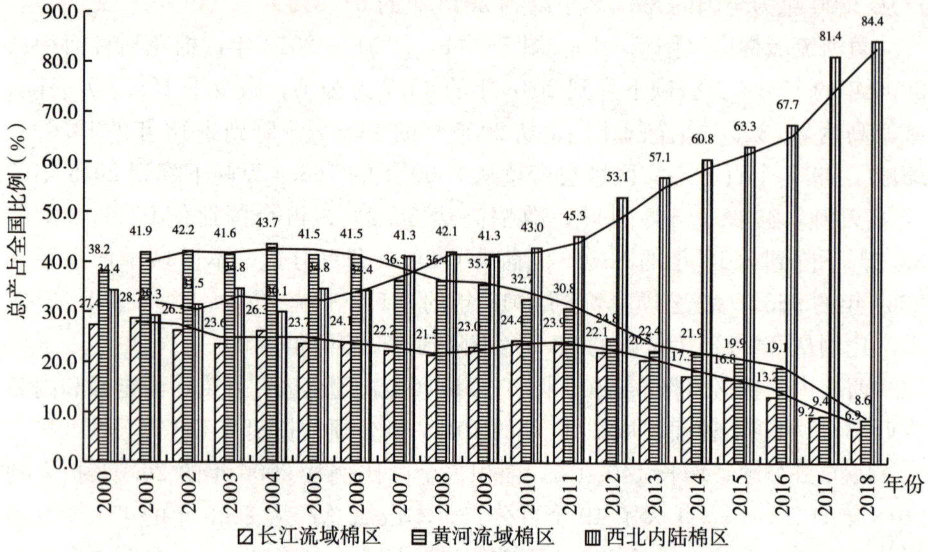

图 5-11　2000—2018 年不同棉区棉花产量占全国的比例变化

注：产量比例数据是按各省市区实际数据相加得到全国数据，以此总数计算所占比例。不等于全国的统计数据。

2. 全国棉区布局形成“三足鼎立”的优化结构

2000 年以来全国棉花产量达到历史最大（表 5-7）。2006—2008 年，全国棉花总产记录不断刷新，分别达到 753.5 万吨、762.4 万吨和 749.2 万吨的历史新高。这几年，长江流域棉区和黄河流域棉区面积占全国的 70%，西北内陆面积占全国的比例为 29.2%，全国棉区面积比例呈现“七三”的布局结构。总产长江流域和黄河流域占全国比例为 58%，西北内陆占全国的比例为 42%，被称为“五八四二”结构。

表 5-7　2006—2008 年全国三大棉区棉花面积和产量所占比例

年份	全国面积（千公顷）	长江流域占比（%）	黄河流域占比（%）	西北内陆占比（%）	全国总产（万吨）	长江流域占比（%）	黄河流域占比（%）	西北内陆占比（%）
2006	5 816	26.4	48.7	24.9	753.5	24.1	41.5	34.4
2007	5 926	25.6	43.0	31.5	762.4	22.2	36.5	41.3
2008	5 754	26.5	42.3	31.2	749.2	21.5	36.4	42.1
平均	5 832	26.2	44.7	29.2	755.0	22.6	38.1	39.3

注：面积和产量数据来源于国家统计局，比例数据是按各省市区实际数据相加得到全国数据，以此总数计算比例。

3. 新疆棉花总产实现了“两个翻番”的历史性跨越

从2000年到2018年的19年，新疆棉花总产实现了两个翻番的历史性跨越。第一个“翻番”所花时间为7年，总产从2000年的145.6万吨增长到2007年的301.3万吨；第二个“翻番”所花时间为8年，总产从2010年的249.7万吨增长到2018年的511.1万吨。

新疆棉花第一次跨越式发展得益于20世纪90年代中期之后国家鼓励开发新疆棉区，以及新疆地方“一白一黑”战略举措推进了规模扩大，棉田面积从2000年的101.2万公顷扩大到2007年的178.3万公顷，7年时间增长77.1万公顷，扩大了76.2%。第二次跨越式发展得益于国家连续9年的政策支持，包括国家的临时收储、目标价格改革试点和目标价格补贴，棉田面积从2010年的146.1万公顷扩大到2018年的249.1万公顷，8年时间增长103.0万公顷，扩大了70.5%（实际上从2014年开始新疆棉花面积就已突破266.7万公顷）。

然而，我国是人口大国，棉花消费大国，纺织品服装消费大国，全国棉花布局过高的集中度给棉花供给带来极大风险，一旦新疆产区发生较大自然灾害，将给全国的棉花供给和国际市场产生较大的冲击。

4. 国产棉高品质严重短缺，低品质严重过剩

棉花是纺织企业的主要原料，原料的优劣决定着纺织品的质量。

以适纺40^S及以上纱线的棉花定义为高端品质原棉。按照中国棉花协会、中国棉纺织行业协会提出的需求数量，2016年、2017年和2018年我国高端品质原棉市场需求量分别为278.8万吨、285万吨和287.8万吨，平均值为283.9万吨。经过中国农业科学院棉花研究所数据统计计算得到，这3年新疆供给分别为85.3万吨、94万吨和175.1万吨，理论上可供给产量平均值为118.1万吨；这3年短缺量分别为193.5万吨、191万吨和112.7万吨，平均短缺量167.7万吨；这3年短缺率分别为69.4%、67%和39.2%，平均短缺率高达58.5%。这些短缺量尚没有考虑异性纤维的含量。

进一步研究指出，北疆高品质原棉占全疆总量的七成以上，南疆占比不足三成，而南疆棉花占全疆的比例高达55%。

分析国产棉存在的质量问题：一是遗传品质不协调，长细强指标不配套，马克隆偏大的问题突出。同时，商品用种“多、乱、杂”，严重违背审定原则、生态区原则和熟性原则，生产用种严重偏离科学轨道。二是收购环节混等混级、超水分和混入异性纤维现象突出。三是加工企业片面追求效率忽视质量，纤维损害大，短纤率高、异性纤维等问题突出。四是机采棉种植技术、加工技术和工艺都不成熟，其中棉花早熟性不够、加工轧花纤维品质损害大的问题最为突出。

5. 新疆农业和棉花规模问题

新疆是绿洲农业，地处内陆，气候干旱、降水稀少、蒸发强烈，水资源时间空间分配不均，单位面积水资源量为每平方千米 5.3 万立方米，仅为全国平均水平的 1/6，在全国排名倒数第三，整个绿洲生态环境非常脆弱。农业用水占新疆全社会用水的 95%，“退地减水”成为新疆经济社会可持续发展的重要目标任务。按照国家发展改革委、财政部发布的《关于完善棉花目标价格政策的通知》（发改价格〔2020〕474 号），2020—2022 年度新疆继续实行 18 600 元/吨的目标价格，同时明确提出“新疆维吾尔自治区和新疆生产建设兵团要按照‘控制面积、提质增效’原则，统筹考虑当地水资源和耕地等资源状况，综合采取退地减水、轮作休耕等措施，引导次宜棉区退出棉花生产。”这是国家层面根据水土保持规划和农业可持续发展规划等首次明确提出新疆要控制棉花规模，减少棉花播种面积。

新疆“退地减水”到底退减多少？根据《全国水土保持规划（2015—2030 年）》①（2015）和《新疆用水总量控制方案》②，2016—2020 年，全疆合计退减灌溉面积 592.2 万亩，其中地方退减 476.2 万亩，兵团退减 116.0 万亩。2021—2025 年，全疆合计退减灌溉面积 306.8 万亩，其中地方退减 229.7 万亩，兵团退减 77.1 万亩。2016—2030 年，全疆合计退减灌溉面积 1 201.5 万亩，其中地方退减 931.4 万亩，兵团退减 270.1 万亩。

在实施“退地减水”方法上，新疆实行“分步实施、远期达标”的退耕基本原则，严格保护永久基本农田、粮食功能区和棉花生产保护区，及林果园地、草原生态保护项目建设的人工饲草地；对无合法土地开发手续的耕地一律退减，对承包国有土地的经营大户做较大幅度压减。在控制超采地下水方面，实行“治地先治水、治水先治井”和“以水定地、以电控井”的“封井、减水、退地”措施。

6. 绿色发展问题

绿色发展是科学利用资源环境，实现持续发展的必由之路。长期以来棉花生产高投入高产出模式，过度使用化肥、农药和大水漫灌等，资源利用率、产出率均不高。地膜覆盖从“白色革命”转入“白色染污”，对棉区特别是新疆农田环境的破坏加大。今后，如何提高水、肥料、农药的利用效率，转变生产资料利用方式，建立残膜回收利用制度，出台强制性措施和监督性措施并确保

---

① 水利部等七部门联合印发《全国水土保持规划（2015—2030 年）》. 中国水土保持建设网.

② 来源：《新疆水资源平衡论证报告》.

落地，实现棉花生产的绿色发展迫在眉睫。

7. 其他问题

当前我国棉花生产成本偏高的问题更加突出。2010—2018 年，我国棉花亩均生产成本从 1 323.9 元/亩上涨到 2 275.2 元/亩，增长 71.9%。每 50 千克主产品成本从 710.3 元/亩上涨到 913.2 元/亩，增长 28.6%（表 5-8）。与世界主要棉花生产国相比，我国棉花亩均生产成本是美国的 3 倍多，印度的 4 倍多。由于我国棉花生产成本明显高于全球其他棉花主产国，导致我国棉花价格高于世界平均水平，出现国内外棉花价格长期倒挂现象。

我国棉花生产方式仍然以小农为主，棉花生产成本偏高，价格不稳定。由于生产环节难以实现专业化、组织化和规模化，我国棉花质量的稳定性、新技术推广等都受到影响。

收益不高，稳定性和预期不够明显。扣除国家补贴的情况下，2010—2018 年，我国棉花收益从 984 元/亩波动下降到－460.9 元/亩，2013 年以后植棉收益呈现连年亏损态势，且亏损程度不断加深。棉花单位产量净利润和亩均净利润的变化特征较为相似。2010—2018 年，每 50 千克的棉花净收益从 528 元波动下降至－185 元/亩。我国从 2014 年实行棉花目标价格补贴政策，按照 WTO 规则，属于“黄箱补贴”，其补贴额度受到微量允许上限约束。尽管 2016 年我国将棉花目标价格补贴政策调整为限定总产量的“蓝箱”政策，但目前国际上很多国家并不认可“蓝箱”政策（表 5-8）。

表 5-8 2010—2018 年我国棉花生产成本及收益

年份	成本（元/亩）	收益（元/亩）	每 50 千克产量成本（元）	每 50 千克产量收益（元/亩）
2010	1 323.9	984.0	710.3	528.0
2011	1 577.5	202.5	799.9	102.7
2012	1 939.7	25.3	900.4	11.7
2013	2 177.5	－215.0	1 035.9	－102.3
2014	2 278.6	－686.4	953.7	－287.3
2015	2 288.4	－921.6	996.4	－401.3
2016	2 306.6	－488.3	936.3	－198.2
2017	2 330.8	－470.3	923.0	－186.2
2018	2 275.2	－460.9	913.2	－185.0

数据来源：《全国农产品成本收益统计资料》。

未来如果不采取合理措施规避将有可能引发其他 WTO 成员质疑并引发贸易争端，尤其对于我国这种纺织品服装出口大国。以上这些问题都是我国稳定发展棉花生产、保障国内棉花需求必须着力解决的问题。

二、“十四五”棉花生产供给保障规划

（一）重大意义

棉花是重要的纺织工业原料，“衣食住行衣为首”。发展棉花生产保障棉花有效供给对满足人民日益增长的纺织品服装需求具有重大意义。2015 年我国纺织品人均消费量为 20 千克，已达到中等发达国家的消费水平。2000—2017 年，我国大陆居民人均拥有棉花量的平均值为 4.70 千克/年（ICAC 数据）和 4.53 千克/年（国家统计局数据）（取两者平均值 4.62 千克/年）。测算可见，棉花在纺织原料约占 23.1%。

据 ICAC 统计数据，目前工业化国家人均表观纤维消费量在 30 千克/年的水平上，我国仍比工业化国家低 30%多。从发展来看，随着人民对美好生活的不断向往，居民消费水平不断提高，扩大纺织品消费仍有较大潜力，未来居民衣着将更加丰富多彩。

棉花是我国主要经济作物和大宗农产品。“要发家种棉花”，棉花在“小康不小康，关键看老乡”，棉区农民“脱贫致富”中发挥重要的作用。棉花为农村、城镇全社会提供大量就业岗位，在全面建成小康社会中具有基础性作用。

一是植棉业为农村提供大量就业岗位，是产区农民经济收入的主要来源。棉花种植涉及 16 个省市区和新疆生产建设兵团，植棉业为 500 万（加上帮工）农村劳动力提供就业岗位，是 500 多万户农村家庭和 30 多万兵团团场职工的主要经济收入来源。经测算新疆农业单位中等水平产值 3.3 万元/公顷，成本 1.8 万元/公顷，中等收益 1.5 万元/公顷。一个家庭棉花种植面积 50 亩，年收益 5 万元/家庭；兵团职工的单产高，双职工承包经营棉花面积 80 亩，年收益 10 万元/家庭，是标准的小康家庭。对于南疆少数民族贫困农户，只要提高棉花单产水平，脱贫效果显著。

二是国家高度重视棉花生产，出台目标价格保障农民收益。2004 年以来，我国先后出台水稻、小麦、棉花、玉米、油菜、大豆、糖等作物的最低收购价或临时收储价。迄今全国所有大宗农产品中仅保留水稻、小麦的最低收购价与棉花的目标价格，现行新疆棉花目标价格 18 600 元/吨是按棉花与小麦 1∶8

的比价制定出台，为棉农收益提供较好预期和保障。

三是纺织业为全社会提供较多的就业岗位。棉花的产业链长，产业之间的关联度极高。作为原料的棉花从植棉业到纺织业实现了深加工和产业的增值，其中包括纺纱、织布、印染、制衣等多道工序。纺织业仍是劳动密集型产业，当前棉纺织业仍为700万工人提供就业岗位，为农村劳动力成功转移提供重要的产业支撑。棉花包括初级加工、质量检验、交通运输等行业，可为全社会提供较多的就业岗位。

四是棉花副产品多，产值高，增值大。棉花主产品与副产品的产值之比为1∶0.5。按年产皮棉600万吨测算，需生产棉籽1 500万吨（其中种用棉籽约30万吨不计），其中可产棉籽油150万～160万吨，棉籽油富含不饱和脂肪酸，其含量高达70%，其中双烯脂肪酸——亚油酸含量占50%，具有降低血液中胆固醇，防止冠状动脉硬化的重要作用。与其他食物油相比，棉籽油堪称高品质的食用植物油。棉籽可产棉籽饼800（或脱毒棉仁粉350）万吨，为养殖业提供精饲料或食品原料。棉籽可产棉短绒80万吨，为造纸和黏胶等人造纤维提供原料。棉籽可产350万吨的棉籽壳，是平菇、香菇、金针菇、银耳、黑木耳等食用菌重要培养基，还可作为活性炭、糠醛、木糖、木糖醇等精细化工产品的生产原料，增值潜力大。可产棉酚5.0万吨，是重要医药原料，增值潜力更大。此外，棉花尚有棉柴240万吨（不计叶片、枝条）待开发利用。

综上所述，发展棉花生产无论从农村到城市、从农业到工业、从脱贫致富到全面小康社会建设，都具有重要意义。

（二）指导思想

以习近平新时代中国特色社会主义思想为指导，按照实施乡村振兴战略、可持续发展战略和坚持深化农业供给侧结构性改革的总要求，以转型升级提质增效、质量兴农和绿色发展为棉花发展的指导思想，同步推进棉花产量、质量、效益和环境友好的协调发展，同步推进棉花“质与量”“投入、产出和效益”的全面提升，显著提升国产棉花竞争力。

（三）基本原则

提出“一优、一扩、四推进、一探索”为棉花发展的基本原则。

1. 优化棉花种植结构，适度恢复“三足鼎立”的均衡布局

继续调整优化棉区结构，调减西北新疆棉区面积，播种面积从占全国的74%调减到占全国的55%以下，符合《全国水土保持规划（2015—2030年）》《新疆水资源平衡论证报告》和《新疆用水总量控制方案》的总体要求，符合新疆“退耕还水”的实施方案。适度恢复长江流域和黄河流域棉区面积，播种

面积占全国比例从26%提高到45%。培育后备棉区，在黄河上游内蒙古以西逐步形成6.7万公顷（100万亩）产能，为2030年形成33.3万公顷（500万亩）生产能力提供产能储备。

2. 扩大棉花保护区面积，提高“量”的有效保障能力

有效保障棉花“量”的供给，需要扩大保护区面积，从原计划3 500万亩（实际划定4 100万亩）扩大到5 000万亩，划定地区从湖北（200万亩）、湖南（100万亩）、安徽（100万亩）、山东（400万亩）、河北（300万亩）、新疆地方（实际划定2 400万亩）和新疆生产建设兵团（600万亩）扩大到江西（100万亩）、天津（30万亩）和甘肃（100万亩）等，并增加700万亩（如果新疆地方划定2 400万亩），其中增加省份包括湖北（100万亩）、山东（200万亩）、河北（200万亩）、江苏（100万亩）、河南（100万亩）。

3. 推进质量兴棉，增加“中高端原棉”的有效供给能力

提高有效供给能力，需扩大棉花优质增量供给，急需补品质短板，力争补高品质的短缺量167.7万吨/年（2016—2018年3年平均的短缺量）。要全方位提高棉花质量，包括提高遗传品质、生产品质、初级加工品质，以及改进棉花公证检验标准。“基础不牢，地动山摇”，生产上要在一致性、清洁度和“柔性”加工上下硬工夫、苦工夫，切实提高棉花的基础品质。

4. 推进绿色兴棉，实现绿色可持续发展

“一控两减三基本”由农业部于2015年提出，2018年再由生态环境部、农业农村部发布《农业农村污染治理攻坚战行动计划》。“一控”即控制农业用水总量，农田灌溉水有效利用系数达到0.55以上。“两减”即减少化肥和农药使用量，实施化肥、农药从“零增长”到“负增长”行动。“三基本”即畜禽粪便、农作物秸秆、农膜基本资源化利用，其中到2020年农膜回收利用率达到80%以上，“白色污染”得到有效防控。这是农业绿色的基础性技术指标。

5. 推进专业合作社和家庭农场，提高棉花适度经营水平

鼓励和支持发展棉花家庭农场，积极构建现代农村家庭生产经营收益模式，形成家庭棉花种植规模50～100亩，植棉年收益5万～10万元这一模式。积极发展多种棉花种植的社会化服务，带动分散植棉的小农户，保障利益不受侵害，提高植棉收益预期。

6. 推进产销对接，探索棉花“三产”深度融合新模式

由于我国植棉业、初级加工业到棉纺织业的各市场主体极度分离，“订单生产订单销售”“优棉优用优质优价”如何落地，已成为制约高品质棉花生产发展的重大障碍，需要从政策、市场、科技、金融等多层面推动“产供销纺”

的深度融合，探索形成“三产融合”的新机制，为全面提升我国棉花产业的竞争力提供机制、政策保障。

(四) 发展目标

品质提升需要大力建设高品质棉花生产基地（高品质生产带），产能保障需要力促适度恢复长江流域和黄河流域面积，实现这两个目标任务都需要强有力的政策支持和科技支撑。

1. 发展总目标

以“推动农业/棉花由增产导向转向提质导向”为深化农业/棉花供给侧结构性改革的主要目标任务，以“两提高”作为“十四五”和“十五五”时期棉花发展的总体目标。

提高产量，保障“量”的有效供给能力。2025 年需保障 650 万吨国产原棉产量，比 2010—2017 年国产棉平均产量 604.0 万吨提高约 50 万吨。同期平均播种面积 5 000 万亩保持稳定略增即可；需要扩大棉花生产保护区面积，力争棉花播种面积达 5 500 万亩。

提高质量，保障“质”的有效供给能力。急需建设高品质棉花种植带，这是我国棉花产业补品质短板和全面提升竞争力最为急迫的目标任务。2025 年，在考虑高品质原棉市场最低增量 300 万吨的条件下，规划国产高品质产量 250 万吨，可保障 83.3%的供给能力，2030 年市场需求 400 万吨，规划 350 万吨，可保障 87.5%的供给能力。

建设高品质棉花生产带。在棉花生产保护区基础上再建高品质棉花生产带，2025 年建成 2 500 万亩，其中西北新疆 2 000 万亩（北疆地方和兵团“天山北坡经济带”1 000 万亩、南疆阿克苏地区和兵团第一师 500 万亩、南疆巴音郭楞蒙古自治州和第二师 500 万亩）、黄河 300 万亩（河北黑龙港 150 万亩、山东鲁西北 150 万亩），长江 200 万亩（江汉平原 100 万亩、洞庭湖 100 万亩）。2030 年建成 3 500 万亩，其中西北新疆 2 500 万亩、长江流域 500 万亩和黄河流域 500 万亩。

2. 2025 年、2030 年大陆居民棉花消费需求预测（表 5－9）

以国产原棉人均占有量多年平均值作为大陆居民棉花消费需求的预测基数，结合人口增长，消费质量提高，以及可承受的资源条件和生产能力，预测居民纺织品需求原棉 2025 年 679.3 万吨，2030 年 703.3 万吨。这是作为负责任大国和满足人民对美好生活向往所必需的数量。也与中国工程院于 2012 年“经济作物产业可持续发展战略研究”项目中所预测 2020 年国产棉花产量 700 万吨相接近。

市场认为，近几年我国棉纱线产量约 1 000 万吨。其中：国产原棉 600 万吨，库存原棉 100 万吨，合计 700 万吨；进口原棉约 150 万吨，进口棉纱线约 150 万吨。这一判断是基于海关统计数据，2010—2018 年，我国原棉进口合计 2 302.6 万吨，出口 17.2 万吨，净进口 2 285.4 万吨，年均净进口 253.9 万吨。同期棉纱线进口量合计 1 601.9 万吨，出口量合计 381.1 万吨，净进口 1 220.8 万吨，年均 135.6 万吨。在做中长期预测时，原棉和棉纱线进出口的贸易净值可以作为我国棉及棉制服装的出口量。

我国高品质原棉的需求基数大，并且随着经济社会进入新时代，纺织业机械化、自动化、智能化等现代装备技术的提升，消费需求增长加快，需求量将越来越大，在前几年平均需求量 281.9 万吨的基础上，预期 2025 年需求量 350.0 万吨，占预期国产原棉总需求量的 50%上下。预期 2030 年需求量达到 400 万吨以上，占预期国产原棉总需求量的 60%上下。由此可见，我国棉花生产要实现从“量”到“质”的彻底转变，需大力发展高品质棉花生产，更加有效提高国产原棉的供给能力。

又据 2020 年 8 月中国棉纺织行业协会的最新统计，当下我国纺织企业对中高端品质原棉需求占整个市场需求量的 80%，其中：40^{S}～50^{S} 中端品质占 60%～70%，需求量 400 万吨；60^{S} 以上高端品质占 15%～20%，需求量 120 万～150 万吨；32^{S} 以下低端品质仅占 10%～15%。

近几年我国棉花保持 600 万吨的产量即可满足市场需求。这是因为我国尚有 700 多万吨的库存需要消化。按 2016—2019 年的去库存速度，每年可提供原棉资源 100 万吨（2019 年“拍卖”去库存 99 万吨），充足的资源拥有量将为我国积极发展高品质棉花生产提供了有利时机。

表 5-9　2025 年和 2030 年国产棉花需求预测

	大陆人口（亿）	国产棉需求量（万吨）	国产棉人均占有量（千克/人）	国产高品质原棉需求量（万吨）	原棉库存量（万吨）	净进口原棉（万吨）
2000—2017 年实际	13.264 4	600.4	4.70	281.9	592.7	360.3
2018 年实际	13.953 8	610.3	4.39	287.8	877.0	152.6
2025 年预测	14.300 0	679.3	4.75	350.0	350.0	
2030 年预测	14.500 0	703.3	4.85	400.0	350.0	

注：①本表为中国大陆居民的棉花消费需求预测，不是整个纺织业的需求预测。②大陆居民人口按国家统计局数据，2025 年和 2030 年预测数据参考多家机构。③2000—2017 年国棉产量按 ICAC 产量数据。④2000—2017 年原棉库存按 ICAC 数据。⑤2018 年库存棉数据参考 ICAC、USDA 和中国市场。⑥高品质原棉需求数量由中国棉花协会和中国棉纺织行业协会提出。2000—2017 年为 2016 年和 2017 年的平均值。

三、“三大棉区”保障供给的目标任务

介绍三大棉区生产定位，分区域划定棉花生产面积、皮棉产量、具体生产任务。

提出2025年、2030年供给与区域供给保障方案，见表5-10。

西北内陆棉区。适度和逐步缩减规模，播种面积占全国的比例从74.9%调减到55%上下，面积保持210.0万～220.0万公顷。压减产量，产量占全国的比例从84.4%调减到60%左右，保持400万～450万吨。农业用水比例过高是新疆经济社会和绿洲农业发展面临的突出问题，为了减少农业用水比例，新疆提出“退耕还水”“退耕还草”计划。本规划提出适度缩减棉花规模，既符合新疆社会经济可持续发展目标，又符合全国棉花可持续发展目标。大幅度提高优质棉比例是新疆作为全国棉花生产重心的最主要任务，高品质原棉产量达到200万～250万吨，占本流域产量的一半，占全国产量的60%以上，新疆是全国棉花提质增效、发展高品质生产、补品质短板的主战场。

表5-10 全国及长江流域棉区、黄河流域棉区和西北内陆棉区保障供给规划方案

	全国	长江流域	黄河流域	西北内陆	说明
		播种面积（千公顷）			
2000—2017年实际	4 778	1 217.0	1 916	1 615	
比例（%）	100	25.5	40.1	33.8	
2018年实际	3 353.4	382.4	458.0	2 513	
比例（%）	100	11.4	13.7	74.9	
2025年规划 其中：高品质	4 000 （4 000） 1 667	700 （700） 133.3	1 100 （1 100） 200.0	2 200 （2 200） 1 333.3	
比例（%）	（41.7）	17.5	27.5	55.0	
2030年规划 其中：高品质	4 000 （4 096） 2 333	800 （783） 333.3	1 100 （1 213） 333.3	2 100 （2 100） 166.7	
比例（%）	（58.3）	20.0	27.5	52.5	

（续）

	全国	长江流域	黄河流域	西北内陆	说明
总产（万吨）					
2000—2017 年实际	615.6	131.1	193.0	291.5	
比例（%）	100	21.3	31.4	47.4	
2018 年实际	609.7	42.5	52.6	514.6	
比例（%）	100	7.0	8.6	84.4	
2025 年规划 其中：高品质	679.3 (680) 300.0	94.5 (95.1) 25.0	148.5 (144.5) 50.0	429.0 (442) 200.0	672（−9.3） 250（−25）
比例（%）	(44.2)	14.1	22.1	63.8	
2030 年规划 其中：高品质	703.3 (710) 400.0	114.0 (120) 50.0	156.8 (167.6) 80.0	409.5 (431) 250.0	680.3（−23.0） 350.0（−20.0）
比例（%）	(56.9)	16.8	23.0	60.2	
单产（千克/公顷）					
2000—2017 年实际	1 288（1 401）	1 077	1 007	1 805	
2018 年实际	1 818（1 905）	1 114	1 148	2 048	
2025 年预测	1 680（1 733）	1 350	1 350	1 950	
2030 年预测	1 701（1 741）	1 425	1 425	1 950	

注：①黄河流域包括内蒙古河套灌区。②西北内陆棉区包括新疆、甘肃和内蒙古黑河灌区。③2025年和 2030 年带括号为最后方案数据。④西北新疆因“帮忙田”计入总产使得单产“虚高”很多。⑤2025 年和 2030 年播种面积、总产带括号为高品质原棉规划的百分率，其他百分率为占全国的比例。⑥单产带括号为加权平均数，不带括号为算术平均数。⑦说明栏目为预测数，带括号数据为预测的差数。

黄河流域棉区。适度逐步恢复面积，播种面积占全国的比例从 13.7%调增到 27.5%上下，面积保持 110.0 万公顷。恢复产量，产量占全国的比例从 8.6%调高到 23%以上，保持 150 万～160 万吨。其中高品质原棉产量提高 50 万～80 万吨，占全国 15%以上。本流域恢复生产具有较好条件，信心足，只要政策对头，“目标价格”全覆盖，支持保障技术和农业装备跟上，仍有较大恢复潜力。

长江流域棉区。适度逐步恢复面积，播种面积占全国的比例从 11.4%调增到 17.5%以上，面积保持 70.0 万～80.0 万公顷。恢复产量，产量占全国的比例从7%调高到16%以上，保持100万吨上下。在洞庭湖平原、江汉平原和鄱阳湖平原仍有生产优质棉的潜力，力争高品质原棉产量达到50万吨上下。但是，恢复本流域棉花生产面临的困难多，信心不足，无“目标价格”支持，生产规模小，棉区农业生产条件差，棉花支持保障技术和农业装备跟不上，实现目标仍有较大难度。

培育后备棉区。随着全球气候变暖，无霜期的延长，内蒙古西部棉花气候适宜度不断提高，作为后备棉区培育具有较大潜力。内蒙古西部为引黄灌溉区，隶属于黄河流域棉区，今后5～10年力争棉花播种面积扩大到100万～500万亩，产量提高到12万～60万吨。这里适合发展规模化、机械化植棉。

全国棉花单产预期。与2000—2017年全国棉花加权单产平均值比较，未来全国棉花单产仍有提高20%～30%的潜力。但从全国来看，单产提高潜力最大产区在黄河流域、长江流域棉区，新疆北疆单产已达到极高水平，提高难度较大，加上未来建设高品质棉花生产带，部分产量要让步于质量，能够保持现有水平也有难度，遏制南疆单产下滑势头，是实现全国单产增长的重点。

四、保障措施

（一）组织保障

一是提高认识。把发展棉花生产作为棉区落实乡村振兴战略和全面建成小康社会的措施之一，主产区地方政府始终要把棉花作为主要大宗农产品和农民致富增收的主导产业。二是政府重视。纠正对棉花生产组织领导的“弱化”现象，国家和主产省区政府应有专人专班抓棉花，纠正和改进对棉花技术推广队伍的“弱化”现象；克服棉花管理、技术推广等工作中的官僚主义和形式主义。三是加强棉花顶层规划设计。积极构建和完善“新疆棉花目标价格政策”，创新内地棉花扶持政策，建议新疆目标价格政策覆盖生产保护区或全国棉区，积极探索棉花“期货+保险政策”的落地。四是支持发展棉花科技。加强国家棉花产业联盟、国家棉花科技创新中心的建设。五是深化机制创新。从机制上构建和推进“三产”的深度融合措施方法，补齐融合机制的短板。六是提高植棉业的组织领导能力和专业化的技术水平。

（二）财政保障

一是加大投入。建设棉花生产保护区和高标准“高品质”棉花生产基地，在新疆继续实施特大优质棉基地的“高产工程建设”，全国建成现代农业设施和高产稳产棉田4 100万亩。二是提高改善植棉业和加工业装备。购置建设现代植棉播种机、打药机、采收机、运输等装备，发展机械化植棉，提高内地机械化植棉水平，购置机械化的清花装备等。三是建立激励约束机制。鼓励和支持以县域或兵团师市级别开展的整建制高品质棉花创建活动，对达到高品质原棉的县域或兵团师市实行奖励。

（三）技术保障

大力发展现代棉花科技，不断提高科技支撑和成果转化的保障能力。一是发展棉花农艺技术。选育适合机采棉和轻简栽培所需早熟性好、产量高、品质优的新品种。重新认识机采棉和轻简化栽培，深入推进农艺农机的深度融合研究和应用，在早熟、优质、高产和机械化栽培、管理、收获上取得新突破；集成推广提高质量、减肥、减水、节省成本的绿色轻简化、机械化栽培技术模式；开展棉蚜、红蜘蛛、盲蝽蟓等害虫的绿色防控技术研究和大规模应用；开展智能化棉花和数字棉花研究和应用；推进棉花科学防灾减灾研究和应用。二是研发棉花农机技术和装备。加大国产采棉机、清花机的研发制造，提高国产化装备的供给率；加强机采棉清花除杂和轧花的“柔性”加工工艺和技术研发，减轻加工对纤维品质的损害。三是加大棉花技术培训和推广力度。培养造就一支懂农业、爱农村、爱农民的棉花工作队伍。提高植棉技能，提高科技成果的转化效率，研究学习借鉴“良好棉花”培训推广方法，全面提高科学植棉水平。

（四）配额和关税

配额是看好国门的钥匙与锁的关系。过去 18 年的棉花贸易实践证明，当进口量超过 200 万吨/年对国内植棉业就将产生极大的冲击和破坏。为此，在 2025 年之前不能放开棉花配额管制，当国产高品质原棉达到市场需求总量的 90%时，或拟考虑放开进口棉花的配额管制。

（五）几项重要改革

改进棉花品种审定标准。现行品种品质的审定标准与高品质不对应。新品种的纤维长度、强度和细度（马克隆值）应协调，早熟性指标与生态区、轻简种植制度应协调。

改革棉花品种审定制度。建议对品种审定进行“收放结合”的改革。比如海岛棉（长绒棉）、彩色棉应该放开，实行“绿色通道”，由企业或科研单位决定是否发放或商用，在品种审定机构备案即可。

在西北内陆新疆棉区，还可考虑国家棉花区域试验与自治区级棉花区域试验合并，以提高区域试验的质量和效果，减少工作量，提高工作效率。

开展棉花商用品种的真实性检验。应用 SSR 方法，从区域试验、审定公告发布到良种繁殖再到商业经营需进行全程跟踪检验，建立可追溯的品种档案制度，并由检验机构予以公布，作为执法的重要依据。

开展棉花立法实践。鼓励和支持地方立法发展现代植棉业。比如产棉大省、大县（市）、大师（市）出台“一地一个品种”的棉花法案。由地方人民代表大会常务委员会对品种的真实性开展执法检查。

（撰稿：毛树春　翟雪玲　董合忠　李雪源　别墅等）

第四节　对我国棉花产业的基本认识

一、棉花产业特征基本表述

棉花是我国重要（大宗）农产品、主要经济作物和纺织工业原料。我国棉花产业是一个体系庞大、结构完整和产业链条长的大产业。棉花产业还是一个劳动密集型、技术密集型和资金密集型的关系国计民生的大产业。因此，发展现代棉花产业（植棉业、加工流通业和现代棉纺织业）无论从农村到城市、从农业到工业、从脱贫致富到全面建成小康社会都具有重要意义。

“关系国计民生”是当下对棉花产业属性和产业功能的新定位，在纺织口也称之为“民生产业”“朝阳产业”；“产业结构完整”“产业劳动密集型”“大产业”是当下对整体产业特征、特点的定位。

棉花是“重要（大宗）农产品”。这一表述在 2016 年《国务院关于印发全国农业现代化规划（2016—2020 年）的通知》及 2017 年《国务院关于建立粮食生产功能区和重要农产品生产保护区的指导意见》使用过。

棉花具有工业原料型作物属性的特点，对于农业、农民而言，棉花是主要大田经济作物。棉花在农民富、农村美、产业兴旺、全面建成小康社会中具有重要的基础性功能。

二、棉花“战略物资”表述

棉花“战略物资”是物质短缺时期的一种表述方式，当下已不合时宜。

新中国成立后保障全国人民吃饱饭、穿暖衣是毛主席等老一辈无产阶级革命家的夙愿，列为国民经济的头等大事。由于受美帝国主义及西方资本主义的长期封锁，农业基础条件差，投入不足，科技水平落后，我国棉花的生产能力不足。加上当时国家外汇极为紧缺，进口十分困难。因此，要像保障吃饱饭、抓粮食生产一样，把棉花作为战略物资予以鼓励和支持发展，增加储备，保障有效供给，确保全国人民的穿衣问题成为国民经济的重点任务。这种状态一直持续到20世纪70年代末。为了解决衣着生活必需品的公平分配问题，1954年开始实行布票票证管制，凭证购买衣布。票证多少全国以淮河为界，淮河以南1人15尺[①]/年，淮河以北1人16尺/年，东北地区冬季更加寒冷票证多些。

1978年，我国实行改革开放，在农村实行家庭联产承包责任制，农民积极性高涨，棉花生产能力不断提高，1983年、1984年棉花连年丰收，国产棉花从供小于求、供需平衡到供大于求，加上1979年1月中美建交，棉花包括其他农产品的进出口自由，国家外汇储备不断增加，从此棉花结束了长达35（1949—1983年）年的短缺历史，棉花作为战略物资的地位也基本消失。

关于棉花“战略物资”，曾在2018年《深化党和国家机构改革方案》和新组建的国家粮食和物资储备局的文件中规定，“国家发展和改革委员会拟订中央储备粮棉糖等战略物资储备的规划和总量计划”。这里论述“中央储备粮棉糖等战略物资储备”所指粮、棉、糖被认为是“储备”的“战略物资”。其后在国家其他有关政府公文、部门公文都未见“战略物资”表述。然而，一些棉花项目申请书、相关专业论文、专家报告偶见“战略物资”表述，这已不合时宜。

三、我国棉花产业国际地位表述

我国是棉花生产（种植）大国。1983—2015年，我国棉花产量位居全球第一，保持了长达33年，占全球比例最高达27.3%（2013年），面积位于全球第二，面积占全球的比例最大为15%。2016年之后与印度产量相比已不相上下。

我国棉花品质位于全球中上等水平，相比美国、澳大利亚及巴西第一方阵，我国位于第二方阵。

我国是全球棉花单产最高的国家，单产水平高于全球平均水平近一倍。单产高是我国棉花的核心竞争力。在主要产棉大国美国、印度、巴基斯坦、乌兹别克斯坦之中，我国棉花单产水平位居第一，但低于澳大利亚、巴西及土耳其。

---

① 尺为非法定计量单位，1尺≈0.33米，下同。

我国是全球棉花加工能力最大的国家。皮棉加工能力高达 700 万～800 万吨，加工机械和配套装备比较先进。

我国是全球棉花库存大国。最多库存量达近 1 500 万吨，库存消费比最大达到近 200%，近几年库存消费比在不断减少。

我国是全球棉花进口大国。最高进口量 534.2 万吨（2011/2012 年度）占全球进口量的比例达到 54.7%，2002—2016 年平均进口量占全球比例为 27.9%。

我国是全球棉纺织大国。中国、印度和巴基斯坦是全球超过 1 000 万纺锭的国家（2011 年），我国拥有棉纺织纱锭 1 亿多锭，纺织纱锭占全球近一半（48.0%）以上，长期位居全球第一，加工棉纱线最高产量占全球 72.1%，年纺织棉花最高达到 1 300 万吨（2012 年），之后缓慢减少。

我国是纺织品服装消费大国。2015 年我国居民人均纺织品服装消费量 20 千克，已达到中等发达国家水平。但是相比较发达国家还低 30%以上，扩大纺织品消费仍有较大潜力。

我国是纺织品服装出口大国。我国“衣被天下”，纺织品服装出口额 2 982.7亿美元，占全球市场份额的 38.6%（2014 年），棉织品及棉制服装“十分天下有其三”，近几年纺织品服装出口在下降。

四、棉花产业链、就业岗位和从业劳动力

以 2018 年为基准年，棉花产业为全社会提供各类就业岗位 2 000 多万个，随着现代科技和现代装备的发展，从业人数不断减少是一种大趋势。根据调研，测算如下：

（一）植棉业劳动力约 385 万人

按一个劳动力承担管理棉田面积 20 亩计算，全国棉花播种面积 5 500 万亩，约需劳动力 275.0 万人（加上季节性帮工 110 万人，植棉业约 385.0 万人），其中：

新疆 257.8 万人。新疆生产建设兵团棉田面积 1 300 万亩，按每个职工承包 40 亩计算，约需 32.5 万人。新疆地方农户面积 1 500 万亩，按每个劳动力承担 20 亩计算，约需 75.0 万人；新疆工商资本经营面积 1 500 万亩，按每人承包 70 亩计算，约需 21.4 万人。以上合计需求 128.9 万人，帮工（包括农业机械化、植保等专业服务机构等，后同）约 128.9 万人，总计 257.8 万人。

内地 120.0 万人。内地棉田面积 1 200 万亩，按每户 20 亩计算，约 60 万

人，帮工 60 万人，总计 120 万人。

轧花初级加工业约 10.0 万人。全国现有轧花加工企业 980 家，按每家 50 人，约 4.9 万人（加上加工季节帮工，约 10 万人）。

全国棉花分布在长江流域、黄河流域和西北内陆棉区，棉区分布在四川、湖南、湖北、江西、安徽、浙江、河南、河北、山东、天津、山西、陕西、内蒙古西部、甘肃、新疆等省市区和新疆生产建设兵团。

总体上，当下棉花生产涉及全国棉区一亿多农民的生计。

（二）纺织业（包括纺纱、织布、印染、服装等）**约 1 545.5 万人**

全国规模纺织企业约 710 万人（2018 年统计数据），加上中小企业和传统手工业，以及机械化、自动化、智能化等机器换人，全国纺织工业吸纳总劳动力从业人数约 1 400 万人。其中：

纺织业，按每万锭 110 人计，全国现有棉纺锭 1.05 亿锭，劳动力约 115.5 万人。

涉棉商贸物流从业人数 30.0 万人，包括国家储备棉公司及各地仓库、货运周转站、涉棉外贸物流等。

（三）其他方面专职从业人数约 6 500 人

全国棉花科研和涉棉服务机构从业人员约 6 500 人。其中棉花专业研究机构从业人数约 2 500 人，包括国家级约 800 人，省级 1 200 人、地区级 500 人（大学非专职未计）。全国棉花种子产业从业人数约 2 000 人。全国涉棉程度较高的专业服务机构 2 000 人，包括全国棉花质检中心、郑州商品交易所、全国棉花交易中心、全国海关质量检验机构、中国棉花协会以及地方棉花协会等。

五、近几年棉花消费、生产、进口和库存背景资料

我国是棉花纺织消费大国。近几年，我国纺织原料消费呈明显下降趋势。据中国棉纺织行业协会数据，2017—2019 年，棉纺织消费原棉分别为 755 万吨、755 万吨和 699 万吨，与 2017 年相比，2019 年减少 7.4%（其中 2019 年农口数据 800 多万吨，差距 100 多万吨）。同期纺织用非棉纤维（含涤纶短纤维、黏胶短纤维等）分别为 1 270 万吨、1 252 万吨和 1 230 万吨，与 2017 年相比，2019 年减少 3.1%。

近几年，我国棉花产量保持在中位水平上。据国家统计局数据，2017—2019 年分别为 565.3 万吨、610.3 万吨和 588.9 万吨。从供需平衡来看，2017—2019 年缺口分别为 189.7 万吨、144.7 万吨和 110.1 万吨。

近几年我国棉花进口保持中位水平，进口量少于过去多年平均值 200 万吨。据海关统计数据，2017—2019 年原棉进口量分别为 115.6 万吨、157.3 万吨和 189.4 万吨。

我国棉花期末库存仍处于较高水平。据中国棉花市场数据，2017/2018 年度、2018/2019 年度和 2019/2020 年度分别为 900 万吨、724.2 万吨和 800.0 万吨，最早为 2011 年度临时收储政策收购的原棉。关于我国棉花期末库存，ICAC 和 USDA 数据与中国市场的数据有差异。

我国棉纱线净进口量保持较高水平。据海关统计数据，2017—2019 年，棉纱线净进口分别为 158.6 万吨、166.8 万吨和 156.5 万吨，进口量较为平稳。

六、我国棉花最大生产量

我国棉花最大生产量可以理解为棉花产量的上限。

我国居民原棉需求量在 700 万吨水平上。主要依据：一是大陆居民人口 14 亿，2000—2017 年，我国大陆居民人均拥有棉花量的平均值为 4.70 千克/年（ICAC 数据）和 4.53 千克/年（国家统计局数据），取两者平均值 4.62 千克/年测算，需要国产棉花 646.8 万吨，再按未来几年人口增长对棉花需求 10%的增量计算，则总量约为 711.5 万吨。如果考虑人民生活水平和生活质量的提高，最大生产量约 750 万吨。二是可能性。2000—2019 年，全国棉花产量平均值为 602.6 万吨（如果计算最近 10 年新疆棉花的“帮忙田”，实际数据为 630 万吨）。其中 600 万吨以上年景有 10 年，占一半。其中 2006 年、2007 年、2008 年产量突破 700 万吨，2007 年为历史最高年景，达到 759.7 万吨。

七、影响棉花生产和供给的综合因素

（一）关于棉花生产周期

我国棉花生产周期，按日历年计为春种秋收，4 月播种，9—10 月采收，接着进行初级加工（轧花）和“公证检验”，新棉最快 10 月即可上市。

我国棉花生产周期。改革开放以来约 8～10 年为一个周期。20 世纪 80 年代是第一个扩张期，为历史上第一个黄金 10 年，1980—1989 年，平均产量 400.4 万吨，比 70 年代增长 178.2 万吨，增长了 80.2%。90 年代为历史上的第一个收敛期，1990—1999 年，平均产量 446.7 万吨，仅比 80 年代增长

11.6%。进入 21 世纪，由于我国加入 WTO，市场效率大幅提高，我国棉花生产进入历史上的第二个黄金 10 年，2000—2009 年，平均产量 601.6 万吨，比 90 年代增长 34.7%。21 世纪头 10 年为历史上第二个快速扩张周期，2000—2009 年，全国棉花播种面积、单产和总产全面快速增长，总产最高纪录不断刷新。21 世纪第二个 10 年进入第二个收敛期，2010—2019 年，平均产量 603.7 万吨，与前 10 年基本持平。最近 10 年除单产继续提高以外，面积和总产全面下滑，其中面积下滑到 5 000 万亩（4 792.5 万亩，2017 年）以下，低于历史最低水平（5 247.0 万亩，1963 年）。

（二）全国不同时期棉花生产重心

新中国成立 70 年来，全国棉花在不同时期有不同的生产重心。20 世纪 50—70 年代全国棉花生产的重心在长江流域棉区，80 年代全国棉花布局进行第一次转移至黄河流域棉区，80—90 年代全国棉花生产的重心在长江流域棉区和黄河流域棉区，90 年代中后期全国棉区进行第二次转移至西北内陆棉区，90 年代到 21 世纪头十年形成长江流域、黄河流域和西北内陆“三足鼎立”的最优布局，我国棉花历史最高产量都出现在这一布局里。近 10 年全国棉花布局不断偏移，形成以西北内陆新疆为主、长江黄河为补充的“一花独放”“一家独大”的格局。

（三）影响棉花生产周期主要因素

一是政策。政策是影响棉花的关键要素。21 世纪以来，国家密集出台棉花支持政策。2011—2013 年国家出台临时收储政策，面向全国各棉区，皮棉收储价格 20 600 元/吨。2014—2016 年度出台目标价格改革试点，面向西北新疆棉区，目标价格从 20 400 元/吨到 19 800 元/吨，以补贴形式发放，试图解决中国棉花价格与国际市场价格的接轨问题。2017—2019 年度出台目标价格，面向西北新疆棉区，目标价格 18 600 元/吨。2020—2022 年度，再次出台面向西北新疆新的棉花目标价格，皮棉目标价格 18 600 元/吨。然而，这么高的价格支持政策，这么高的棉花生产补贴（2019 年度补贴额度最高，籽棉补贴 2.15 元/千克，按籽棉单产 350 千克/亩测算，单位面积补贴高达 752.5 元/亩。据报道，“目标价格+保险”的改革试点，按面积的最高补贴高达 800 多元/亩）全球极为罕见，补贴结果反而使近 10 年全国棉花生产呈现快速收敛，全国棉区布局也从长江流域、黄河流域和西北内陆棉区“三足鼎立”这一优化布局，逆转到西北新疆棉区“一花独放”“一家独大”的被动局面。

二是气候。气候变化是影响棉花生产周期性又一要素。除上述面向西北新疆补贴政策“溢出”的负面效应以外，进入 21 世纪，由于全球气候变暖，对长江中下游和黄河流域棉区棉花生产的不利影响在加大，棉花播种和收获等生产管理的难度在加大，特别是先旱后涝、旱涝急转、秋雨秋湿对棉花收成不利的影响在加大。

三是投入和科技。棉花新品种、新技术研究应用加大。其中国家和省级地方每年审定棉花新品种多达几十个（最多年份审定160个），棉花机械化采收、轻简育苗移栽、宽膜覆盖、膜下滴灌、肥水耦合等新技术推广应用有效转化为先进生产力，促进棉花单产的大幅度提高。除气候变化和政策以外，长江、黄河流域棉花的技术没有跟上也是面积缩减的原因之一。

（四）关于粮棉争地问题

棉花是大宗农产品，理应安排耕地予以种植。然而，历史上曾经出现过粮棉争地的问题，并一直困扰着一些学者和决策者。

面对人多地少的国情，我国棉粮生产经历了争地、缓和、协调到双丰收的发展历程，特别是进入21世纪，出现了棉粮双高产双丰收的新格局，十分难得，经验可贵，值得总结。然而，当前和今后棉花也面临粮棉以外即粮经和棉经、粮果和棉果争地的新问题。

1. 粮棉争地及解决过程

粮棉的确存在争地矛盾。20世纪70年代及70年代以前，我国农业基础薄弱，农业生产条件差，靠天吃饭，农业投入少，科技含量低，生产技术落后，粮棉单产水平都很低，那时的确存在粮棉争地的尖锐矛盾。特别是20世纪60年代粮食严重短缺，粮棉争地矛盾十分尖锐。70年代还存在粮棉争劳力和争肥料的矛盾。

粮棉争地矛盾逐步得到解决。20世纪80年代以来，一靠农村改革和农业政策的支持，实行家庭承包责任制，调动农民积极性。二靠增加投入，不断装备农业，改善农业生产条件。三靠科技进步，大力加快耕作制度改革，培育新品种，实行科学种田，粮棉产量得到同步大幅提高，争地矛盾大幅缩小，并且逐步开发出粮棉双丰收双高产的新路子，粮棉争地核心问题逐步得到解决。

粮棉双丰收的目标已实现。进入21世纪，在中央一系列扶持农业政策的支持下，进一步增加农业投入，加快农业科技进步，推广科学种田，我国粮棉双丰收双高产的问题不仅得到解决，而且解决得非常好，非常到位。

2. 粮棉双丰收的事实和理论依据

一是棉花播种面积比例偏低。棉花播种面积所占比例偏低，其较低比例的播种面积不足以改变全国粮食生产格局。全国棉花播种面积占全国农作物播种面积比例为 3.47%，变幅为 2.38%～4.86%，2015—2018 年这一比例变化在 1.92%～2.26%之间。棉花面积的增减虽对粮食总产有所影响，但远不足以改变粮食产量增减的走向和走势，更不足以动摇粮食生产能力。

二是粮棉面积和产量的双增双扩。改革耕作制度扩大了粮食种植面积。在黄河流域棉区，20 世纪 80 年代之前棉田为一年种植一季棉花，80 年代以后为一年种植小麦和棉花两季作物，实现了从棉田要粮要棉的增产目标。到 90 年代中期，该流域基本普及棉粮两熟种植，技术上采取套种，取得年增产小麦 600 万吨的成效。进入 21 世纪，进一步改革小麦棉花种植方式，技术上采用麦茬连作植棉，小麦满幅播种，增产能力从 600 万吨提高到 800 万吨的高水平，是耕作制度的改革才能取得粮棉双增双扩双高产的重大成就。

三是区位分布不一致。即我国棉花主产区相对粮食主产区的区域位置不一致。长江中游、黄淮海平原和东北是我国的粮食集中产区，长江中游和黄淮海平原存在粮棉重叠问题。其中，长江中游虽然重叠，但受灌溉条件和劳动力限制，旱地可植棉，且产出多；黄淮海平原实行粮棉两熟种植，较好地协调粮棉生产；东北三省仅辽宁和吉林是全国的非棉产区。

四是低产田和刚性棉田比例大。全国约 60%的棉田面积分布在盐碱旱地、红黄壤以及非灌溉地，这些都是非粮主产地，特别是盐碱旱地不能种植粮食，是刚性棉田，由于低产棉田比例大，植棉面积多少对粮食总产的影响很小。

五是气候生产力。粮棉同丰同歉受制于天气。研究表明，天气对作物生产力的影响程度高达 70%。棉花是秋收作物，与粮食主要品种玉米同季，而与小麦不同季，即棉花面积对粮食品种中的玉米产量产生影响，而对小麦产量基本不产生影响。这就是为什么 1984 年全国粮棉同步大幅增产，2007—2009 年全国粮棉同步减产的原因。

（五）棉花进出口

我国是全球棉花进口大国。2002—2019 年，合计进口原棉 4 041.5 万吨，占同期全球进口量 14 410.5 万吨的 28.0%。这 18 年的年均进口量为 224.5 万吨。

需要指出的是，2011 年、2012 年、2013 年和 2014 年进口量分别达到 335.6 万吨、513.7 万吨、415.0 万吨和 244.0 万吨，历史新高也不断刷新，合计进口 1 508.3 万吨，占这 18 年进口量的 37.3%。连续“高量”进口对国产棉花的冲击最大，“洋货入市、国货入库”就是真实写照，冲击产生的后遗症仍然存在。为什么会进口这么多的棉花？主要是国内价格高于国际价格即价格倒挂（“价差”），这几年“倒挂”分别为 1 857 元/吨、5 972 元/吨、6 403 元/

吨和 5 541 元/吨，很显然进口这么多原棉不再由供需关系决定而是由价格决定。对纺织企业而言，进口棉花可以大幅度降低纺织业的成本；对国家而言，进口国际低价原棉通过增收滑准税而为国家增加税收，产生的后果是持续冲击国产棉花。

我国棉花进口来源地最多时达到 60 个国家和地区（包括转口贸易）。2002—2019 年，进口美国棉花排第一为 1 309.3 万吨，占 32.4%，尽管近两年发生中美贸易摩擦进口缩减。进口印度棉花排第二为 860.4 万吨，占 21.3%。进口澳大利亚棉花排第三为 511.0 万吨，占 12.6%。进口乌兹别克斯坦棉花排第四为 297.9 万吨，占 7.4%。进口西非（布基纳法索、贝宁、喀麦隆、马里、科特迪瓦）棉花合计排第五为 292.9 万吨，占 7.2%，以上合计占全部进口量的 80.9%。

近两年进口来源地有变化，其中进口乌兹别克斯坦棉花大幅减少，其原因是本国发展棉纺织业，起因与我国棉纺织企业“走出去”有关。由于中美贸易摩擦，进口巴西棉花增长加快。

在全部进口来源地之中，澳大利亚为高品质原棉，价格最高，高于同期陆地棉平均价格的 13.4%。美国棉花的品质类型齐全，可纺性能好，价格为同期的平均值，“货真价实”。巴西棉花品质也很好，价格高于同期的平均值。这 3 个国家原棉的清洁度高，纤维品质的一致性好，受到全球和中国市场的青睐。

中国棉花大量进口带动全球棉花生产规模的扩大和总产量的增长。21 世纪前 10 年（2000—2009 年），全球棉花总产平均值达到 2 331.5 万吨，比 20 世纪 90 年代年均增加 415.7 万吨，增长 21.7%。同期全球棉花收获面积平均值 3 262.3 万公顷，比 90 年代减少 1.9%。同期全球棉花单产平均值 501 千克/公顷，比 90 年代提高 21.0%。全球总产最高纪录不断刷新，2004/2005 年度达到 2 699.7 万吨，2011/2012 年度最高达到 2 784.5 万吨。中国因素对全球增产的贡献率超过 60%。从全球来看，增加棉花总产依靠提高单产这一路径。

我国棉花出口量较少。2002—2019 年，合计出口量 55.8 万吨，主要对周边国家和地区出口，以边境小额贸易为主。近几年对越南出口增长，主要是我国进入该国的棉纺织业企业购买。

关于我国棉花进口阈值问题。过去 18 年（2000—2018）的贸易证实，当进口量超过 200 万吨就会对国产棉花产生冲击，进口量越大冲击就越大，冲击产生的后遗症越多。因此，建议把 200 万吨作为我国原棉进口的阈值。受新冠疫情冲击，预计 2020 年后的几年棉花消费减少的趋势增强，应适当考虑减少进口量。

关于配额管制的取消问题。在中美贸易摩擦之前，纺织企业多次提出取消棉花进口管制，一些棉纺产业大省的政府部门还专门召开会议进行讨论。从现实来看，我国棉花还不具备国际竞争力（高成本、高补贴、中低端品质），突出问题是高品质棉花严重短缺，当高品质原棉的供给率达到足够比例之时才可以考虑放开配额管理。

（六）棉花库存

季末库存量的适宜标准。1970 年国际棉花咨询委员会第 29 次会议认为，8 月 31 日总库存大约相当于 6 个月的消费量，库存与消费比率的适宜指标被认为是 0.45～0.50，高于这一指标，表示棉花供应量过剩，预示棉价将会下落；如果低于这一指标，说明供应紧缺，预示棉价将会上涨（刘毓湘，1995）。迄今这个判断指标没有改变。

棉花库存量按 6 个月计算。如果每月消费 70 万吨，6 个月即 420 万吨。按经验数据，全球棉花库存消费比一般为 50%，即消费量 100 万吨/年需有 50 万吨/年的库存。

我国商品棉库存量较大。库存量已从 2008 年美国金融危机之前 150 万吨扩大到现在的 1 300 多万吨水平。储备棉由国家储备棉公司（现隶属于中粮集团）负责收储和轮换，通过全国棉花交易市场以“拍卖”形式销售。2017—2019 年“去库存”约 800 万吨。

2020 年 7 月 1 日开始，每个工作日拍卖 0.8 万吨，约定价格不低于 11 500 元/吨，当低于 11 500 元/吨时次日即停止拍卖（“熔断”机制）。据报道，受新冠肺炎疫情影响，2020 年棉花“拍卖”低价低品质原棉受到市场欢迎，拍卖率高达 100%。

（七）棉花的替代品

化学纤维是纺织服装原料包括棉花在内的主要替代品，其次还有毛、麻和丝等。同棉纺织一样，化纤、毛、麻、丝产业的结构也很完整。棉织品和棉制服装消费具有大众性、广泛性和通用性的显著特征。

1. 化学纤维

在我国全部纺织纤维中，化学纤维（纺织所用化学纤维为黏胶纤维和涤纶纤维中的短纤维，2019 年该两种短纤维产量为 1 414 万吨，占全部化学纤维产量的 24.3%；以及部分腈纶、腈纶纤维等）占 75%，天然棉纤维占 25%。近几年纺织用化学纤维在 1 230 万～1 270 万吨之间。然而，棉纤维具有吸湿、保暖、无静电等优良特性，化学纤维无法比拟。因此，作为服装尤其是衣着的原料，主要是天然棉纤维。

纺织工业使用多少棉花受棉纤维与化学纤维的比价影响，而化学纤维又受石油价格的影响。

2. 毛及毛产品

包括山羊绒原料、山羊毛产品、毛毯、人造毛皮、毛针织服装和毛机织服装等。毛纺织产品属于高档纺织品服装范畴，以内销为主，占全部毛产品的90%。2019年，全国规模以上毛纺织及认证精加工企业950家，毛纱线产量19.3万米，毛织物产量4.6亿米。全国居民毛产品人均消费量未见统计数据，但总体看，毛产品消费不够广泛，消费量占纺织品服装比例不高。2019年，毛原料产品与制成品出口额125.3亿美元，主要出口市场为美欧日和中国香港地区。

3. 麻及麻产品（苎麻、亚麻、黄麻、红麻、剑麻、大麻等）

麻及麻产品作为纺织原料的功能被削减很多，传统麻产品（绳、索、缆、麻袋、麻布、麻网等包装物）绝大多数已被化纤产品所取代，但麻纺织品具有透气、抗菌和天然等优良特性仍被人们青睐。我国麻类无论种植面积还是加工产品都在减少，2019年各种麻类统计面积仅为85.5万亩，规模以上麻类加工企业242家，亚麻布3.6亿米，苎麻布1.1亿米。作为工业用大麻还有一些种植面积，且大麻纺织产品加工在国际上处于领先水平。此外，苎麻、红麻纤维脱胶、亚麻沤制等对环境污染的突出问题仍没有得到有效解决。当前，麻产业正在转型升级，积极开发扩展麻产品的新用途。

我国是麻原料的进口国家。据中国麻纺织行业协会统计数据，2019年，全国麻产品加工企业有242家，麻类纤维、麻纱、麻布及麻制品进口额103.7亿美元，出口额16.0亿美元。进口麻包括亚麻原料、黄麻原料，主要来自俄罗斯、比利时、荷兰，其中进口法国的亚麻原料占主导地位。亚麻纱线主要出口印度、韩国、意大利和土耳其等。美国消费者青睐麻制服装和麻制床上用品。

4. 丝及丝产品

我国是全球蚕桑、丝绸的生产大国和出口大国，最高丝产量超过80万吨，茧丝生产量和出口量均占世界总量的70%以上。自2006年“东桑西移”战略实施后，广西成为全国最大的产丝大区。2019年全国丝产量6.9万吨，其中广西丝产量2.2万吨，占全国的31.9%，四川省丝产量1.3万吨，占全国的18.8%。2019年，全国规模以上丝绢纺织及丝染精加工企业657家，规模以上企业绸缎产量4.8亿米，蚕丝被1 177万条。

关于居民丝绸消费。据有关资料，新中国成立之初，国内丝绸消费人均不足0.05米，1985年人均消费提高到0.88米。据中国丝绸协会统计，2019年全国销售各类蚕丝被1 177万条，比2013年2 279万条减少了48.4%。整体看，国内居民对丝绸的消费不多。究其原因，蚕丝蛋白质不具有吸湿性，特别是蚕丝蛋白易变性，这对丝绸产品的质量和使用造成了较大影响。

我国蚕桑丝绸在国际市场上占有绝对数量优势，是典型的外向型产业，也是低碳绿色可持续发展的特色民生产业。2019年真丝绸制成品出口额22.3亿美元，比2013年出口额35.07亿美元下降了36.4%。丝绸制成品消费区主要是美国、日本、法国、意大利、德国、英国、瑞士、沙特阿拉伯、阿联酋和中国香港等经济发达或依靠石油收入的富裕国家和地区。

八、居民纺织品服装消费及消费弹性

纺织品服装是大概念，涉及范围广。包括服装用（衣着、毛巾、卫生巾、一次性拖鞋等）、家庭用（窗帘、地毯、床上用品等）和产业用（医疗用、汽车用、建筑用、房地产用等）纺织品的总称，其比例从1995年的80∶13∶7提高到2013年的48∶29∶23，其中服装比例不断减少。

2015年，我国大陆居民人均纺织品消费量达到20千克/年，已达到中等发达国家的消费水平。ICAC指出，目前工业化国家人均表观纤维消费量在30千克/年水平上，我国仍比工业化国家低30%多。从发展来看，人民对美好生活的向往，扩大纺织品消费仍有较大潜力。

美国是全球纺织品服装消费量最高的国家。2005年美国居民人均纺织品服装表观消费量达到41.5千克。2008年美国金融危机之后的消费量大幅下降，2009年减少到31.8千克，弹性系数23.3%。危机前美国居民购买服装以“打”为单位，危机后减少到“半打”，甚至到一件一件地购买，可见纺织品服装的消费弹性很大。

家庭收入对纺织品服装消费有重要影响。早期世界银行研究，人均纯收入增加部分的30%用于购买纺织品。

关于我国纺织品消费弹性还未见研究报告。但有一点是肯定的。随着居民生活水平的提高，纺织品服装消费将继续呈现增长态势。但是，当遭遇危机时“节衣缩食”、家庭纺织品服装“去库存”也是人类应对危机的通用方法，整体看纺织品服装的消费弹性在30%上下。

九、质量兴棉和绿色兴棉建议列入“十四五”规划

（一）“十四五”时期，我国农业处于转型升级提质增效的发展新阶段

党的十九大提出乡村振兴的伟大战略，2018 年中央 1 号文件提出“质量兴农绿色发展”八字方针为新时代农业发展提出了新的目标任务，2018 年和 2019 年的中央 1 号文件都强调“以农业供给侧结构性改革为主线”“推动农业由增产导向转向提质导向”。“十四五”规划明确提出并强调我国农业处于转型升级提质增效的发展新阶段。

（二）“发展绿色中高端品质棉花”是棉花转型升级的目标任务之一

对棉花而言，质量兴棉的目标是从品质的中低端转向品质的中高端，其任务是稳定总量 600 万吨以上，中高端品质占一半，提出“发展绿色中高端品质棉花”目标，把农业转型升级提质增效、提升竞争力落实到棉花作物品种中，以使规划更符合产业发展的需求。

（三）改进提升棉花目标价格

目标价格具有双重效应。新疆 18 600 元/吨的棉花目标价格政策实施已有 6 年（加上临时收储有 9 年），由此产生的正面效应：一是不断刺激棉花面积扩大，2019 年新疆棉花面积占全国的 76.1%，总产占全国的 84.9%，全国棉花布局呈现“一花独放”格局。二是农民增收的正面效应极为显著，2019 年单位面积补贴最高达到 800 元/亩。然而，该政策溢出的负面效应也不可低估：一是客观上引导新疆追求产量致使品质不高，所产棉花在市场不欢迎，这与新疆棉花的高成本、高补贴极不相符；二是绿洲水与地的平衡矛盾加剧，高目标价格、高补贴与“退地减水”存在博弈；三是导致长江、黄河流域棉花面积的持续衰减，棉区布局严重失衡，风险加大，对保障 600 多万吨的总需求极为不利。

扩大目标价格功能的意见、建议包括：一是大力推动目标价格与品质挂钩，实行“优质优价”，把推进提升纤维“一致性”“清洁度”基础品质措施落地到位。近几年已摸索出发展高品质棉花规模化、订单生产的相关措施办法。二是强调压缩新疆棉花面积至保护区 3 000 万亩，加大非法开垦耕地的退出和非法机井的关闭力度，确保实现“减水退地”目标；同时要明确提出恢复长江、黄河流域棉花面积至 2 500 万亩，补贴强度为新疆目标价格的一半。三是在目标价格中限定单位面积最高补贴不超过一定额度，其他植棉收益需通过农业保险或财政转移支付予以保障。

（撰稿：毛树春）

第六章

2017—2019年《中国棉花景气报告》选辑

本章选辑 2017—2019 年《中国棉花景气报告》内容，包括棉花长势和产量、中美贸易摩擦中涉及棉花贸易、棉花供需平衡问题，棉花生产管理和棉花市场等，供决策参考。

中国棉花生产景气报告 NO：447　　出版日期　2018　07　20

进口棉花配额和关税改革的意见建议

毛树春

棉花进口配额和滑准税是国家管理棉花国内外市场的重要工具。入世谈判约定 2014 年 1%关税配额 89.4 万吨，配额外所需数量采用协商式的追加，关税税率为 40%，由于税率过高采取滑准税税率予以征收，这一政策自 2005 年开始一直在延续。

自 2008 年以来有关配额外追加和滑准税税率早就存在争议，特别是纺织企业要求放开配额，降低关税的呼声一直不断。因此，棉花关税配额成为企业界、理论界和政府决策部门关注的热点问题。

一、进口棉花配额和滑准税的改革问题

（一）将滑准税税率改为固定税率，固定税率设置多少合适？

在有较高的进口环节增值税 11%的条件下，关税税率应采取最低的固定税率，也应把进口原棉价格与国际的“价差”控制在最低水平。基本原则策略是，“价差”控制在 2 000 元/吨以内。按照这一思路固定关税税率的范围在 1%～5%之间，可以随进口环节增值税的变化灵活调节。

理论测算：

进口美棉按 Cotlook A 指数 90 美分/磅、美元汇率 1∶6.4、港口费用 200 元/吨、增值税 11%计算。

理论国家价格：90 美分/磅＝90×6.4×2 204.62/100＝12 698.6 元/吨

理论港口价格：200＋12 698.6＝12 898.6 元/吨

理论增值税价格：12 698.6＋（12 698.6×11%）＝14 095.4 元/吨

理论进口原棉加增值税后的价格，比理论国际价格高出 1 396.8 元/吨，高 11.0%。

加征 1%关税：14 095.4＋（14 095.4×1%）＝14 236.4 元/吨，高出理论国际价格 1 537.8 元/吨，高 12.1%。

加征 2%关税：14 377.3 元/吨，高出理论国际价格 1 678.7 元/吨，

高 13.2%。

加征 3%关税：14 518.3 元/吨，高出国际价格 1 819.9 元/吨，高 14.3%。

加征 4%关税：14 659.2 元/吨，高出国际价格 1 960.6 元/吨，高 15.4%。

加征 5%关税：14 800.2 元/吨，高出国际价格 2 101.6 元/吨，高 16.5%。

以上为基于 11%的进口环节增值税税率的加征关税测算结果，如果增值税税率提高时可实行“零”关税。

（二）关于配额关税的改革

有 3 种意见：

一是每年固定 100 万吨，即在 89.4 万吨基础上加 100 万吨，每年有 189.4 万吨低的固定税率进口棉，可保障国内市场的需求。

二是取消增发追加配额的环节，进口数量不予管制，对进口棉实行低关税，设置税率水平为 2%～5%，税率水平应取与国际最小的价差，不超过 2 000元/吨。

三是取消配额关税。还有一种意见认为，取消关税 1%的 89.4 万吨配额，全部改革为 2%～5%的关税税率，这样进口数量将不受限制。

二、进口棉花关税和配额改革后对国产棉花的可能影响和对策

如果对进口棉花采取实行“固定低关税、固定配额数量”，进口棉花肯定大幅度增长，初步分析，对国产棉花的确有很大影响，可能情况有以下几种：

（一）“国棉入库、洋棉入市”会不会重演？棉花会不会步大豆的后尘？

2011—2013 年，国家出台临时收储政策，设置 19 800～20 400 元/吨的收储价格，这 3 年收储入库的国产棉达到 1 200 万吨。

由于临时收储设置的价格过高，比国际价格高出 4 000～6 000 元/吨，巨大的价差推动这 3 年共计进口 1 200 万吨，大量进口棉花对国产棉花的确产生极大的冲击。这是致使棉花与钢铁、水泥一样列入“去库存”的根本原因。棉花“去库存”自 2016 年开始到 2018 年 7 月，这 3 年“去库存”约 600 万吨，迄今还库存陈棉 600 万吨（若排除进入贸易流通企业数量，库存量要超出 600 万吨很多）。

大量原棉长期库存，这种短时的严重“过剩”导致国家调控效率极为低下，成本高昂，产生两大不利影响：

一是原棉品质不断下降，可纺性能越来越差，加上价格不菲，这是纺织企

业不愿使用储备棉的根本原因。

二是国家成本高昂。由于长期库存，原棉品质和产量在损失、在下降，而财务费用却在增长，每年库存费用约 2 000 元/吨，耗费巨大的国家财力。

类似这样的调控政策和市场干预还会不会重现？

棉花会不会步大豆的后尘？在WTO规则里，中国进口大豆只设置3.0%的低关税税率，没有配额限制。加上中国大豆的单产低于全球水平，大幅低于主要产豆国家水平，因而大豆本身就不具备竞争力。

我国棉花单产水平高于全球近一倍，高于主要产棉大国和出口国家80%以上。这是棉花自身赢得竞争力的基础条件，我国棉花因高产而拥有比较优势。但是，我国棉花生产投入大、生产成本高，加工、流通费用也很高，原棉整体成本过高，在国际市场不具备竞争力。

（二）对新疆棉花的影响可能较小

2017—2019年，国家对新疆产棉花实行目标价格改革，这次改革实行价格补贴与市场价格脱钩，旨在不对市场进行过度干预，设置目标价格为18 600元/吨，2017年棉花收购价格回升，测算实际补贴2 000元/吨，单位面积的中位数补贴在277元/亩的水平上。这一补贴有利于保障棉农的植棉收益。从2010年到2017年，在临时收储、目标价格改革试点和目标价格等一系列利好政策的支持下，新疆棉花产量翻了一番，总产超过500万吨。

新疆棉花单产水平高，全疆大面积单产超过1 500千克/公顷，其中新疆生产建设兵团单产超过1 800千克/公顷，因而具有比较优势。

（三）对内地的影响仍将是严峻的冲击

对内地9省——湖南、湖北、江西、安徽、江苏、河南、山东、河北和甘肃等补贴按新疆补贴的20%进行设置，最高补贴强度在2 000元/吨以内，2017年产量144.2万吨，各地单位面积补贴金额在120～160元/亩之间，其中安徽省仅补贴面积110元/亩。此外，天津市地方财政出资补贴棉花，2017年地方财政出资4 400万元，按播种面积补贴156元/亩。

这9省皮棉产量从2014年的233.8万吨下降到2017年144.2万吨，这种下降速度还未出现遏制的迹象。2017年国家棉花生产保护区划定5省（山东、河北、湖北、湖南和安徽）面积1 100万亩，占全国棉花保护区3 500万亩的31.4%。放开后，如果内地棉花的补贴强度不提高，植棉面积的萎缩将加快，保护区功能也将难以发挥。

（四）棉花资源供需平衡测算

全国棉花资源测算：新疆产量500万吨加上内地150万吨，总产在650万吨水平上。如果“固定低关税、固定配额 100 万吨”，再加上 1%的 89.4 万吨，生产量加进口量的总量在 800 万吨以上。目前纺织用棉在 800 万吨上下，理论上棉花资源供给对国内市场是充足的。

需要强调的是，保持国内 650 万吨的棉花产能，对保障棉花持续有效供给，对保持国家较长时间的棉纺织产能，保障较大规模的就业岗位有着极其重要的作用。如果国产棉花的产能持续下降，仅仅依靠进口，纺织业许多比较优势将会逐步减弱。

正与前面所述，我国需要针对内地棉花研究出台保持棉花产能不致持续减弱的有效对策，包括配额和关税措施。

三、进口棉花“实行低关税或放开配额”对国际有利

如果对进口原棉实行“低关税”或放开配额数量，是我国主动取消进口棉花的管制措施，是放开棉花市场的自觉行动，在 WTO 多边机制中我们将更加主动，赢得更多的国际话语权。

2011 年马里、乍得、贝宁和布基纳法索提出“西非四国棉花问题”，请求中国对最不发达国家的棉花放开配额和“零关税”的请求，如果我国采取“固定低关税和固定配额数量”进口最不发达国家的原棉，将兑现“2015 年 WTO 第十次部长级会议《内罗毕部长宣言》”的承诺，书写“中美合作论坛”和南南合作的新篇章。

四、对棉纺织企业、国家层面的影响

由于滑准税设置了“价格”门槛，这一政策对进口低等级棉花具有排斥效应，当对进口原棉采取“固定的低关税”和“固定的配额数量”，既鼓励进口国际市场更加低廉的低等级原棉，有利棉纺织企业降低成本，延长高产量的棉纺织产能，为乡村振兴和全社会安排大量就业岗位；又鼓励进口国际市场的高端原棉，有利于纺织业的转型升级，生产高档纺织品服装；还有利于促进国内棉花的科技进步和科技兴棉，加快高端原棉的生产等。

进口棉花实行固定的低关税，过去常用繁琐的计算公式也将跟随简化，有利进口企业的简化管理，特别是国内外棉花的价差必将大大缩小，有利于提高纺织品竞争力。如果加上配额的放开或规定足够的配额，企业可在国际供应链采购足够的原料，对政府、对企业而言，寻租腐败问题也将得到

抑制。

由于实行滑准税税率和配额的国家管制，千元或几千元“价差”的确有利可图，政府决策部门权力大，有的企业虚假填报申请表，伪造有关资料骗取棉花进口滑准税配额进行倒卖，得到配额的纺织企业额外获得非市场利润的机会，导致市场竞争机会的不均衡、不公正、不公平。

中国棉花生产景气报告 NO：448　　出版日期　2018　08　10

中美贸易战中的棉花问题（1）

毛树春

摘要：中国原棉进口市场有弹性，供应链系统也有可供选择的余地，从直接进口转变为间接进口是当前可采取的应对方法。贸易战告诫我们，我国棉花转型升级应加快，生产高品质原棉是急需补上的最大短板。

中美贸易战完全由美方发起。自 2018 年 4 月以来，美方关税措施不断升级，对中国输美产品 500 亿美元、2 000 亿美元、5 000 亿美元，加征关税从 10％提高到 25％……

对贸易战要有长期思想准备和多种应对措施，做好备案尤为重要。

一、中美贸易战中的棉花

（一）美国加征关税

2018 年 7 月 6 日，首批被美国加征 25％关税的中国出口产品，价值 340 亿美元，其中没有农产品。8 月 7 日，美方宣布对进口中国 160 亿美元产品加征 25％的关税，这其中绝大多数为半导体及相关产品，还有中国 3D 打印行业出口量非常大的材料——PLA（丙烯腈-丁二烯-苯乙烯）和 ABS（聚乳酸），宣布将于 8 月 23 日起生效。

（二）中国的反制

2018 年 7 月 6 日，中国对原产美国等值 340 亿美元进行加征 25％关税的反制，在所列产品中农产品唱主角，涉及美国农产品超 240 亿美元，其中大豆 140 亿美元，猪产品（主要是猪杂碎）12 亿美元，棉花 10 亿美元，高粱 10 亿美元，水果 6 亿美元，乳品 5 亿美元，小麦 4 亿美元，坚果 4 亿美元，玉米 2 亿美元，其他产品 50 亿美元。因此，大豆是重点和焦点，棉花是关联度极高的敏感产品。

8 月 8 日，中国对美进口产品进行等值反制，宣布与美方同日生效。

我国对美加征 25％产品（国务院关税税则委员会，税委会公告〔2018〕

5号)，税号：14042000，棉短绒；52010000，未梳的棉花。我国另160亿美元自美国进口加征25%商品税号（国务院关税税则委员会，税委会公告〔2018〕7号)，税号：52021000，废棉纱线（包括废棉线)；52029100，棉的回收纤维；52029900，其他废棉。税号5202000，已梳的棉花（国务院关税税则委员会，税委会公告〔2018〕6号）在第7号公告中被取消。

二、中美贸易战中的棉花背景和市场选择

据对中国海关统计数据（表6-1)，加入WTO后的16年（2002—2017年，后同）我国进口原棉总量3 671.98万吨，其中进口美棉1 402.7万吨，占进口原棉总量的38.2%，进口金额252.72亿美元，占进口金额的36.97%，表明中国市场对美棉的依赖程度极高；同期美棉出口总量4 642.7万吨，中国进口占美国出口比例高达30.2%，表明美国对中国依存度也很高。

过去16年美国棉花生产量6 134.2万吨，出口量占生产量的75.7%，自用棉的比例不足四分之一。全美有19个州种植棉花，相对集中产棉州有14个，以得克萨斯州最大，平均面积132.2万公顷，占全美的38.2%；平均总产81.9万吨，占全美的28.8%；其次是佐治亚州，产量占全美的17.7%。得克萨斯州棉花农场平均面积221公顷，按每个农场主和雇员10人计算，全美植棉需劳动力15.6万人。

表6-1 加入WTO 16年（2002—2017年）中国进口原棉来源地前10位

国别	进口量（万吨）		进口量比重（%）		进口金额（亿美元）		进口金额比重（%）	
	2002—2017	2017	2002—2017	2017	2002—2017	2017	2002—2017	2017
中国	3 671.98	115.48	100.00	100.00	683.51	21.86	100.00	100.00
美国	1 402.73	50.63	38.20	43.84	252.72	9.83	36.97	44.97
印度	785.50	11.20	21.39	9.70	156.33	1.93	22.87	8.83
澳大利亚	410.50	25.80	11.18	22.34	85.90	4.97	12.57	22.74
乌兹别克斯坦	347.10	9.30	9.45	8.05	62.55	1.71	9.15	7.82
布基纳法索	107.15	1.05	2.92	0.91	18.25	0.20	2.67	0.91
科特迪瓦	90.66	0.56	2.47	0.48	19.29	0.10	2.82	0.46
贝宁	75.35	3.15	2.05	2.73	11.73	0.59	1.72	2.70

（续）

国别	进口量（万吨）		进口量比重（%）		进口金额（亿美元）		进口金额比重（%）	
	2002—2017	2017	2002—2017	2017	2002—2017	2017	2002—2017	2017
巴西	73.97	6.67	2.01	5.78	12.68	1.22	1.86	5.58
马里	59.38	0.18	1.62	0.16	10.61	0.03	1.55	0.14
喀麦隆	55.67	0.57	1.52	0.49	9.75	0.09	1.43	0.41
其他	257.87	6.37	7.02	5.52	43.85	1.19	6.42	10.70
前10位合计	3 408.01	109.11	92.81	94.48	640.40	20.67	93.69	97.26

数据来源：《海关统计》2002—2017 年各年整理。因四舍五入尾数有差异，总数也有一定差异。

全球棉花贸易量，自 1940 年以来的近 80 年时间里，全球原棉贸易量占原棉生产量的比例为 30.3%，在产地消费平均比例 70%。近 30 年全球棉花贸易量与生产量的比例不断提高，达到 35.0%。在 21 世纪头十年最高出口量平均达到 745.3 万吨，比 20 世纪 90 年代增长了 93.5%。

按进出口，全球棉花贸易分为三种类型：一是净进口，包括中国、日本、韩国和欧盟。这类经济体有的加工量大，有的不生产该产品。二是净出口，包括美国、澳大利亚、中亚和西非等。这类经济体出口量大于进口量，其中，中亚和西非由于纺织加工能力弱原棉大多出口。三是贸易调节类型，包括印度、巴基斯坦和巴西等。这类经济体既进口又出口，有进口弥补结构不足之需，也有出口市场的逐利之需，具有多重性。

我国原棉进口市场也有弹性，供应链的进口来源地有可供选择的余地，从直接进口转为间接进口也是一种积极的应对方法。2012 年，我国进口原棉数量创历史新高，达到 513 万吨，进口来源地有 66 个，转口贸易来自中国香港、中国澳门、中国台湾省，以及新加坡、越南、韩国、泰国和马来西亚等，虽然成本肯定增加但在国际市场可以采购美国棉花。

澳大利亚是原棉净出口国家。该国已完全没有纺织业，所产棉花全部出口。澳国棉花品质位于全球第一方阵。据中国海关数据，近 16 年，我国进口澳大利亚原棉 415 万吨，占全国进口量的 11.2%，位居第三。该国种植 2 个品种，纤维长度和强度位于“双三零”，商品棉品质大多在“双二九”上下，适合纺高支纱、漂白棉纱，品质优，价格也高，高于我国进口原棉平均价 15%上下。近几年澳大利亚出口量增到 90 万吨。2018 年澳大利亚干旱，出口增加多少要看天气。

美国是全球最大的棉花净出口国家。该国出口量占全球的 35%以上。美国还是全球棉花品质第一方阵国家，全美品质类型多，美国棉花以“爱字棉”品种的品质最好，其他品种的品质一般。但是全美棉花的清洁度高，品种区域化种植，一致性好，加工品质优良，基础品质好，适纺性能好，是我国纺织企业选择的最佳国家之一。近 16 年我国进口美国棉花 1 402.7 万吨，占全国进口总量的 38.2 的%，位居第一。

印度是棉花进出口的调节国家。全印棉花总体质量不高，一致性、清洁度（异性纤维含量）、加工品质和信誉度都存在问题，但价格便宜很多，这是我国选择进口的原因。据中国海关数据，近 16 年我国进口印度棉花 785.5 万吨，占中国进口总量的 21.4%，位居第二。最近媒体报道，印度棉花趁加征关税之机涨价，如果印度棉花的价值与价格背离，比较优势就会大幅度削弱，我国企业可不必选择。

最近青岛、张家港、上海等港口贸易商反馈，2019 年 7 月中旬以来我国纺织厂、中间商不仅对美棉的询价、签约明显下滑（主要受 7 月 6 日开始对进口美棉加征 25%关税影响），而且 6 月份签约采购比较火爆的印度棉也突然降温（据统计，6 月中国进口印度棉 2.8 万吨，同比环比均大幅下降），再现“紧急制动”情况，印度棉花步印度棉纱的后尘，逐步从受中国企业青睐到失宠再到受冷落。

印度有几个高品质陆地棉品种——S-6、MCU5 和 J34，以及陆地棉×海岛棉杂交种 DCH-32。然而产量不多，经不起我国企业采购。

巴西是棉花净出口国家。该国棉花品质也位于全球第一方阵。过去 16 年我国进口巴西原棉 74.0 万吨，占我国进口量的 2.0%。2012 年进口最多，达到 37.2 万吨。近几年巴西棉花生产在恢复扩大，产量增加。预计 2017/2018 年度产量 206.8 万吨，2018/2019 年度出口量将达到 110 万吨。

中亚是棉花净出口地区。该地区棉花产量约 100 万吨，整体品质中等。其中乌兹别克斯坦最大，产量最高，过去 16 年我国从乌国进口 347.1 万吨，占我国进口量的 9.4%，排第四。由于乌国棉纺织产能在增加（我国进入乌国棉纺织企业增多），出口数量增长有限，甚至控制出口。

西非也是棉花净出口地区。该地区产量约 100 万吨，品质中下等。几个较大产棉国家有布基纳法索、科特迪瓦、贝宁、马里，以及喀麦隆等，近 16 年从这几个国家进口 388.4 万吨，占我国进口的 10.6%，年均 24.3 万吨。这些国家纺织消费能力弱，是我国中低端品质原棉可选择的进口来源地。

中国棉花生产景气报告 NO：449 出版日期 2018 09 09

中美贸易战中的棉花问题（2）

毛树春

摘要： 如果美国启动2 000 亿美元的加征关税，加上自2018 年7 月6 日和8 月7 日已启动的500 亿美元的加征关税，或将对2018 年新棉市场产生一定程度的负面影响——收购节奏可能会放慢，价格将会不断走低，进而诱发棉花纺织消费的减少。因此，国家层面应对市场可能出现的“疲软”“萧条”景象提出预案加以防范。

一、背景和面临的问题

（一）中美贸易摩擦及其升级

“中美贸易战”完全由美方发起。自 2018 年 4 月以来，美方不断升级，对中国输美产品 500 亿美元、2 000 亿美元、5 000 亿美元，加征关税从 10%提高到 25%……

2018 年 8 月 27 日，美国贸易办公室完成了中国输美商品加征关税产品清单的听证会，在共 6 天 358 名代表参加的听证会中，其中 96%的代表反对加征关税。9 月 6 日，美国 150 家行业协会联合致信美国贸易代表，呼吁不要对更多中国输美商品加征关税，并警告加征关税将严重破坏全球供应链，伤害美国企业和消费者利益。9 月 7 日，特朗普扬言再对价值 2 670 亿美元的中国商品加征关税，基本上覆盖美国从中国进口的所有商品。

据美国企业的测算，如果美国政府对从中国进口 2 500 亿美元商品加征 25%关税，这将导致美国企业和美国消费者每年额外支付 625 亿美元，而 2017 年美国对全部进口商品征收的关税总额仅约 330 亿美元。美国企业和消费者敦促美国政府不要对中国采取进一步关税行动，并与中国开启全面谈判以解决贸易和投资问题，避免经贸摩擦进一步升级。

然而，美国政府一意孤行，我行我素，9 月 7 日特朗普扬言说，2 000 亿美元加征关税“很快就会实施”。美国官员已注意到，中国商品采用出口第三国，再从第三国出口到美国，这种转移贸易规避关税的做法已联合日本、欧盟进行反击。

我国必将坚决应对。9 月 6 日商务部发言人高峰说，“如果美方一意孤行，中方将视美方行动采取必要的反制措施”。但是，美国对纺织品服装加征关税将对我国棉纺织业和秋收棉花产生一定影响，进而会将延续到棉花消费的减少，对此要有足够的准备。

（二）棉织品及棉制服装出口美国面临的问题

据中国棉纺织行业协会数据，2017 年，我国棉制纺织品及棉制服装出口额 820.4 亿美元，其中对美国出口额 127.77 亿美元，占出口总额的 15.6%。

在美国 2 000 亿美元加征关税的清单中，涉及纺织品服装贸易额 74.0 亿美元，占 2017 年对美出口额的 57.9%。据业内专家的观点，除了少数高附加值产品以外，大量产品出口将会面临困难，纺纱企业也面临同样的问题。从长远看，我国纺织企业要转型升级，重新布局产业链，提高产品的附加值等。从短期和秋季农产品的现实来看，将会对 2018 年新棉产生一定程度的负面影响。

二、对新棉市场的主要负面影响预测

据市场数据和专家预测，2018 年全国棉花面积基本保持稳定，新疆尽管前期遭受低温，但中后期转好；内地中期遭受干旱与渍涝危害，热量丰富，病害较轻，秋高气爽，烂铃很少，品质好。2018 年全国棉花总体丰收，是一个高产年景，预计总产 650 万～670 万吨（其中新疆 510 万～520 万吨，山东、河北、湖北、湖南、安徽、江西、江苏、甘肃等内地省市 150 万吨上下），特点是内地棉花早熟可以提前上市，这对我国应对中美贸易摩擦非常有利。

然而，受中美贸易战影响，新棉收购可能会产生一定程度的负面影响，主要负面预期或许出现，因此需要积极应对。

一是新棉收购和销售市场的节奏可能不断放慢。受“贸易战”影响，特别是受棉纺织品出口市场的影响，市场观望情绪将会不断增强。

二是新棉价格可能不断走低。9 月 5 日，南疆开秤籽棉收购价格 7.3 元/千克；9 月 1 日，河北开秤价格为 7.0 元/千克，但仅仅是开秤价，而山东市场未见开秤的报道。

三是内地棉花早熟，收购市场应早启动。按照常年国庆节吐絮收获一半，由于中期高温闷热，加上 9 月秋高气爽，吐絮通畅，到 9 月底，河北就已采收过半，预计河北、山东 10 月底吐絮采收超过八成，早熟棉田即可采收完毕，但收购市场还没有启动。

三、提出防范棉花市场“疲软”“萧条”的主要对策建议

一是 2018 年是新疆棉花目标改革的第二年，要宣传继续执行 18 600 元/吨的收益保障政策，内地 9 省按新疆棉花的一定比例也要补贴。

二是对收购要有预案。预防市场出现“萧条”，避免 2008 年秋收农产品市场“冷清”情景的再现。2008 年，收购市场启动特别晚，启动后又几乎处于停滞状态，价格“低开低走”，一路下滑，棉农积极性遭受沉重打击。为此，国家层面应研究提出防范市场“疲软”“萧条”的预案。

三是收购企业将可能是风险点的主要集中区。一方面收购企业应承担相关的职责，积极收购，同时企业也要认真研究判断市场，确立合理的收购价格；另一方面加强监管。政府涉棉部门要研究判断市场走向，缩小棉农期望、收购企业与市场的差距，鼓励支持企业收购；还要加强市场监管，避免压级压价，损害棉农利益，转移风险。

中国棉花生产景气报告 NO：450　　出版日期　2018　09　20

中美贸易战中的棉花问题（3）

毛树春

摘要：2018年9月18日，美国政府宣布9月24日对从中国进口的2 000亿美元商品加征关税，这将对今年新棉市场产生一定程度的负面影响，9月19日新疆籽棉收购价格回落，市场反应迅速，未来收购节奏可能将会放慢，价格将会不断走低。因此，国家层面应对市场可能出现的“疲软”“萧条”风险加以防范。

一、背景和面临的问题

（一）中美贸易摩擦不断升级

“中美贸易战”完全由美方发起。自2018年4月以来，美方关税措施不断升级，对中国输美产品500亿美元、2 000亿美元、5 000亿美元，加征关税从10%提高到25%……

9月18日，美国总统特朗普宣布对2 000亿美元价值商品加征关税，时间自9月24日起，税率10%；并从2019年1月1日起提升到25%。加上之前（7月6日、8月23日）对输美500亿美元商品加征关税，共计对2 500亿美元商品加征关税。

9月18日，白宫还宣称，如果中国针对美国农民或其他行业采取报复措施，美国将会实施第三阶段加征关税，再对价值2 670亿美元的中国输美商品“立即”加征关税。

（二）棉织品及棉制服装出口美国面临的问题

2 500亿美元意味着一半商品加征关税，几乎覆盖我国大多数输美商品，这对对外依存度较高的行业或将造成较大冲击。据中国棉纺织行业协会数据，2017年，我国出口棉制纺织品及棉制服装820.4亿美元，其中对美国出口额127.77亿美元，占出口总额的15.6%。在美国2 000亿美元加征关税的清单中，涉及纺织品服装贸易额74.0亿美元，占2017年对美出口额的57.9%。据业内专家的观点，除了少数高附加值产品以外，大量产品出口将会面临困难，纺纱企业也面临同样的问题。

据海关统计，2018 年 1—8 月，我国纺织品服装出口 1 814.0 亿美元，同比增长 3.7%。其中纺织品出口 787.4 亿美元，同比增长 9.5%，服装出口 1 026.7亿美元，同比增长−0.3%。对美出口保持增长态势，分析贸易战的背景下有“抢出口”的应急效应。业界担心，2 000 亿美元关税的实施将给第四季度出口造成极大的不确定性，出口下滑的可能性增大。

二、对新棉市场的主要负面影响预期

受中美贸易摩擦的影响，新棉市场负面影响已出现。

（一）新棉价格可能不断走低

2018 年 9 月 5 日，南疆开秤籽棉收购价格 7.3～7.5 元/千克；9 月 1 日，河北开秤价格为 7.0 元/千克，9 月 14 日为 7.0～7.2 元/千克。9 月 19 日，新疆收购价格下降 0.2 元/千克为 7.22 元/千克。河北籽棉收购价格下降 0.2～0.4 元/千克为 6.8～6.8 元/千克。

（二）内地棉花早熟，收购市场应早启动

照常年国庆节吐絮收获一半，由于中期高温闷热，加上 9 月秋高气爽，吐絮通畅，到 9 月底，河北就已采收过半，预计河北、山东 10 月底吐絮采收超过八成，早熟棉田即可采收完毕，但收购市场还没有启动。

（三）后市节奏可能放慢

受 2 000 亿美元商品加税的影响，后市观望情绪将可能蔓延，收购和销售市场的节奏都可能放慢。

三、防范市场“疲软”“萧条”，要有对策措施

（一）收购企业将可能是“风险点”的集中区

一是收购企业应承担相关的职责，积极收购，研判市场，确立合理的收购价格；二是新疆收购加工能力过剩，“粥少僧多”和加工生产线的出租，导致抢购，风险将更大。

（二）目标价格兜底，市场监管需加强

一是宣传继续执行 18 600 元/吨的收益保障政策，内地 9 省按新疆棉花的一定比例也要补贴。二是政府涉棉部门要研究判断市场走向，缩小棉农期望、收购企业与市场的差距，鼓励支持企业收购；还要加强市场监管，避免压级压

价，损害棉农利益，转移风险。

（三）防范风险，要有预案

预防市场出现“萧条”，避免 2008 年秋收农产品市场“冷清”情景的再现，为此，国家层面应研究提出防范市场“疲软”“萧条”的预案。

中国棉花生产景气报告 NO：451　　出版日期　2018　09　20

中美贸易战中的棉花问题（4）

毛树春

摘要：2018 年 9 月 18 日，白宫宣布 9 月 24 日对中国输美 2 000 亿美元商品加征关税，加上已启动的 500 亿美元，合计 2 500 亿美元输美商品加征关税，对我国棉花冲击大。应对贸易战，我国棉花要加快转型升级，全力打造 120 万吨高品质原棉的科研和生产能力，满足高端纺织品的需求；并向“一带一路”沿线国家扩展增加棉花产能，同时需要建立一个独立且与美国有关联的全球棉花贸易中心，赢得国际话语权。

一、背景和面临的问题

（一）中美贸易摩擦不断升级

“中美贸易战”完全由美方挑起。自 2018 年 4 月以来，美方不断升级，对中国输美产品 500 亿美元、2 000 亿美元、5 000 亿美元，加征关税从 10%提高到 25%……

7 月 6 日，美方宣布对 340 亿美元中国输美商品加征 25%关税。

8 月 23 日，美方宣布对另 160 亿美元中国输美商品加征 25%关税。

8 月下旬到 9 月初，美国贸易办公室举行为期 6 天共 358 名代表参加的听证会，有 90%代表反对加征关税，9 月 12 日，由美国 80 多家协会组成的“支持自由贸易美国人联盟”与“支持自由贸易农场主联盟”共同发起名为“关税伤害美国腹地”的全国性游说活动，共同反对美国政府对进口中国产品加征关税。然而白宫全然不顾，仍我行我素，推动贸易摩擦不断升级，试图阻止中国商品进入美国市场，遭到美国业界和居民普遍反对，“关税是惩罚美国消费者和生产者的税收”，损人害己。

9 月 18 日，美国宣布对 2 000 亿美元中国输美商品加征关税，时间自 9 月 24 日起，税率 10%；并在 2019 年 1 月 1 日起提升到 25%。加上之前 500 亿美元商品加征关税，共计 2 500 亿美元商品，包括棉花、棉纺织品和棉制服装等。

9 月 18 日，中国不得不进行反制，决定对原产美国 5207 税则号约 600 亿美元加征关税，时间为9月24日12：01分，加税税率10%或5%。

9月18日，美国总统特朗普还宣称，如果中国针对美国农民或其他行业采取报复措施，美国将会实施第三阶段加征关税，再对价值2 670亿美元的中国进口商品“立即”加征关税。

9月18日，中国在世界贸易组织追加起诉美国301调查项下对华2 000亿美元输美产品实施的征税措施。

9月24日起，美国对中国输美2 000亿美元商品加征10%关税，在经过全部或部分删除297个税号之后，还涉及40亿美元的纺织品。从2019年1月1日起，附件关税将提高到25%。

（二）棉花、棉织品及棉制服装出口美国面临的问题

加入WTO后的16年（2002—2017年），我国进口美棉1 402.7万吨，占进口总量的38.2%，进口额252.72亿美元，占进口总额的45.5%。2017年进口美棉50.6万吨，占进口量的43.8%；进口额9.8亿美元，占进口额的45.0%，均排第一。表明我国对美棉的依赖程度极高。

2 500亿美元加征关税商品，意味着我国输美一半商品加征关税，几乎覆盖大多数商品，这对对外依存度较高的行业或将受到较大冲击。据中国棉纺织行业协会数据，2017年，我国出口棉制纺织品及棉制服装820.4亿美元，其中对美国出口额127.77亿美元，占出口总额的15.6%。在美国2 000亿美元加征关税的清单中，涉及纺织品服装贸易额74.0亿美元，占2017年出口额的57.9%。据业内专家观点，除了少数高附加值产品以外，大量产品出口将会面临困难，纺纱企业也面临同样的问题。

据海关统计，2018年1—8月，我国纺织品服装出口1 814.0亿美元，同比增长3.7%。其中纺织品出口787.4亿美元，同比增长9.5%，服装出口1 026.7亿美元，同比增长－0.3%。对美出口保持增长态势，分析贸易战背景下有“抢出口”的应急效应。业界担心，2 000亿美元关税的实施将给第四季度出口产生极大的不确定性，出口下滑的可能性增大。

二、破解对美棉的依赖对策

（一）练好内功，做好中国棉花自己的事情

在国内，练好内功是提升贸易战应对能力的最紧要事情。国产棉品质要加快从中低端转向中高端的步伐，转型升级提质增效尤其要抓住高品质原棉的规模化生产。近2年，国家棉花产业联盟在高品质棉花的产业化方面，实现科研

与生产的无缝对接，在补高端品质品种的短板、补高端品质生产基地的短板，开好头，起好步，进展良好。扩大高品质原棉的产能将对摆脱产棉大国、棉纺织业大国长期依赖美棉具有重要的战略意义和现实意义，也是棉花大国走向棉花强国的重要标志。

（二）向“一带一路”沿线国家扩展棉花产能

在国际，中亚是全球棉花的集中产地之一，目前产量120万吨，仅占苏联时期产量的1/3，如果措施得当，有望恢复到苏联时期500万吨产量，增产潜力巨大。西非也是全球棉花集中产地之一，目前产量150万吨，全球棉花单产都在提高，唯有非洲大陆的单产水平在下降，增产潜力巨大。

在“一带一路”倡议下，由我国支持帮助中亚和非洲棉花的生产和科研，提高产量的潜力很大。同时，在“一带一路”沿线国家发展棉花生产，既可致富当地农民，也可弥补我国中低端原棉的不足，还可解决“走出去”企业的原料短缺问题，有望摆脱对美棉的依赖，可取得双赢、多赢结果。

（三）建立一个独立且与美国有关联的中国全球棉花中心

全球棉花产量的70%、棉纱线产量的90%在亚洲，充分利用“一带一路”沿线100多个与我国签约国的合作共商、共建、共享的机遇，加上新疆集中产地的优势条件，在新疆搭建全球棉花长势监测平台，开展产量和消费监测预测，编制和发布中国版的全球棉花供需平衡表。搭建棉花交易平台，交易棉花资源，有利于发现棉花价格，规避市场风险，培育形成一个面向全球的棉花中心，逐步摆脱对美棉中心的依赖，赢得国际话语权，也是棉花大国走向棉花强国的又一重要标志。

中国棉花生产景气报告 NO：452　　出版日期　2018　11　29

我国棉花供需形势分析报告（1）

——我国棉花处于“供大于求”的状态没有改变

毛树春

摘要：近几年CCPPI指数在120～170之间，揭示我国棉花“供大于求”的状态没有改变，国产棉库存量仍很大的状态没有改变，棉花生产、消费、进口都正处于“中位数徘徊”的状态没有改变。当前我国棉花正处于深度的供给侧结构性改革之中。

一、生产量在中位数，在徘徊，市场预期600万吨

至2018年11月，国家统计局未公布数据。据市场数据和专家预测，2018年全国棉花播种面积在稳定中有所增长，预计总产600万～620万吨（表6-2）。11月25日，国家棉花市场监测系统发布全国棉花产量607.5万吨。

2018年南疆前中期受长期低温影响，北疆整体天气状态尚可，全疆单产和总产都低于早期预期。内地植棉面积基本稳定，热量丰富，特点是早熟，病害较轻，秋高气爽，烂铃很少，品质好，但遭受干旱与中期台风危害，单产持平。

全国棉花看西北，西北棉花看新疆。市场预计2018年新疆棉花产量突破500万吨，总量520万吨上下（表6-3）。2010—2017年，新疆棉花总产从250万吨增长到520万吨，翻了一番。

然而，国家、地方统计数据与市场数据的差异很大。这8年（2010—2017）市场数据3108万吨，统计数据2729万吨，市场数据比统计数据多379万吨，相当新疆8年生产了9年的产量。

近4（2014—2017）年新疆地方统计局产量数据比国家统计局多253.8万吨（表6-3）。

新棉市场状态：收购交售方面没有出现“金九银十”的火爆场面，也没有出现2008年“熊市”的不景气；收购价格方面，高开低走，10月下旬收购与销售价出现“倒挂”，风险点主要集中在收购企业；11月下旬，收购节奏明显

放慢，局部停滞，市场观望情绪浓厚。后市预期方面，中美贸易摩擦升级，市场担忧，消费情绪受影响。

表6-2 近几年中国棉花生产、消费和库存

单位：万吨

年度	产量				期末库存			纺织消费		
	中国统计局	中国市场	ICAC	USDA	中国市场	ICAC	USDA	中国市场	ICAC	USDA
2013/2014	630.0	744.0	700.0	713.0	1 281.4	1 328.0	1 365.3	773.1	760.0	751.1
2014/2015	616.1	684.7	660.0	653.2	1 356.8	1 411.8	1 446.1	742.1	750.0	751.2
2015/2016	560.5	542.8	520.0	479.0	1 347.4	1 265.0	1 234.5	670.0	760.0	783.8
2016/2017	534.3	567.8	490.0	495.3	1 100.0	1 063.2	999.8	715.0	800.0	838.2
2017/2018	548.6	632.3	589.0	598.7	900.0	858.0	827.8	820.0	920.0	897.2
2018/2019	未公布	620.0	580.0	598.7	724.2	711.0	650.3	844.0	925.0	925.3

注：ICAC（国际棉花咨询委员会）和USDA（美国农业部）为2018年11月数据。

表6-3 关于新疆产量数据和潜力估计

单位：万吨

年份	国家统计局全国数据	新疆数据				
		国家统计局数据	新疆地方统计局数据	其中兵团统计局数据	市场数据	“包包”公检数据
2010	596.1	247.9	247.9	115.0	250.0	—
2011	658.9	289.8	289.8	129.3	321.0	336.2
2012	683.6	353.9	353.9	141.8	400.8	448.2
2013	630.0	351.8	351.8	146.5	461.5	468.6
2014	616.1	367.7	451.0	163.6	451.0	417.5
2015	560.5	350.3	429.8	146.5	329.6	327.6
2016	534.3	359.4	402.0	149.6	374.1	394.1
2017	548.6	408.2	456.6	167.9	520.0	494.8
2010—2017合计	4 828.1	2 729.0	2 982.8	1 160.0	3 108.0	4 828.1

注：“包包”公检指中国棉花公证检验数据。

据10月31日棉花公证检验数据统计，2018年新棉品质有所改善，中高端品质的短缺状态将有所缓和。

二、进口量在回升

2018 年 1—10 月，进口原棉 126.9 万吨，已超过 2017 年全年进口量（115.6 万吨）。预计全年进口量 150 万～160 万吨。进口量的增加源自 6 月 14 日追加的进口配额 80 万吨。

三、消费量中高位数，在徘徊，预计市场需求量 800 万吨上下

国内纺织消费棉花在 800 万吨上下。然而，USDA 和 ICAC 都认为中国棉花纺织消费的“低谷期”已经过去，消费已从“中等强度”转向“中高等强度”，比国内市场估计偏高 50 万吨以上。

近期一些市场人士指出，国际对中国棉花消费的估计偏高，中美贸易摩擦以及全球经济、欧盟经济增长等都不支持全球棉花消费的增长，预计将要调低全球消费量的预期。

四、去库存第三年，去库存量 251 万吨

2018 年从 3 月 12 日到 9 月 30 日放储，共投放储备棉 431 万吨，平均成交率为 58%，即去库存 251 万吨，其中约 60 万吨由国内贸易企业购买，进入纺织企业 190 万吨。连续 3 年去库存约 600 多万吨，到 2018 年 9 月 30 日库存原棉 700 万吨以上，可见我国原棉的资源总量仍很大。

2018 年储备棉成交均价 14 500～15 000 元/吨，折合 3128B 级均价 15 700～16 500元/吨。在不计收购成本、降质损耗的条件下，储备棉国家亏损达3 100～3 900 元/吨。如果考虑财务费用、仓储租金、银行利息和放储等费用 2 000 元/吨，损失约 5 500 元/吨。

纺织业对大量库存意见颇多。然而，有关机构及政府部门对棉花去库存采取回避态度。且网络和微信公众号时不时就有棉花库存少的传言，目的是搞乱市场。

中国棉花生产景气报告 NO：453 出版日期 2018 11 29

我国棉花供需形势分析报告（2）

——我国棉花“供大于求”新情况、新问题及其形成原因简析

毛树春

摘要： 大量进口棉冲击国产棉是主要原因，而进口又与过高临时收储价格有紧密关系，出现所谓“洋货入市、国货入库”的新情况，进而延伸出国产棉“一缺一剩”的新问题，转型升级急需补“高品质”短板。

一、临时收储与进口的叠加，导致国内棉花资源严重过剩

2011 年度临时收储价格为 20 400 元/吨、2012 年度和 2013 年度为 19 800 元/吨。这 3 年，国内价高于进口棉到港加权价即“倒挂”分别达到：2011 年 1 875 元/吨，2012 年 5 972 元/吨，2013 年 6 043 元/吨，2014 年仍在高位为 5 541 元/吨。4 年合计共进口 1 508.3 万吨，进口棉到港加权均价差5 098元/吨（表 6－4）。

表 6－4　在临时收储价格、目标价格改革试点条件下，2011—2014 年我国原棉进口量和生产量关系

年份	临时收储价（万元/吨）	进口量（万吨）	价格“倒挂”（万元/吨）	国内生产量（万吨）（国家统计局/市场）
2011	20 400	335.6	1 875	660/720
2012	19 800	513.7	5 972	685/782
2013	19 800	415.0	6 043	631/776
2014	19 800（针对新疆目标价格改革试点价）	244.0	5 541	616/738
合计		1 508.3	5 098	2 592/3 016

注：进口量、价格“倒挂”为 2011 年、2012 年和 2013 年的自然年，进口量为海关统计数据，“倒挂”指进口棉到港口价的加权均价差。

促进大量进口除价格作为第一重要因素以外，还有国产棉的清洁度差，一

致性差和加工品质偏差等质量和品质结构因素。

设计临时收储价格的初衷是缓解全球金融危机对我国棉花的冲击。然而，延续 2010 年“通货膨胀”的高价进而设计临时价格过高，加上采取“价补同步”直接兑现。这一政策既能调动国内棉花生产的积极性，又能调动国内外进出口，国际市场原棉价格低加上品质好受国内消费市场欢迎，而国产棉因价格高加上品质不尽如人意不得不入库，致使出现“洋货入市、国货入库”的尴尬境地，形成所谓生产量增、进口量增和库存量增的“三量齐增”新问题。

由于全球经济复苏缓慢，自 2015 年开始我国棉花由“三量齐增”演化成“三量齐减”，即国内生产量减、消耗量减和进口量减少，进一步扩展为“一缺一剩”（高等级棉花短缺与低等级过剩）新问题。这表明前几年过量进口冲击生产、冲击消费的“后遗症”至今没有消除，也是转型期需要解决的新问题。

库存棉消费缓慢的主因。据调查，市场认为国产库存棉处于“价格高纺织业用不起，质量差纺织业不愿用”的尴尬境地，这是巨大库存条件下纺织企业需要进口的原因，更是国家推动供给侧结构性改革的动因，也是转型升级提质增效的迫切需要解决的突出问题。

然而，关于棉花去库存，在一些机构和政府部门则三缄其口，因为市场根本不认可。

此外，长江流域棉区、黄河流域棉区处于“成本高棉农不愿意种”的境地。

二、我国棉花结构性深度调整急需解决的新问题

当前我国棉花供需处于“中位数徘徊一少一大”状态——生产量徘徊、消费量徘徊、进口量减少、库存量仍很大，“一缺一剩”正是深度调整急需解决的新问题。

棉花产业急需补“高端品质”和“绿色化”这两个短板。

国产棉品质要从“中低端”转向“中高端”。所谓中高端品质，指原棉清洁度高，无有害杂物污染，落实“四分五捡”；一致性提高，科学布局商用品种的种植区域，做到“一地种植一个品种”；加工对品质减损减小，通常长度损失 1 毫米以上，强度也有损失；公检品质指标与棉纺织配棉相吻合，做到以上几点为中端品质；加上种植高端品质品种，主要指标达到长度 30 毫米、比强度 30.0 厘牛/特克斯和马克隆 3.7～4.2，即为高端品质。

“一缺一剩”急需补高品质短板。据 2018 年中国棉花协会、中国棉纺织行业协会数据，2017 年全国需要中高端品质原棉 285 万吨，“公检”数据仅 99 万吨，差值 186 万吨，短缺率高达 65.3%。

为此，暂时定义适纺 40^S 及以上纱的棉花为中高端原棉，要求主要指标为长度 28.5 毫米及以上，比强度 28.5 厘牛/特克斯及以上，马克隆值 3.7～4.6。

据棉花公证检验数据统计，2018 年新棉品质有所改善，中高端品质短缺状况将有所缓和。至 2018 年 10 月 31 日，全国累计送检新棉 114 万吨，同比减少 15.53%。在这 114 万吨中，白棉 3 级及以上占比 91.81%，同比降低 0.1 个百分点；纤维长度 28 毫米及以上占比 96.1%，同比增加 0.3 个百分点；马克隆值 A+B（3.5～4.9）档占比 69.6%，同比提高 5.1 个百分点；断裂比强度 S2（29.0～30.9）及以上档占比 48.9%，同比上升 8.42 个百分点。

补绿色化短板。2018 年 11 月 8 日，生态环境部、农业农村部发布《农业农村污染治理攻坚战行动计划》，提出到 2020 年化肥、农药负增长，要求灌溉水利用率提高到 0.55，地膜回收已找到一些可行方法。

中国棉花生产景气报告 NO：454　　出版日期　2018　12　02

我国棉花供需形势分析报告（3）
——2019 年棉花生产发展趋势预测

毛树春

摘要：2019 年是我国供给侧结构性改革的第四年，也是棉花转型升级提质增效发展“中高端品质”的关键年。在比较平衡相关因素的基础上，预测棉花从“供大于求”转向“供需大致平衡”仍有相当难度，为此产业结构仍需进行深度调整。

预测 2019 年 CCPPI 将在 200 点上下移动，好于 2018 年的景象。分项看，棉花生产呈现稳定且弱的恢复性增长走势，消费或呈弱势增长趋势，进口呈增加趋势，去库存需继续加大努力。

12 月 1 日，中美两国元首在阿根廷首都布宜诺斯艾利斯（Buenos Aries）达成“停止升级关税等贸易限制措施”的共识。然而，2 000 亿美元的 10%关税仍在。约定进行为期 90 天的谈判。

需要密切关注市场变化，提高走势判断的准确性。调查生产成本，估计产值和收益，跟踪市场，将可为棉花走向走势的科学预测提供更充分理由。

一、棉花播种面积预计将呈弱的恢复性增长

播种面积是决定产量的重要因素。预计 2019 年棉花播种面积稳定或呈弱的恢复态势，基于以下考量：

（一）政策对新疆面积稳定和扩大有利

2019 年是本轮新疆棉花目标价格改革的最后一年，实践证明目标价格 18 600元/吨十分有利于调动全新疆棉农的积极性。在南疆，与水果等比较，棉花收益可预期且在高位上稳定。在北疆，辣椒、油葵、打瓜等价格的稳定差，与棉花相比，不具备竞争力。

2019 年是兵团农业经营体制改革的第二年，2018 年职工植棉收益大幅增长，有利于调动植棉积极性，对扩大生产规模和科学植棉都十分有利，预计 2019 年扩大植棉面积呈强劲趋势。

（二）内地粮棉比价对棉花有利

当下全国大宗农产品仅水稻、小麦和棉花“有价”，其他所有作物都“无价”且缺少市场支撑。在黄河流域，玉米与棉花同季节成为棉花的竞争作物，但自2016年玉米最低价取消后，恢复棉花面积的外在条件具备，只要籽棉售价在6元/千克就对棉花有利，“一亩棉花相当于2亩玉米的产值”，收益比玉米多2倍。测算玉米单产500千克/亩，单价1.30元/千克，产值650元/亩，物化成本300元/亩，收益350元/亩；籽棉单产250千克/亩，单价6元/千克，产值1 500元/亩，物化成本500元/亩，收益1 000元/亩。

在气候正常条件下，预期2019年600万吨及以上的总产将有一定保障。

（三）影响播种面积的不确定因素

新疆除有目标价格政策兜底以外，到11月棉农交售和企业收购基本接近尾声，市场价格变化对棉农的影响减少，对收购加工企业影响大，即市场风险从棉农已转移到收购加工企业。据微信公众号“丝路小棉袄”报道，11月下旬，新疆机采棉成本15 000元/吨左右，手摘棉成本在17 000元/吨左右。轧花厂收花的价格对应的期货主力价格区间在15 200～16 000元/吨。目前期货主力价格14 900元/吨，轧花厂销售价格则“倒挂”，即便如此，销售进度缓慢，许多储备库只进不出。内地11月以来籽棉收购基本停滞，价格也在下降，目前在5.0～5.4元/千克，且有价无市。

二、消费量或呈弱势增长

预计仍在800万吨上下，由于不确定性，消费增减幅度都不会太大。中美贸易争端对市场信心产生的负面影响大于实际影响，期望找到有效方法解决中美贸易争端问题。

三、进口量预计将增加

2019年也有配额追加的可能，总量或许超过2018年。自2011年收储棉花已有8年时间，长期库存使棉花品质变得越来越差，库存棉处于“品质差纺织企业不愿意用，价格高纺织企业用不起”的尴尬境地。

四、去库存仍需继续

在消费中位数、贸易摩擦、追加进口配额等背景下，预计2019年棉花去库存 200 万吨的任务仍较艰巨。巨大库存是产业的一块“心病”，国家花费巨额财政资金非常不合算。为此，有建议提出降价消费，鼓励企业消费，也可民用消费——打棉絮，为每个大中专学生打一床新棉被，以促进消费。

五、配额政策改革已列入议事日程，或许逐步放开

2018 年 11 月中国国际进口博览会表明，我国释放进一步放开国内市场的信心，随着“一带一路”倡议的深入推进，加上配额本身存在的弊端，放开棉花进口配额管制已列入议事日程。当放开配额后，棉花就像大豆（没有进口配额限制，仅有 3%的低关税）。因此，留给我国棉花转型升级提质增效的时间不多了。

六、不确定性问题

美国逆全球化和推行单边主义，以及由美国单方面挑起的中美贸易争端给全球经济和贸易造成新的最大的不确定性。

全球经济和贸易增长预期下调。2018 年 10 月 IMF 下调 2018 年和 2019 年全球经济增长率 0.2 个百分点，两年增长率都为 3.7%。2017 年全球贸易增长率为 4.7%，2018 年 9 月 WTO 下调 2018 年全球贸易增长预期 0.5 百分点为 3.9%，下调 2019 年贸易增长率 0.3 个百分点为 3.7%，贸易增长下调反映出世界主要经济体贸易紧张局势正在加剧。

12 月 1 日晚，中国国家主席习近平和美国总统特朗普在阿根廷布宜诺斯艾利斯 G20 峰会举行会晤，达成“停止升级关税等贸易限制措施”的共识，“不再提高现有针对对方的关税税率，及不对其他商品出台新的加征关税措施”。这样，美国原计划自 2019 年 1 月 1 日起对原产中国 2 000 亿美元商品关税提高到 25%，以及我国的反制也同时取消。然而，2 000 亿美元 10%关税仍在，涉及我国纺织品服装贸易额 74.0 亿美元。

中国棉花生产景气报告 NO：455　　出版日期　2018　11　29

我国棉花供需形势分析报告（4）
——棉花供给侧结构性改革在行动

毛树春

摘要： 棉花是大宗农产品，天然纺织工业原料。“衣食住行衣为首”，纺织品是人们日常生活的必需品。满足人民对美好生活向往和日益增长的纺织品新需求是国民经济发展的根本目标。稳定并适当扩大棉花生产规模，保障棉花有效供给特别是中高端品质棉花有效供给是深化供给侧结构性改革目标，补品质短板，是当前和今后相当长时间的主要任务。

当前棉花产业正以深化供给侧结构性改革为指导，正处于以转型升级为抓手推进产业提质增效、迈向中高端的关键节点上。棉花正在按照 2018 年中央 1 号文件推进产业结构的深度调整。有几个重要力量推动“农业绿色化、优质化、特色化、品牌化”和“农业由增产导向转向提质导向”，现代生产方式转变有亮点。

建议深化目标价格改革，推进高端品质棉花的规模化生产，扩大“优质优价”试点；支持研究示范推广应用绿色化技术，支持扩大相关机构的创建行动，向棉花高端品质目标、向化肥农药灌溉水负增长目标迈进。

一、深化供给侧结构性改革，棉花在行动

（一）新疆和内地供给侧结构性改革试点不断扩大

一是规模扩大，集中度提高。形成像总产超 85 万吨级的特大地区——阿克苏地区，50 万吨级特大产棉师市——第八师市，总产超 20 万吨级特大产棉县——沙雅、沙湾和乌苏大县，这样一批特大级的县、地区和大师市，棉花生产的集中度得到极大提高。二是品种“多乱杂”进一步被遏制。由过去一个县、一个师市种植几十个品种（系）改为一县、一师市种植几个品种，品质一致性得到明显改善。三是质量意识增强。强制残膜回收，恢复“人戴帽子狗穿衣”，严格控制“三丝”措施落地，棉花清洁度有明显改善。四是推进价格补贴与“优质优价”对接。对品质长度、强度和清洁度达到“双二十九”和“无

三丝”的加价800元/吨，达到“双三零”的加价1 000元/吨，植棉者利益得到保障。

（二）兵团农业经营体制改革释放更多利好

2017年新疆生产建设兵团进行农村经营体制改革以来，彻底取消原来以团场为单位的“五统一”，实行职工承包生产自主经营，改变团场以往大包大揽的农业生产管理方式，不搞行政命令和行政干预。每位职工分得耕地40～50亩，科学植棉的主动性和创造性得以发挥，棉田过量肥水投入减少，棉花生产成本降低，职工收益增加，负担减轻。

（三）国家棉花产业联盟高端品质在行动

成立于2016年11月的国家棉花产业联盟（简称国棉联盟，CCIA）致力于打造高品质原棉的规模化生产，制定了《CCIA棉花生产技术指南（试行）》和《CCIA棉花加工技术指南（试行）》等，并按照实验区—示范区“路线图”推进落地，打造高端品质品种中棉所641规模生产基地。该品种长度、强度达到“双三三”，是高品质的陆地棉中长绒品种。

2018年10月17日，我国最大量（约20万吨）的棉花订单合同在郑州签订。合同由国棉联盟（见证方、平台方）与新疆生产建设兵团第七师（生产方）、郑州棉花交易市场有限公司（贸易方）、河南永安纺织有限公司（用棉方代表）四方共同签订。合同约定，按照高品质、绿色化、可持续先进理念进行生产和认证的CCIA棉花，品质指标以公检为参考，凡达到“双28.5”以上，全部订单采购，有多少采购多少；“优价”以“3128B”为基础，对长度、强度、马克隆A+B2品级实行加价，并再加价3%～5%，合同约定为2018—2019年两个年度。

长期以来，困扰我国棉花订单生产、订单销售的难点问题终于得以破解，这是我国棉花供给侧结构性改革的一个标志性成就，是推进大国棉花上台阶的一个新举措。

（四）良好棉花在行动

瑞士良好棉花发展协会（Better Cotton Initiative，BCI）于2009年在日内瓦注册，是一家非盈利的国际性会员组织机构，拥有全球产业链会员1 100多家，致力于在全球范围内转变棉花生产方式，使良好棉花成为全球大宗农产品。

良好棉花种植者遵循七大生产原则：作物保护提倡使用较低量的化学农药；保护和节约水资源，利用天然降水；保护耕地和促进土壤健康；保护栖息地环境和生物多样性；保护和提升纤维品质；提倡体面劳动和生产全过程的可追溯。

良好棉花项目于2012年进入我国，已开展植棉县（市）团（场）有60多个。2017年认证棉花播种面积53万公顷，认证产量117.7万吨（占中国实际产量的18.6%）。2018年认证棉花播种面积约48万公顷。2017年中国纱厂采购认证棉花42.2万吨，至2018年10月中国纱厂采购认证棉花50多万吨。这些使用“良好棉花”的棉纺织品服装随着大型零售品牌商的供应链进入国际市场，将显著提升中国棉花产品竞争力。

二、深化供给侧结构性改革的几点意见建议

（一）支持高端品质的创建和绿色化示范推广

棉花项目和涉棉项目要继续支持新疆和内地供给侧结构性改革试点，支持兵团农业经营体制改革和职工的科学植棉行动，支持国家棉花产业联盟高端品质的创建行动，支持良好棉花绿色化的创建行动。

（二）扩大以县域、师市级为单位扩大“优质优价”试点

深化新疆棉花目标价格改革，2019年是目标改革最后一年，在前期积累相关经验的基础上，建议选择几个大县、大师市并以县域、师市为单位扩大试点，打通从品种到种植管理、收购、轧花到公检各环节，研究出台“优质优价”产销对接的方法措施。

建议郑州商品交易所增设“高端品质棉花期货品种”。

（三）推进绿色化技术的研发推广应用

到2020年实现化肥、农药和灌溉水的负增长需要一批肥药水的绿色化技术、绿色化产品和绿色化设备装备予以支持。

棉花减肥，测土配方指导施肥要落实到田块、村组和大户，才能保证技术覆盖率达到90%以上；要研究示范有机肥的积造和施用方法，棉田间作套种绿肥的种植方法，实行化肥减量目标。棉花减药，巩固测报发布队伍，大力开展天敌规模化饲养技术，规模化释放技术的研发应用，生物物理诱杀的规范化技术应用，保障绿色防控覆盖率达到30%以上，专业化统防统治覆盖率达到40%以上，才能实现农药的减量目标。棉花减水，灌溉棉区要测定土壤水分含量变化，依靠滴灌设备，科学灌溉，限水灌溉，才能实现灌溉水的负增长。

中国棉花生产景气报告 NO：456 出版日期 2018 12 12

我国棉花供需形势分析报告（5）
——我国棉花供需平衡表简析

毛树春

供需平衡表系总供给与总需求的简称，是评价一个产品供需状态的数量化表达方式。

农产品总供给包括生产量和进口量，生产量涉及面积及其分布和单产；理论上，进口量应为进出口平衡后的净进口量。由于国内棉花价格高，出口量极小，一般不独立计算。

就棉花而言，主要是可替代原棉的中间产品——棉纱线和棉布的进出口。

农产品总需求理论上应包括工厂纺织消费、居民民用消费、军队和国防消费、损耗等。由于我国统计的专业性不够，平衡表仅包括工厂纺织消费。即便如此，纺织原棉消费量这一重要数据国家没有专门统计，因此只有依托专业机构的估计。

库存是流通的重要环节，表示可利用原料产品所处的状态。库存与消费被认为有一种合理的比例，一般认为储备可供3～4个月使用的原料相对合理，一旦市场出现资源短缺时被认为可控制，库存成本相对较低，市场可接受。

一、总供给

（一）产量

至2018年12月上旬，国家统计局未公布数据。据市场数据和专家预测，2018年全国棉花播种面积在稳定中有所增长，预计6 000万亩上下，其中新疆4 500万亩，内地1 500万亩。预计全国棉花总产600万～620万吨（表6-5），其中新疆520万吨；全国棉花单产115.6千克/亩。

2018年11月25日，国家棉花市场监测系统发布全国棉花产量607.5万吨。

表 6-5　中国棉花供需平衡表

单位：万吨

年度	棉花							棉纱线	
	期初库存	产量	进口	总供给	消费	期末库存	平衡	进口	出口
2014/2015	1 241.0	684.7	166.8	2 092.5	742.1	1 350.4	195.8	232.5	36.7
2015/2016	1 305.4	542.8	96.0	1 944.5	737.9	1 206.6	168.8	202.8	34.0
2016/2017	1 206.6	567.8	118.0	1 892.4	784.4	1 108.0	154.9	192.0	37.1
2017/2018	1 108.0	623.2	132.2	1 863.4	879.1	984.3	172.8	215.0	42.2
2018/2019	984.3	620.0	150.0	1 754.3	850.0	904.3	26.1	32.0	5.9

注：①2018 年 12 月 29 日国家统计局公布 2018 年全国棉花产量 6 096 千吨。②2018/2019 年度原棉进口为预计数据，棉纱线进出口至 2018 年 10 月为实际数据。③期末库存可以理解为国内棉花资源总量。包括国家储备棉库存、商业库存和工业库存，商业库存有从抛储转入期货市场待消费的原棉。④本平衡表主张国内专家数据，根多年现场观察、系统监测和经验，高度认可新疆的棉花产量。因而与各方的平衡表都不一样，比国内外通用的产量多 1 590 万吨，期末库存量比各平衡表数据多近 2 000 万吨。

2018 年南疆前中期受长期低温影响，北疆整体天气状态尚可，全疆单产和总产都低于预期。内地植棉面积基本稳定，热量丰富，特点是早熟，病害较轻，秋高气爽，烂铃很少，品质好，但遭受干旱与中期台风危害，单产持平。

全国棉花看西北，西北棉花看新疆。市场预计 2018 年新疆棉花产量突破 500 万吨，总量 520 万吨上下。2010—2017 年，新疆棉花总产从 250 万吨增长到 520 万吨，翻了一番。

国家、地方统计数据与市场数据的差异很大。这 8 年（2010—2017），国产棉市场数据 3 108 万吨，国家统计局数据 2 729 万吨，市场数据比统计数据多 379 万吨，相当新疆 8 年生产了 9 年的产量。近 4 年（2014—2017），新疆地方统计产量数据比国家统计局多 253.8 万吨。

2018 年秋新棉市场状态：收购交售方面没有出现“金九银十”的火爆场面，也没有出现 2008 年“熊市”的不景气；收购价格方面，高开低走，10 月下旬收购价与销售价出现“倒挂”，风险点主要集中在收购企业；11 月下旬，收购节奏明显放慢，局部停滞，市场观望情绪浓厚。后市预期，中美贸易摩擦升级，市场担忧，消费情绪受影响。

（二）进口量

2018 年 1—10 月，进口原棉 126.9 万吨，已超过 2017 年全年进口量（115.6 万吨）。预计全年进口量 150 万～160 万吨。进口量的增加源自 6 月 14

日追加的进口配额 80 万吨。

二、总 消 费

国内纺织消费棉花在 850 万吨上下。然而，USDA 和 ICAC 都认为中国棉花纺织消费的“低谷期”已经过去，消费已从“中等强度”转向“中高等强度”，比国内市场估计偏高 50 万～100 万吨。近期市场人士指出，国际市场对中国棉花消费的估计偏高，中美贸易摩擦以及全球经济、欧盟经济增长等都不支持全球棉花消费的增长，预计将陆续调低全球棉花消费量的预期。

三、库 存

（一）期末库存

2017/2018 年度末我国库存原棉 984.3 万吨。期末库存可以理解为国内棉花资源总量。包括国家储备棉库存、商业库存和工业库存，有从抛储转入期货市场待消费的原棉。

我国棉花有专门储备机构，但储备被认为是战略安排，数据不公布，依靠收储放储、仓库设备等进行估计。

（二）去库存

2018 年是我国原棉去库存的第三年。当年从 3 月 12 日到 9 月 30 日放储，共投放储备棉 431 万吨，平均成交率为 58%，约 60 万吨由国内贸易企业购买，进入纺织企业 190 万吨。连续 3 年去库存约 600 多万吨，到 2018 年 9 月 30 日库存原棉 700 万吨以上，可见原棉资源总量仍很大。

四、棉纱线的进出口平衡

棉纱线是具有替代原棉消费功能的中间产品。近 4（2014/2015—2017/2018）年度，我国棉纱线贸易逆差 173.1 万吨，被认为替代了部分原棉消费。从长期来看，我国棉纱线一直是逆差，进口大于出口。这是因为国际棉纱线价格相对便宜，前几年我国原棉价格相当于印度、巴基斯坦等 32 英支纱线的价格，进口便宜纱线再织布可以降低成本，获取利润。

此外，我国棉纱线进口还有纱线自身品质结构与中国棉纺织企业“走出去”等因素。比如近几年大量进口越南的棉纱线则是由中国进入越南的企业所生产。

中国棉花生产景气报告 NO：457　　出版日期　2019　01　04

2018 年棉花生产回顾与 2019 年棉花生产展望

喻树迅　毛树春　李亚兵

摘要：2018 年是全国棉花丰收和总产超过 600 万吨的高产年景。这一年棉花生产“稳中有进”，“稳”是生产的主题词，“进”是品质提升的关键词。新棉售价“高开低走”，目标价格切实保障棉花收益。棉花供给侧结构性改革试点亮点纷呈——新疆棉花供给侧结构性改革试点在扩大，兵团团场经营体制改革释放更多利好，良好棉花（BCI）成为助推我国棉花转型升级提质增效的重要力量。

预测 2019 年棉花播种面积将呈弱的恢复性增长，消费增量不足、供过于求、品质不能满足纺织需求的矛盾突出。由美方发起的中美贸易摩擦对市场产生负面影响，未来 90 天谈判结果将对消费者信心产生影响，需要密切关注，并提早制定预案。

按照“坚持推进高质量发展，坚持以供给侧结构性改革为主线”的中央经济工作会议精神，棉花供给侧结构性改革和科技兴棉，要扩大提品质、绿色化和机制性创新的试点工作；针对高端品质棉花规模化生产和产销对接的有效落地，研究出台畅通产业链、形成聚合力的可操作方法和配套措施。

2018 年是我国供给侧结构性改革的第五年，农业农村部倡导“农业质量年”、开启农业质量发展的新征程的第一年，在这样的大背景下，以供给侧结构性改革为主线，棉花生产“稳中有进”、转型升级提质增效的亮点纷呈。

一、全国棉花是一个丰收高产年景，“稳中有进”亮点纷呈

（一）“稳”是 2018 年棉花生产的主题词

2018 年棉花生产“稳中有进”。2018 年我国棉花生产呈现面积稳、单产稳和总产稳的特征，总体是一个丰收年景，总产超过 600 万吨的高产年景。国家统计局 12 月 29 日发布，2018 年全国棉花产量 609.6 万吨，比调整后的 2017 年产量增加 44.4 万吨，增长 7.8%；播种面积 5 028.5 万亩，比调整后的 2017

年面积增加 236.4 万亩，增长 4.9%；全国棉花单位面积产量 121.2 千克/亩，比调整后的 2017 年单产增加 3.3 千克/亩，增长 2.8%。又据市场和专家数据，2018 年全国棉花播种面积 5 400 万亩上下，单产 115～120 千克/亩，总产 630 万～640 万吨。

从区域来看，西北内陆新疆棉花播种面积 4 300 万亩上下，比 2017 年增加 300 多万亩，预计总产突破 550 万吨，目标价格的利好和兵团农场职工承包体制的改革，大大激发了科学植棉的热情，棉花单产略增，品质明显改善。然而，棉花播种面积长江流域和黄河流域分别下降到 500 万亩和 800 万亩，该两个流域棉花面积持续减少已有 6 个年头。

2018 年，西北新疆棉区前期低温时间长，局部病虫害危害较重，迟发面积大，自 7 月下旬以来，气候转向正常，到 8 月立秋南疆出现短时极端异常高温，长势转好，其中北疆棉花长势好于南疆。

2018 年，长江棉区和黄河棉区的气温高，降水少，整体呈现干旱少雨多阳特征，对棉花长势有利，促进早熟。但是，8 月 19 日“温比亚”台风对山东黄河三角洲棉区不利影响较大，蕾铃脱落严重，但台风过后秋高气爽，没有烂铃，对减产有较大的遏制。

（二）“进”是 2018 年棉花品质明显改善提升的关键词

2018 年商品棉品质明显改善提升。据全国商品棉的公检品质报告，至 2018 年 10 月 31 日，长度延长，长度 28 毫米及以上占比 96.12%，比 2017 年度同期上升 0.31 个百分点。断裂比强度提高，比强度 S2（29.0～30.9）及以上占比 48.9%，比 2017 年同期上升 8.42 个百分点。但是马克隆值也在上升，马克隆值 A+B（3.5～4.9）档占比 69.6%，比 2017 年同期增加 5.1 个百分点。其中：新疆生产建设兵团（简称兵团）纤维长度指标 28 毫米及以上占比 99.4%，马克隆值指标 A+B（3.5～4.9）档占比 91.4%，断裂比强度指标 S2（29.0～30.9）及以上占比 64.5%，比 2017 年度同期都有明显改善。

（三）新棉售价“高开低走”，但下降幅度小于 2008 年度

河北、山东 2018 年 9 月 1 日开秤，籽棉售价 7.0～7.2 元/千克，9 月 14 日，籽棉售价 7.0～7.2 元/千克，10 月下降 0.2～0.4 元/千克为 6.8 元/千克，11 月下降至 6.0 元/千克。长江籽棉售价与黄河相近，11 月籽棉售价在 6.3～6.4 元/千克。

新疆棉区 9 月 5 日开秤，南疆手采籽棉售价 7.3～7.6 元/千克，9 月 19 日 7.2～7.4 元/千克，10 月 7.0～7.3 元/千克，11 月 6.8～7.0 元/千克。北疆机采籽棉售价，10 月 19 日 5.7～6.2 元/千克，10 月 25 日 5.6～5.9 元/千

克，11月5.2～5.8元/千克。

2018年新棉从开秤价到交售季结束，棉农交售籽棉折合皮棉价从15 500元/吨下降到15 000元/吨，下降幅度明显小于2008年秋季的金融危机，这一年棉价持续“低开低走”。

二、深化供给侧结构性改革，棉花在行动

（一）目标价格补贴深化，棉花保险试点开展

2018年度是新疆实行棉花目标价格的第二年，设定目标价格18 600元/吨。理论上，补贴金额在3 100～3 600元/吨之间，按籽棉单产350千克/亩测算，约7亩面积生产皮棉1吨，单位面积补贴合440～500元/亩。第一批补贴资金按0.7元/千克籽棉，约合245元/亩，已于11—12月发放。按照规定，2018年还对9省棉花实行2 000元/吨的补贴。另外，天津市本地财政出资补贴。

开展棉花质量与补贴挂钩试点，探索“优质优价”如何落地。鼓励棉农种植单一品种，分等采摘、轧花厂分级堆垛等保障品质。推进优质与优价对接，对品质长度、强度和清洁度达到“双29”、“双30”和“无三丝”籽棉加价0.2～0.3元/千克，植棉者利益有保障。但从实施效果来看，仅靠政府的一般性号召，“挂钩”市场主体不明确，或仅靠期货和流通企业的单打独斗力量薄弱，可操作性差，落地效果不尽如人意，难以达到预期目标。

此外，新疆正在开展棉花价格保险试点工作。

（二）棉花供给侧结构性改革试点在不断扩大

1. 新疆棉花供给侧结构性改革主要做法

大力推进一地种植一个品种，提高品质的一致性，推进棉花种植轻简化技术、机械化技术、节水节肥绿色化技术，强化加厚地膜应用和“残膜”回收，提高清洁度。与棉农专业合作社、企业联合携手发展棉花生产的社会化服务，开展测土配方施肥、统防统治、绿色化防治、代耕代播代收等服务。

取得的主要成效：一是植棉规模扩大，集中度提高。形成总产超100万吨级的特大地区阿克苏，超50万吨级的特大师市第八师石河子市，总产超20万吨级特大县沙雅、沙湾和乌苏等。二是品种布局“多乱杂”现象得到遏制，一个县由过去种植几十个品种减少到现在的5～6个，品质一致性明显改善。大县和大师市纷纷推出主导品种，引导经营，发展“品种筛选—规范种植—统一管理—机采—精细加工—产品品牌化—农业社会化服务”新型产业模式，沙湾

县、尉犁县、巴楚县3个县实验区的棉花品质明显改善：马克隆值A级皮棉占比提高到80%，纤维长度80%达到30毫米及以上，断裂比强度提高到31～34厘牛/特克斯，整齐度指数提高到85%。三是质量意识不断增强，棉花品质“中高端”、一致性和清洁度等现代科学植棉的新观念、新理念在新疆得到认可。

2. 兵团团场农业经营体制改革释放更多利好

2018年兵团取消团场“五统一”模式，改革后，每位职工分得承包地40～50亩，实行自主种植、自主管理和自主经营，棉花生产的主动性和创造性得以发挥。实行科学植棉，轻简化、机械化植棉，节水节肥效果极为显著，物化投入减少10%～20%，生产成本减少80元/亩，加上增产提质，增收105元/亩。另外，第六师还对棉籽、棉短绒等副产品产生的利润实行再分配，这在过去是从未有过的。

改变棉花生产管理方式。兵团级发布主推品种，师市级推出本地主导品种和主推技术，引导团场、连队和职工科学植棉。

3. 良好棉花在行动

良好棉花秉持并要求植棉者遵循七大生产原则进行良好棉花生产。这7项原则是：较少使用农药的植保和综合防治，关注土壤健康，关注水资源利用和管护，关注生物多样性保护，关注和保护纤维品质，生产追溯系统和体面劳动等，根据7大原则再细化成42项技术措施。良好棉花发展协会（BCI）已在全国60多个植棉县（市）团（场）开展，2017年经过第三方认证棉花播种面积53万公顷，认证产量110.0万吨（占中国实际产量的18.6%）。2018年认证棉花播种面积43万公顷，认证产量90.0万吨。2018年中国纱厂采购认证的棉花47万吨，这些原棉通过BCI平台进入纺织服装厂进而进入全球供应链和品牌商采购系统。

比较可见，BCI技术更具体，可操作性强；项目推进落地的工作机制扎实，工作方法细致具体；实施结果接受第三方评价检验，可信度高。结果表明，BCI对推进我国棉花肥、水、药“负增长”，残膜“零增长”，农药包装物回收等绿色技术和提质增效措施落地十分有利。

三、2019年棉花展望和发展对策措施

（一）预测棉花播种面积将呈弱恢复性增长

预测2019年棉花播种面积呈稳定或弱的恢复态势走向。依据有：一是目

标价格政策有利于引导新疆棉花面积稳定和扩大。分析比较，迄今全国大宗农产品仅水稻、小麦、棉花“有价”，国家在价格层面上继续支持适宜产区的生产。二是内地粮棉比价对棉花有利，特别是黄河、长江中游玉米面积的调减有利于棉区恢复棉花面积。三是不确定因素增加。主要是国内棉花大量库存与消费增量不足、供过于求、品质不能满足纺织需求的矛盾突出。2018 年 9 月底，全国棉花拥有资源总量 900 多万吨，其中库存陈棉约 700 万吨。这些陈棉库存最长时间已达 8 年，可纺性能大大降低。此外，由美方发起的中美贸易摩擦对市场产生负面影响，未来 90 天谈判结果将对消费者信心产生影响，需要密切关注，提早制定预案。

（二）发展棉花生产的主要对策措施建议

按照中央经济工作会议要求，坚持推进高质量发展，棉花供给侧结构性改革和科技兴棉要扩大提品质、绿色化和机制性创新的试点示范工作。

(1) 大力支持高端品质规模化生产。棉花项目和涉棉项目要大力支持新疆和内地供给侧结构性改革试点工作，支持兵团农业经营体制改革和职工的科学植棉行动，支持国家棉花产业联盟高端品质的创建行动，支持良好棉花绿色化创建行动。

(2) 大力支持推进绿色化技术的研发推广应用。到 2020 年实现化肥、农药和灌溉水的“负增长”，需要一批绿色技术、绿色产品和绿色设备装备，要加大棉花包括无膜棉栽培等绿色品种、技术、产品、装备研发、推广的支持力度。其中，长江流域要加快以“晚种争早”为核心的轻简化栽培技术集成，早熟性品种的选育要给力；黄河流域要加快以机械化采收为重点的全程机械化植棉技术的集成示范，力争在农艺农机融合的机械化采收方面取得突破；对项目实施取得的实际效果要进行较大面积和较多点的现场评价。

(3) 大力支持扩大高品质棉花规模化生产和产销对接的整建制试点工作。2019 年是新疆棉花目标改革最后一年，在前期工作基础上，建议选择安排扩大几个以大县域级、大师市级的整建制试点，打通从品种到种植管理、收购、轧花、公检、纺纱织布各环节的“肠梗阻”。针对高端品质规模化生产和产销有效对接落地存在的机制性问题，研究出台畅通产业链的可操作方法和配套方案，推动产业发展形成聚合力。

中国棉花生产景气报告 NO：459　　出版日期　2019　01　14

2019年我国棉花产需预测和发展对策建议（1）

毛树春

摘要： 预测2019年棉花播种面积将呈弱的恢复性增长，消费增量不足、供过于求、品质不能满足纺织需求的矛盾突出。植棉业须以"品质中高端"为主攻目标，对棉花产业转型升级提质增效的方向、目标和工作思路提出了建议。

2019年是中华人民共和国成立70周年的节点时间，是全面建成小康社会和脱贫攻坚的关键年。国民经济经济平稳运行是对新中国成立70周年的最好献礼。

根据2018年12月21日中央经济工作会议确立2019年国民经济主要任务，必须坚持以供给侧结构性改革为主线不动摇，更多采取改革的办法，更多运用市场化、法治化手段，推进落实"巩固、增强、提升、畅通"八字方针，统筹推进稳增长、促改革、调结构、惠民生、防风险，保持全年经济运行在合理区间。

一、2019年我国棉花产需预测

预测2019年我国棉花供需基本面的整体状态呈现为：生产恢复性增长、消费增量不足、供过于求、品质不能满足纺织需求这一供给侧的矛盾突出，CCPPI（中国棉花生产景气指数）将在150～170之间运行。

供给量被低估。近几年政府层面、市场层面都对全国生产量存在错判问题。2018年全国棉花总产609.6万吨，其中新疆511万吨，专家和市场认为产量550万吨，仍被低估至少40万吨；2017年新疆实际棉花产量520万吨，国家统计局408万吨，新疆地方统计局456万吨，低估100万吨；2016年国家统计局359万吨，地方统计局402万吨，低估43万吨。可见，这几年我国棉花产量被低估约200万吨。

消费量被高估。2015/2016—2017/2018年度中国纺织消费量不会高于800

万吨，USDA、ICAC 和国内期货市场大大高估（900 万吨以上）。这 3 个年度，我国棉花消费量被高估约 200 万吨。自 2018 年 12 月开始，这两家国际机构在不断下调中国棉花的消费预期。

库存量被低估。国内市场资源总量超过 1 000 万吨，其中库存量至少 700 万吨。到 2018 年 9 月底，期货市场甚至认为国内库存只有 276 万吨，这是“耸人听闻”，搅乱市场。

市场价格走向。如果中美贸易摩擦在 3 月 1 日前得以解决，供大于求状态将依然存在，价格将在 15 000 元/吨上下的“平稳下行”的区间运行，但不排除期货、现货的短时上行。如果中美贸易摩擦升级，价格将呈“快速下行”走向，全球市场情况将会更糟糕。

进口持平或增长。在不追加配额下，棉花进口 90 万吨上下。但是，因国产棉以及库存棉的品质不能满足需要，纺织业要求扩大进口的呼声十分强烈。

生产呈稳定或恢复性增长走向。受目标价格利好的支持，2019 年是这一轮目标价格（18 600 元/吨）的最后一年，有利于保持新疆棉花面积的稳定（自 2010 年由市场引发“高价”以及连续 6 年目标价格支持的大背景下，新疆棉花播种面积，该扩大的都扩大了，不该扩大的也扩大了，达到 2018 年的最高产量 550 万吨。但是，新疆内部还会有一些调整，兵团整体面积还会有所增长。因为各种作物在经过比较之后，唯棉花的性价比最高，增收来得最快，特色作物含干果、鲜食葡萄、辣椒、打瓜等的性价比低，市场风险较大）。在经过比较之后，内地连续 6 年的面积下滑将被遏制，呈恢复走向的可能性大。

二、我国棉花转型升级提质增效的对策建议

（一）植棉业须以“品质中高端”为主攻目标

落实中央经济工作会议“坚持推进高质量发展”的要求，按照品质“金字塔模型”，在“一致性、清洁度、初级加工、公检”等制约我国棉花基础性品质方面取得重大突破，进一步发展高端品质棉花的规模化生产，国家棉花重大政策和重大项目都要及时跟进，只有政府、科技、市场、协会、联盟各方合力才能有效破解难点问题，补齐质量短板。

（二）需厘清转型升级提质增效的方向和目标

关于我国棉花产业供给侧结构性改革的目标、机制性创新和产业质量发展的认识，国家层面仍存在一些亟待解决的问题。

一是棉花产业供给侧结构性改革的方向目标需明确，认识需清晰。中央提

出国民经济供给侧结构性改革已有4年，“品质中高端”模型、组成要素、提升途径和方法于2016年由中国农业科学院棉花研究所研究提出，应确立并上升为棉花产业供给侧结构性改革和质量兴棉的国家战略层面，确立并上升为棉花全产业转型升级时代的阶段性主攻目标，落到棉花政策支持、科技支持、生产发展和提升竞争力的实际工作中，形成新的发展合力。

二是“三产”分割的机制性障碍需破除，深度融合要有顶层设计和预期目标。目前棉花目标价格支持政策、价格保险试点、优质优价试点等政府不同部门实施的项目都在“单打独斗”，进展缓慢。国家高层顶端政策设计、项目支持都要以促进“三产”的深度融合为抓手，明确机制性创新预期目标是三个有效“对接”——高成本、高补贴与高质量的有效对接，棉花价格与使用价值的有效对接，国内市场与国际市场的有效对接。达到的预期是，应把棉花具有增值空间的产品和高附加值留在国内，低增值空间和低附加值的产品都可以从国际进口，包括进口低端、中低端原棉和中低端的棉纱线等。

（三）需明确棉花转型升级的工作思路

选择安排以大县域级、大师市级整建制开展棉花供给侧结构性改革的综合试点，打通从科技、品种、种植管理、收购、轧花到公检、纺纱织布各环节的“肠梗阻”；针对高端品质规模化生产和产销有效对接落地需破除的机制性障碍，研究出台畅通产业链的可操作方法和配套方案，推动产业形成发展的聚合力；涉棉相关项目都要向品质中高端集中，推动政府部门、科技、行业协会和联盟等联合攻关。

中国棉花生产景气报告 NO：460 出版日期 2019 02 21

认真学习中央 1 号文件，抓好种植业要点的落实

——质量兴棉、绿色兴棉的案例、工作思路、方案和建议

毛树春

摘要：梳理中央 1 号文件中质量兴农、绿色发展涉及棉花的主要内容，就落实《2019 年种植业工作要点》提出质量兴棉、绿色兴棉的案例、工作思路、方案和建议，供决策参考。

2019 年 2 月 19 日，《中共中央　国务院关于坚持农业农村优先发展　做好“三农”工作的若干意见》（2019 年中央 1 号文件）发布；20 日，农业农村部等七部门联合印发《国家质量兴农战略规划（2018—2022 年）》；21 日，农业农村部发布《2019 年种植业工作要点》（以下简称要点），这是农业农村部贯彻落实党的十九大乡村振兴战略的系列举措。

本期就学习贯彻中央 1 号文件精神，认真抓好棉花“质量兴农”和“绿色发展”的推进落实工作，谈几点体会。

一、中央 1 号文件涉及棉花的主要内容

中央 1 号文件共分八个部分，其中第二部分强调要“夯实农业基础，保障重要农产品有效供给”，其中“有效供给”提法是我国农业发展进入成熟阶段的重要标志，第二部分又分稳定粮食产量等五个方面内容，棉花是重要农产品，涉及棉花的内容有：

（一）棉花有“一保一基”的双重建设任务

中央 1 号文件在“完成高标准农田建设任务”提出，“全面完成粮食生产功能区和重要农产品生产保护区划定任务，高标准农田建设项目优先向‘两区’安排”，完成全国棉花保护区面积 3 500 万亩（其中新疆地方 1 800 万亩，新疆兵团 600 万亩，山东 400 万亩、河北 300 万亩、湖北 200 万亩、湖南 100 万亩、安徽 100 万亩）划定任务，2019 年将进入包括高标准农田建设等的实施阶段。需要指出的是，各地务必把机械化采收和加工清杂生产线纳入建设内

容之中。如果全国棉田面积50%以上（目前全国机械化采收面积的比例约为30%）实行机械化采收，棉花种植投入的劳动力将减少50%，成本也将降低1/3，棉花“费劳、费工、费时、费钱”的“四费”问题将得到有效解决，竞争力大幅提升。

中央1号文件还提出“恢复启动新疆优质棉生产基地建设”。新疆特大优质棉基地建设持续了4个五年计划，“十三五”前3年被停止，2019年再提并启动是个好机会。对此，全国棉花将有“一保一基”的双重任务，这将增强我国棉花基本生产能力。按照过去经验，新疆特大优质棉基地建设的投入资金额度在“十几亿元”，新疆已具备550万吨的生产能力。为此，建议新疆优质棉基地建设项目以“高端品质”为统领，打造200万吨高品质产能，建设内容包括提升高端品质、绿色发展的科技创新能力和提升高品质良种繁殖加工销售能力，拟将新疆在“一带一路”倡议中发挥桥头堡的能力建设纳入其中。

（二）推进农业由增产导向转向提质导向

中央1号文件在“调整优化农业结构”提出，“大力发展紧缺和绿色优质农产品生产，推进农业由增产导向转向提质导向”，其中“推进农业由增产导向转向提质导向”是2018年1号文件的延续内容，其中国家棉花产业联盟倡导和推进的“高端品质棉花”是提质导向落地的具体体现，发挥了较好的示范引领作用。

（三）科技创新联盟是强化创新驱动发展的动力

中央1号文件在“加快突破农业关键核心技术”提出，“建设农业领域国家重点实验室等科技创新平台基地，打造产学研深度融合平台，加强国家现代农业产业技术体系、科技创新联盟、产业创新中心等建设。”

（四）巩固棉花生产能力

中央1号文件在“实施重要农产品保障战略”提出，“在提质增效基础上，巩固棉花、油料、糖料、天然橡胶生产能力”。就棉花而言，“生产能力”就是产量能力（明确5 000万亩是底线面积和600万吨是底线产量），质量能力（提质——品质中高端、高端品质，积极推广高品质棉花）和效益能力（增加植棉效益）三种能力的集合。政策上要保障适度的种植面积，科技上要能提供强有力的支撑能力（品种、技术和机械化，以及订单生产、产销对接的“三产”融合的机制创新）。当前和今后一个时期，加快棉花转型升级提质增效是最重要的能力建设内容。另外，“去库存”仍是2019年棉花供给侧结构性改革的重要任务。

二、认真抓好“质量兴棉”和“绿色兴棉”的推进落实工作

质量兴棉和绿色兴棉是我国棉花转型升级提质增效工作的落脚点，是当前《要点》和今后相当长的一个时期必须抓紧抓好的具体工作。

（一）关于推进质量兴棉工作

国棉联盟（又简称 CCIA）成立于 2016 年 11 月，致力于打造高品质原棉的规模化生产，经过 2 年的工作，选育高端品质品种中棉所 641。该品种长度、强度达到“双三三”，商品棉品质达到“双 30”，是高品质的陆地棉中长绒品种。打造高品质棉花的生产基地要实行规模化生产，可以较好地发挥引导功能和市场功能。2018 年 10 月 17 日，我国最大量（约 20 万吨）的棉花订单合同在郑州签订。合同由四方（见证方、平台方、生产方、用棉方代表）共同签订。合同约定，按照高品质、绿色化、可持续先进理念进行生产和认证的 CCIA 棉花，品质指标以公检为参考，凡达到“双 28.5”以上，全部订单采购，有多少采购多少；“优价”以“3128B”为基础，对长度、强度、马克隆 A＋B2 品级实行加价，并再加价 3%～5%，测算达到这一指标预计皮棉可加价 1 500～1 800 元/吨，转化成籽棉可加价 0.5～0.6 元/千克，合同约定 2018 年、2019 年两个年度。紧接着 2018 年 11 月生产方第七师“以师棉销售组发〔2018〕17 号”发文，落实 5 万亩高品质生产基地到户；春节后第八师 143 团在跟进……

经过 2 年探索取得了明显的阶段性成效：一是明确提出“高品质棉花”，并作为 2019 年《要点》予以推进。二是困扰我国棉花订单生产、订单销售的机制难点问题终于得以破解，协议最大亮点是把“共商共建共享共赢”合作模式应用在棉花产业链的融合上。这是我国棉花供给侧结构性改革在机制创新方面的一个标志性成就，是发展高品质棉花、推进大国棉花上台阶的新举措。

尽管摸索一些发展路径，但与加快推进质量兴农、绿色发展还有很大差距。因此，急需开展《质量兴棉、绿色发展规划和指南》的顶层设计和规划编制工作。

1. 厘清棉花转型升级提质增效的技术方向和目标任务

规划和指南需明确当前和今后相当长一个时期棉花补品质短板在技术方面的主攻方向和目标任务，有两个方面的重要内容。一是关于提升我国棉花的基础品质问题。应明确品质“金字塔模型”功能，在原棉“一致性、清洁度、初级加工、公检”等基础性品质方面取得共识。二是要研究提出高品质原棉的市

场需求量（目前提法为商品棉“双28.5”品质指标需求约300万吨，差距近2/3）。三是明确棉花生产保护区、新疆优质棉基地建设提升品质的主攻方向和阶段目标任务，引导基本农田建设和特大优质棉基地的资金投入。

2. 破除“三产”融合的机制性障碍，深度融合急需顶层设计

规划和指南需明确当前和今后相当长的一个时期棉花补品质短板在机制方面的主攻方向和目标任务，有两个方面的重要内容。一要推进解决“三个有效对接”——高成本、高补贴与高品质的有效对接，棉花价格与使用价值的有效对接，国内市场与国际市场的有效对接。二要明确设计达到的预期目标。这个目标是把棉花具有增值空间的产品和高附加值留在国内，低增值空间和低附加值的产品可以从国际进口，包括进口低端、中低端原棉和中低端的棉纱线等。

3. 明确推进高品质棉花落地的实施方案

也有两个方面的工作内容：一是选择以大县域级、大师市级整建制开展棉花供给侧结构性改革的综合试点，打通从科技、品种、种植管理、收购、轧花到公检、纺纱织布各环节的“肠梗阻”。二是针对高端品质规模化生产和产销有效对接落地需破除的机制障碍，研究出台畅通产业链的可操作方法和配套方案，推动产业发展形成聚合力。三是涉棉相关项目都要向品质中高端集中，推动政府多部门、科技、行业协会和联盟等联合攻关，聚合目标价格支持政策、价格保险试点、优质优价试点等项目，提高实施效果，形成我国棉花转型升级的新经验和新机制。

（二）关于推进绿色发展、绿色兴棉工作

“三减”——减少化肥、农药使用量和农业用水总量是绿色兴农、绿色发展的主要工作。2019年《要点》提出化肥、农药、灌溉水从“零增长”到“负增长”，确保到2020年化肥、农药利用率提高到40%以上，秸秆综合利用率达到85%以上，农膜回收率达到80%以上，农田灌溉水有效利用系数达到0.55以上。新疆棉田膜下滴灌面积大，节水成效显著，然而，急需改进肥水耦合、耗水耗肥问题。《要点》提出“开展绿色高质高效行动，选择325个重点县整建制推进”（2018年棉花县有河北成安、曲周、南宫，湖北松滋、公安、黄梅、荆州，新疆沙湾、尉犁、巴楚等三省区10个县区）。

如何推进绿色兴棉工作？“良好棉花协会（BCI）”提出7大原则42条通用标准，在我国进行了为期6年的实践，取得一些有益的经验，值得总结、推广。

“良好棉花”7大原则是：种植良好棉花的棉农应最大限度地减少作物保护措施的有害影响；应促进水资源的管理和保护，充分利用天然降水；应关注土壤健康，提出保持土壤健康的技术措施和方法；应负责任地使用土地并加强生物多样性保护；应关注并保护纤维质量；应促进体面劳动；应运行有效的管理系统，种植全过程可追溯。

BCI 的工作机制有值得借鉴之处。在管理方法上把植棉者、生产者划分三类（小农户、中型农场和大型农场），设置进步指标和核心指标，采用普遍和带有差别的方法执行，生产者必须达到核心指标，鼓励生产者通过进步指标进一步改进提高。这些措施与我国强调化肥、农药、灌溉水负增长的目标相接近，可贵之处在于有目标还有可操作的具体措施、方法，并要登记进行检验、评价，执行力高。

BCI 投入资金的强度大，按面积计算第一年 50 元/亩，以后每年递减，经费来自 BCI 会员——纺纱、织布、印染、服装、大型零售商、品牌商的会费，类似于我国“以工补农”。

BCI 积极推进认证的原棉与纺纱、织布、服装等品牌企业的对接，提高认证原棉的销售率，但是，项目执行者没有背上认证原棉必须销售的包袱，没有市场风险。

（三）编制质量兴农、绿色兴农推进方案，改进培训方式，增强培训效果

农业农村部组织编制的农业主导品种和主推技术（2017 年改为主推技术）已有 13 年，发挥了较好的指导功能。针对质量兴农、绿色兴农要大幅增加大宗农产品的质量内容，改进提升化肥、农药、灌溉水、残膜治理技术，因此，建议重新编制。还应组织专家调研，遴选家庭农场、种植业合作社、龙头企业“全环节标准化绿色高效技术模式”等全过程、全链条、全县域农业绿色高质量发展的“四全”案例。

改进工作方法，避免形式主义和一般性号召，要动员科技专家、推广专家驻点服务，要办好样板，形成典型和模式。培训不能仅办个学习班，专家讲一通就算完事。培训之前科技、推广专家需要做调研工作，使讲课更有针对性，要请大户、专业合作社现场提出问题，由专家现场解答，还要协助家庭农场、专业合作社制定生产管理方案，提高培训的针对性和实用性，有利于提高大户、合作社经营管理水平，把质量兴农和绿色兴农落到实处。2017 年国棉联盟组织专家在新疆尉犁县培训，众望合作社节省肥料、农药投入达到 60 万元，深受棉农的欢迎。

中国棉花生产景气报告 NO：461　　出版日期　2019　03　15

我国棉花供需形势分析报告（6）

毛树春

摘要： 2019 年是供给侧结构性改革的第四年，也是棉花转型升级提质增效发展“中高端品质”的关键年。2019 年我国棉花从“供大于求”转向“供需大致平衡”仍有相当难度，国产棉花品质有效供给能力不足的问题急需破解。

预测 2019 年 CCPPI 将在 200 点上下移动，好于 2018 年的景象。分项看，棉花生产呈现“稳中有进”和“量质齐升”走向，消费呈弱势增长趋势，进口呈增加趋势，去库存需继续加大努力。其中棉价稳中有降，市场运行平稳。

市场期待中美贸易磋商达成协议，结束一年来的贸易摩擦。需要密切关注市场变化，提高走势判断的准确性。

一、秋季棉花价格或许上涨

2019 年是全面减税降费政策执行的一年，预计全年减税降费约 2 万亿元。其中第一季度减税降费 3 411 亿元，二季度减税增加、个税减免，减税降费增量增加。

关于资源供给，4 月 12 日，国家决定增发进口配额 80 万吨，5 月 5 日国家有关部门宣布储备棉轮出 100 万吨，时间持续到 9 月 30 日，上半年的市场资源充足，价格运行稳定。

第二季度，随着各项政策特别是宏观减税降费政策措施的陆续落地，市场信心在恢复，到 7 月市场信心转强。

深刻理解习近平主席在 2019 年 4 月 26 日第二届“一带一路”国际合作高峰论坛发表的讲话精神，即“更广领域扩大外资市场准入，农业全方位对外开放，我们将进一步降低关税水平，愿意进口更多国外有竞争力的优质农产品。”

二、预测棉花生产呈现“稳中有进”和“量质齐升”走向

预测 2019 年我国棉花生产延续 2018 年“稳中有进”和“量质齐升”走

向。播种面积呈现呈弱的恢复性增长，通过质量兴棉、绿色兴棉不断推进棉花品质上台阶。

（一）目标价格政策对新疆面积稳定和扩大有利

2019 年是本轮新疆棉花目标价格改革的最后一年，实践证明目标价格 18 600元/吨有利于调动新疆植棉者的积极性。在南疆，与水果等比较，棉花收益可预期且在高位上稳定。在北疆，辣椒、油葵、打瓜等价格稳定差，与棉花相比，不具备竞争力。

2019 年是兵团农业经营体制改革的第二年，2018 年因改革植棉面积扩大了 100 多万亩，职工植棉收益大幅增长，预计 2019 年扩大植棉面积呈强劲趋势。

（二）内地粮棉比价对棉花有利

当下全国大宗农产品仅水稻、小麦和棉花有价，其他作物都“无价”且缺少市场支撑。在黄河流域，玉米与棉花同季节成为棉花的竞争作物，但自 2016 年玉米最低保护价取消后，恢复棉花面积的外在条件具备，只要籽棉售价在 3 元/斤就对棉花有利，“一亩棉花相当于 2 亩玉米的产值”，收益比玉米多 2 倍。

（三）供给侧结构性改革在深化

一是新疆棉花供给侧结构性改革仍在推进中，“一地种植一个品种”将大幅度提升品质的一致性水平。二是国家棉花产业联盟积极推进高品质棉花的规模化种植，预计面积超过 50 万亩，并积极推动“订单生产”“订单销售”“订单＋保险＋期货”落地。三是良好棉花助推我国棉花绿色化生产，在减少使用化肥、农药、灌溉水中发挥积极作用。

当前全国棉区正进入备耕备播阶段，其中黄河流域棉花种子销售好于 2018 年。

综上所述，如果气候正常，预期 2019 年 600 万吨及以上的总产将有一定保障，棉花品质将得到改善。

三、预测棉花消费量呈弱势增长

预计 2019 年纺织消费棉花仍在 800 万吨上下，由于不确定性，消费增减幅度都不会太大。分析指出，中美贸易摩擦对市场信心产生的负面影响大于实际影响，期望找到有效方法解决中美贸易争端问题。

四、进口量预计增加，主因在于国产棉品质的有效供给能力不足

2019 年 1 月进口 28.0 万吨，同比增长 110.0%，预计仍有追加进口配额

的可能，进口总量或许超过 2018 年。

尽管国内库存高达近 800 万吨，市场仍对进口美棉、澳棉保持旺盛的需求，原因在于收储棉花最长已有 8 年时间，长期库存品质变得越来越差，且库存棉处于“品质差纺织企业不愿意用，价格高纺织企业用不起”的尴尬境地。同时，2018 年新棉质量整体处于“价高质低”的状态，不能满足纺织业的高质量需求，而新疆手采棉销售相对好于机采棉，国产棉花品质有效提升能力不足的突出问题急需破解。

五、去库存仍需继续

2018 年去库存结束后，国内棉花资源总量在 800 万吨水平。在消费中位数、贸易摩擦、追加进口配额等背景下，预计 2019 年棉花去库存 200 万吨的任务仍较艰巨。因春季消费不旺，去库存尚未列入议事日程，而 2018 年去库存的起点时间则是 3 月 12 日。

六、春季棉花价格稳中有降，市场运行平稳

在供大于求和消费增量疲软的背景下，中国棉花价格指数 CCIndex 3128B 1 月均价 15 500 元/吨，同比减 1.2%；2 月均价 15 442 元/吨，同比减 1.6%；3 月上中旬在 15 500～15 587 元/吨，与上年同期相比仍减少，环比呈现缓慢回升态势。国际棉花价格 Cotlook A 指数 1 月均价 82.35 美分/磅，同比减少 9.6%；2 月均价 81.15 美分/磅，同比减少 8.1%；3 月上中旬 81.25～83.35 美分/磅，同比减少，环比也呈缓慢回升态势。

七、不确定性问题

美国逆全球化和推行单边主义，以及由美国单方面挑起的中美贸易争端给全球经济和贸易造成新的最大的不确定性，全球经济和贸易增长预期纷纷下调。

IMF 2019 年 1 月预测 2019 年全球经济增长率为 3.5%，比 2018 年 10 月预期的 3.7%下调了 0.2 个百分点；WTO 2019 年 1 月预期 2019 年全球贸易增长率为 3.6%，比 2018 年 9 月预期的 3.7%到下调了 0.1 个百分点。经济和贸易增长预期的下调反映出全球主要经济体的投资、消费和贸易的紧张

局势正在加剧。

中美贸易争端经过七轮磋商后，市场期待达成停止贸易争端协议“文本”。然而，我国输美 2 000 亿美元商品加征 10%关税仍在执行之中，其中涉及纺织服装贸易商品 74.0 亿美元。

中国棉花生产景气报告 NO：463　　出版日期　2019　05　17

中美贸易战中的棉花问题（5）

——贸易战升级，加征关税25％

毛树春

摘要：美国宣布5月10日对中国输美2 000亿美元商品加征关税从10％提高到25％。我国棉花期货和现货市场反应强烈。5月13日，郑棉期货CF909大跌至13 820元/吨，跌幅高达7.03％至跌停。棉纱期货主力合约跌5.80％，报收22 430元/吨，市场出现第一轮恐慌暴跌。郑棉期货CF909从5月10日的15 170元/吨下降到5月17日的14 195元/吨，减幅6.4％，跌破14 000元/吨。现货从5月10日的中国棉花价格指数（3128B）15 588元/吨下降到到5月17日的14 961元/吨，减幅4.0％，跌破15 000元/吨。

2019年我国棉花播种面积稳中有升，加上2018年棉花丰收，棉纺织消费增量有限，国产棉的供给是充足的，应对中美贸易战有足够的棉花资源。然而，我国棉花要加快转型升级，提高供给质量和水平，大力打造中高端原棉。

一、背景和面临的问题

（一）“中美贸易战”完全由美方挑起，对进口中国商品加征关税不断升级

2019年5月10日起，美国对进口中国2 000亿美元商品加征关税从10％提高到25％。这完全由美方发起的贸易战再次升级，升级之时正在5月10—11日第十一轮磋商谈判之前，美国试图以“重压”迫使中国屈服。

在加征2 000亿美元关税的商品中，美国需要从中国进口一半以上的有1 150项，占全部项目的40％。但这2 000亿美元商品中，中国对美出口占比超过一半的仅有124项。

纺织服装：据中国纺织品进出口商会统计，此次美方的建议征税清单涵盖6 031个税号，其中纺织服装产品税号达1 000余个，涉及绝大部分纺织原料、

半成品以及少量服装附件产品，主要包括纺织原料（棉花、丝、毛、麻等）；纱线和面料（棉、毛、丝、麻、化纤、玻璃纤维等）；地毯；工业用纺织品；皮革和毛皮服装、帽类及手套、塑料雨衣等。美方这份加税清单中的征税产品涉及机电、轻工、纺织服装、资源化工、农产品，涉及产品年出口额超过 40 亿美元（中国对美出口额较大的梭织服装、针织服装和家用纺织制成品等商品未列入清单。另外 3 000 亿美元中国输美商品将加征 25%关税计划的公证评议程序，（美国）将于 6 月 17 日举行听证会，加上这次 2 000 亿美元，包括全部对美出口纺织品的 450 亿美元。

（二）第十一轮谈判

自 2018 年 1 月到 5 月中美举行各种级别谈判共进行了 11 轮。2018 年 12 月 1 日，中美两国元首在阿根廷布宜诺斯艾利斯举行磋商谈判，中美双方就经贸问题达成共识，决定停止升级关税等贸易限制措施，时间为 90 天，至 3 月 31 日，但是美国在谈判之际加征关税，出尔反尔。

5 月 15 日美国宣布针对华为的《保障信息技术及服务供应链方案》的国家安全紧急法，美国调动国力来限制华为进入美国市场，给贸易谈判再抹上一层阴影，给中美谈判增加了更大的不确定性。

（三）中国的反制

2019 年 6 月 1 日起，对进口美国 600 亿美元商品分别加征关税 25%、20%和 10%。中国决定予以反制。涉及棉花和棉纺织品有：加征 25%关税有税则号 5203，已梳的棉花。加征 25%、20%和 10%关税有“52”字头的税则号，包括多种棉纱线和漂白的其他混纺重质棉布等。加征 5%关税有采棉机（税则号 8433）及其 8433 所列其他机械零件。

二、中美贸易摩擦升级，郑棉期货大跌，现货价格走低

（一）贸易摩擦升级，棉花期货现货反应激烈

5 月 13 日，郑棉期货 CF909 大跌至 13 820 元/吨，跌幅高达 7.03%至跌停。棉纱期货主力合约跌 5.80%，报收 22 430 元/吨，市场出现第一轮恐慌暴跌。

期货 CF909 周表现：从 5 月 10 日的 15 170 元/吨下降到到 5 月 17 日的 14 195元/吨，减幅 6.4%，跌破 14 000 元/吨（表 6－6）。

现货周表现：从 5 月 10 日的 15 588 元/吨下降到到 5 月 17 日的 14 961 元/吨，减幅 4.0%，跌破 15 000 元/吨。

表 6-6　美国加征进口中国 2 000 亿美元商品 25%关税市场反应

日期（月/日）	郑棉期货 CF909 结算价（元/吨）	增减（%）	中国棉花价格指数（CCIndenx 3128B）（元/吨）	增减（%）
5/10	15 170		15 588	—
5/13	14 865	−2.0	15 489	−0.64
5/14	13 950	−6.2	15 323	−1.07
5/15	13 940	−0.07	15 191	−0.86
5/16	14 215	1.97	14 969	−1.46
5/17	14 195	−0.14	14 961	−0.05

分析原因：中美贸易谈判艰难，第十一轮谈判未果。美国警告称，美国已准备好退出中美谈判（5 月 1 日）。美国对中国价值 2 000 亿美元的输美商品所征收的关税将从目前的 10%增加到 25%（5 月 10 日起），并扬言很快对所谓剩余 3 250 亿美元中国输美商品也加征 25%的关税（5 月 8 日），中美两大经济体的不确定性导致全球市场的不确定性不断放大。

全球棉花资源供大于求。中国棉花资源 1 300 万吨（2018 年 9 月底前国内拥有棉花资源 700 万吨加 2018 年产量 610 万吨）。过去 3 年全球种植面积逐步提高，产量上一个台阶，全球产销缺口逐步缩小。

全球和中国棉花的消费增长乏力，期货和现货消费增量的期望值泡沫破裂，导致期货大幅下跌。4 月纺织市场显现疲态，进入 5 月以后，市场需求明显变弱，市场普遍预计需求前景不乐观。

（二）棉花生产

受目标价格以及兵团团场职工承包责任制改革的利好影响，新疆棉花播种面积继续扩大。

普遍苗弱，长势不旺，灾情偏重是新疆苗情的真实写照。全疆 5 月中旬真叶 2.0 片/株，少于常年 2.2 片/株，苗小苗弱，长势偏差，迟发 10 天。

灾情偏重，新疆 4 月上中旬气候正常，4 月下旬至 5 月中旬（至 5 月 19 日本轮强对流天气结束），极端异常天气频发，低温大风强对流天气频发，雨水多棉田湿度大；冰雹出现时间早，覆盖范围大，危害重，给播种造成很大困难，一些大县如沙雅因雹灾补种面积占播种面积比例高达 7.2%。北疆多次降水且量大，5 月 15—17 日最低气温下降到 3～6℃，长期低温高湿有死苗现象。需继续关注新疆棉花的转化。

长江、黄河流域棉花面积略有回升，其中黄河流域播种正常，早播棉花有真叶 2 片/株，长江流域油后移栽正在进行。

（三）我国纺织品对美国进出口大幅下降，对其他国家进出口稳定增长

2019 年 1—4 月，纺织品服装累计出口 757.6 亿美元。其中，纺织品出口 366.7 亿美元，同比增长 0.8%；服装出口 390.9 亿美元，同比下降 7.6%。2019 年以来，中美贸易摩擦的负面影响逐步显现，我国对美纺织品进出口金额及占比降幅明显。

三、破解对美棉的依赖对策

练好内功提高国产棉的有效供给水平是提升贸易战应对能力的最紧要事情。近 3 年，国家棉花产业联盟在高端品质棉花的产业化，科研与生产实现无缝对接，补高端品质品种的短板，补高端品质生产基地的短板，开好头，起好步，进展良好。扩大高端品质原棉的产能将对摆脱产棉大国、棉纺织业大国长期依赖美棉具有重要的战略意义和现实意义，也是棉花大国走向棉花强国的重要标志。

此外，可考虑向“一带一路”沿线国家扩展棉花产能，设想建立一个独立且与美国有关联的中国全球棉花中心，是时候了。

中国棉花生产景气报告 NO：464 **出版日期 2019 06 03**

新疆棉花中期管理指导意见和建议

毛树春 王文魁 时增凯 刘 骅
练文明 王 峰 雷勇刚 马诗科

7 月是增结优质成铃的关键期，田间管理强调灵活性和针对性，根据天气特别是气温、降水和苗情的转化，及时调整管理措施。

2019 年 5 月 25 日到 6 月 1 日，国家棉花产业联盟组织毛树春（栽培专家、中国农业科学院棉花研究所）、刘骅（土肥专家，新疆农业科学院土壤肥料研究所）、时增凯（育种专家、中国农业科学院棉花研究所）、王峰（灌溉专家、中国农业科学院灌溉研究所）、冯丽凯（植保专家、新疆农垦科学院植物保护研究所）等，对国家棉花产业联盟新疆高端品质棉花生产基地——玛纳斯县北五岔镇、新疆生产建设兵团第八师（142 团）、第七师（123 团、125 团、128 团）、巴州尉犁县、第一师阿拉尔市（7 团、8 团）、阿克苏地区阿克苏市等进行田间地头巡视和指导，共开展现场培训 6 场次，培训农技人员和棉农 1 000 余人次，发放技术资料 2 000 余份，田间地头现场解答生产管理问题 100 余个。发现 2019 年新疆棉花长势的一些特点和存在的突出问题，提出 6—7 月中期管理措施的意见和建议，供参考。

一、前期棉花长势评价

4—5 月是棉花的播种期和苗期，苗全苗齐苗壮是高产优质早熟的棉花长势。2019 年 5 月下旬的整体看法：一是“迟”，到 5 月底真叶 7～8 片/株，看到现蕾的棉田极少，即便有现蕾棉田，也比正常早发年景的一类棉田晚，其中一类棉田迟发 7 天；二类棉田迟发 10 天，真叶只有 5～6 片/株；三类棉田迟发 15 天以上。一些受灾播种棉田只有真叶 2～3 片/株。二是“弱”，棉苗长势弱而瘦小，“僵苗”“弱苗”的第一、第二真叶很小，幼茎发紫，可见长期“僵化幼苗”正在转变。三是苗情参差不齐，整齐度很差。同一天播种、同一条田的棉田大苗小苗高度差异 20 厘米，真叶数、叶片大小差异很大，时间差异

7～10 天不等，这一苗情多年未见。局部灾情较重，冰雹大风渍涝导致补种和重播面积也较大，长势差。

此外，2019 年异常苗情也不少。包括除草剂因天气原因对幼苗造成伤害，面积较大；还有极端异常苗情——叶色深绿，生长点“凹陷”——过量施用调节剂或叶面喷施肥，子叶、第一片真叶有黑点、孔洞——高浓度施用叶面肥的肥害等。

分析原因：2019 年 4—5 月新疆棉区呈现“冷凉”的气候特征。低温强寒潮活动频繁，高温明显偏低，低温则更低，南疆、北疆≥10℃活动积温减少 200℃日上下。多雨，4—5 月北疆降水量高达 80～90 毫米，因棉田土壤高湿，苗病发生偏重，立枯病、红腐病危害导致死苗和缺苗；还有表层返盐碱、花斑盐碱导致成片棉田缺苗和小苗。雨日多，光照严重不足；长期低温加上强寒潮致幼苗遭受冻害，幼苗僵化，苗老苗小。此外，一些产地因棉田残膜回收或春灌水紧张播种期被推后，凡在 4 月中旬播种的棉田长势偏晚 7～10 天或更多。

从生产实际来看，4 月上旬之前播种的苗情相对较好，整齐度较高，至 5 月底真叶数 7～8 片/株，可见幼蕾，虽然迟发但是长势相对较好。有的棉株见蕾后又生出营养枝，原因是气温偏低。

二、6 月棉花管理意见和建议

6 月是棉花的蕾期。蕾期是棉花个体生长、搭好丰产架子的关键时期，也是迟发弱苗转化为早发壮苗的关键期，以营养生长为主，长高度、长叶片、长果枝。针对棉花“迟”“弱”“整齐度差”的苗情特点，管理要点如下：

(1) 划分类型，为分类管理提供指导。对 5 月底达到 7～8 片真叶/株，或现蕾棉田划分为一类，这类棉田大多是 4 月上旬或 4 月 15 日之前播种，株高 30～40 厘米。二类棉田 5～6 片/株，整齐度较差。三类棉田；真叶 4～5 片/株，苗弱，苗小，整齐度更差，株高 15～20 厘米，有的更矮小。类型划分还要根据天气特别是气温、降水与苗情变化进行升级或降级的调整。

(2) 以促为主，促控结合。就苗情而言，6 月田间管理应以促为主，肥水适当提早。一类棉田按照常年进行正常管理，即 6 月 10—15 日前后滴灌，头水和二水的灌水量适当增加，按照头水 15 立方米/亩，没有施用底肥棉田需滴灌尿素 2 千克/亩；二水 25 立方米/亩，施尿素 5 千克/亩，缩节胺用量为 1.5～2克/亩，并调减喷施次数 1～2 次。二类、三类棉田建议滴施“提苗水、提苗肥”，即第一次滴灌时间要提早，水和氮肥要减量，少量多次，根据气温和苗情6月可滴水滴肥2～3次。推荐方法：头水10立方米/亩（6月8—10日、没有底施氮肥需补施）、二水15立方米/亩（6月14—16日、尿素3千克/亩）、三水20立方米/亩（6月22—23日、尿素4千克/亩），根据苗情减少缩节胺用量和喷施次数，之后按一类棉田正常管理。

灌水后，根据苗情及土壤墒情建议中耕1～2次，中耕深度15～20厘米，可增强土壤的透气性，提高地温，促使棉花根系生长，健根壮苗。

（3）坚持原则，抓住重点。打顶要坚持“时到不等枝、枝到不等时”原则，打顶时间北疆6月底，南疆7月5日前后，打小顶不打大顶。特别强调的是，迟发年景不论多少果枝都必须按时间打顶。

按每2.8天出生一个果枝和8～10个果枝/株测算，一类棉田尚有足够时间，6月上旬可进入盛蕾期，6月底可见花，打顶时可见成铃。二类棉田可能只有果枝6～7个/株，盛蕾期将出现在6月10日之后，7月初见花，打顶时无成铃。三类棉田果枝仅4～5个/株，现花期则更迟。

（4）强调看苗调控，缩节胺使用提倡“少量多次”，打顶后要重控。对于一类棉田和转化后的棉田，当营养生长偏旺，蕾小蕾少，可采取水控、肥控、中耕和化学调控方法进行调控，缩节胺用量1.0～1.5克/亩，每隔7天喷施一次。

（5）加强病虫草害综合防治。进入6月是棉蚜和红蜘蛛发生高峰期，蚜虫和红蜘蛛要坚持局部控制——采用“查摸摘打追”方法，严防蔓延，调查天敌（草蛉、蜘蛛等）与害虫比例，严禁大面积使用农药防治。大多数棉田杂草防除效果较好，而一些棉田的杂草密度大，长势旺盛，按杂草类型可用草甘膦钠盐防除，选择无风天气加上防风罩进行喷施，避免药害，确保安全使用，少数大型杂草需人工拔除。

此外，对于异常苗情的棉田，寻找相关专家，分毒害类型进行解救，有效促进转化。

三、7月棉田管理指导意见建议

7月是棉花的花铃期。花铃期是增结优质铃的关键期，这一时期以生殖生长为主，是最需水需肥的时期。

7月棉田管理强调灵活性和针对性。进入7月，根据天气特别是气温和降水的变化，建议对苗情类型进行再次划分。对于一类棉田，要保证水肥供给；对于二类、三类棉田，根据苗情转化情况，适当控制水肥供给。判断方法是，打顶后每少一个果枝，建议每次滴入水肥的“量”减少 5.0%，滴灌次数可根据苗情酌情减少。对机采棉田而言，适当控制肥水有利于促进早熟。

2019 年棉花叶枝多。由于前期“蹲苗”时间过长，6 月将会出生不少叶枝，对“一膜三行”而言，高位叶枝（第 5～7 真叶出生的叶枝为优势叶枝）可现蕾开花结铃，在 7 月中下旬可见同日开花 2～3 朵/株的景象，只要肥水及时跟上，叶枝成铃也较大。根据以往经验，优势叶枝现蕾后也应打顶，更有利于增加铃重，促进早熟。

中国棉花生产景气报告 NO：466　　出版日期　2019　08　22

2019 年上半年我国棉花产业形势分析

中国农业科学院棉花研究所　国家棉花产业技术体系

摘要：2019 年是新中国成立 70 周年，也是我国深化供给侧结构性改革的第 4 个年景。

当前，我国棉花正处于供大于求的状态没有改变。国产棉库存量仍有很大的状态没有根本性改变；棉花生产、消费、进口正处于一个“中位数徘徊”的状态没有改变；消费相对偏弱，消费增量极为有限；新棉产量或持平或减少，早熟性和成熟度仍受天气影响；在中美贸易摩擦持续胶着的背景下，国内外棉花现货、期货价格一路下滑，市场观望情绪浓厚，新棉上市承受一定压力。为此提出，需提早防范“卖棉难”，新疆继续执行 18 600 元/吨的目标价格，建议把长江流域、黄河流域棉花一并纳入 18 600 元/吨的目标价格范围；加强市场监督，关注行情变化，防止“压级压价”。

新疆已成为我国最大的产棉地区，近几年，随着兵团职工承包经营体制的改革和地方耕地流转的推进，新疆棉花市场主体发生很大变化，建议对棉花生产主体进行必要的调研，摸清新市场主体对技术和服务的新需求，为政府、科研机构开展有针对性的科技研究、科技服务和科技兴棉工作提供参考借鉴和决策支持。

积极主动应对中美贸易摩擦要做好中国棉花自己的事情，按照 2019 年中央 1 号文件和《农业农村部 2019 年种植业工作要点》，建议组织专家遴选提出质量兴棉、绿色兴棉所需的新品种、新技术和新机具，大力开展技术培训，办好示范样板。

在国内库存量大、库存时间长，库存成本高昂的背景下，建议国家谨慎发放棉花滑准税配额。

2019 年上半年，国内棉花市场供应充足，进口规模大幅增加，储备棉轮换继续进行。由于全球主要经济体贸易冲突和中美贸易摩擦，上半年棉花消费持续低迷，市场主体信心不足，景气度明显下降，棉花价格大幅下跌，内外棉价差波动明显。

一、上半年全国棉花生产形势

国家统计局 2019 年 7 月 15 日发布年中经济报告称，2019 年油菜籽、棉花等经济作物播种面积较上年有所增加。又据了解，2019 年新疆生产建设兵团棉花播种面积增加。

2018 年全国棉花播种面积 3 352.3 千公顷，总产 610 万吨。其中：长江流域 381.8 千公顷，占全国的 11.4%；产量 42.5 万吨，占全国的 7.0%。黄河流域 457.5 千公顷，占全国的 13.6%；产量 52.6 万吨，占全国的 8.6%。西北内陆 2 512.8 千公顷，占全国的 75.0%；产量 514.6 万吨，占全国的 84.4%。

关于 2019 年全国棉花长势，主产区棉花生产开局不利，中期长势好转，至 8 月中旬全国棉花整体长势偏弱。

长江中下游棉区：棉花生长正常，中游干旱，长势好于 2018 年同期。

黄河流域棉区：6—7 月持续高温 50 多天，特别早熟，灌溉棉田长势好，伏桃多；雨养棉田，7 月底开花，受旱棉田可见好几个吐絮。8 月 11 日，台风"利奇马"导致山东、河北局部棉花倒伏，中上部的蕾铃脱落，8 月下旬阴雨，田间湿度大，已见成铃发黑霉烂。其中山东倒伏、渍涝棉田约减产 1/3。但是山东棉花主要分布鲁西南，这里没有受到台风大的影响；河北棉花大部正常，产量水平要看 8—9 月天气。

西北内陆新疆棉区：前期普遍迟发，其中北疆最重，全疆 5 月底现蕾面积少（常年约占 1/3）。一是"迟"，到 5 月底真叶 7～8 片/株，现蕾的棉田极少，其中一类棉田迟发 7 天；二类棉田迟发 10 天，真叶仅 5～6 片/株；三类棉田迟发 15 天以上；一些受灾棉田只有真叶 2～3 片/株。二是"弱"，棉苗长势弱而瘦小，"僵苗""弱苗"的第一、第二真叶很小，幼茎发紫，可见长期"僵化幼苗"正在转变。三是苗情参差不齐，整齐度较差。

全疆棉花中期在好转，7—8 月上旬没有出现极端异常高温天气，中上部成铃增多，长势转好的特点明显。下部因个体发育不足，成铃普遍减少，生长发育仍偏晚 7～10 天。局部棉蚜和棉叶螨危害严重，不少产地反映灌溉水资源紧缺，用井水补充灌溉的现象明显减少。

关键看 8 下旬至 9 月天气，期待秋高气爽。低温早临将对产量和成熟度产生不利影响。8 月中旬末到 8 月下旬初，大风沙尘阴天降雨阳光少，对早熟有不利影响。

在棉花播种面积增长和长势偏弱的条件下，对棉花总产的趋势看法持平或减少，对新疆棉花成熟度的趋势也不被看好。

二、上半年我国棉花市场运行特点

（一）棉花供给充足

2018/2019年度，我国棉花面积、产量双增长，棉花进口大幅增长，储备棉有序轮出，整个棉花市场供给充足。

1. 棉花面积、产量“双增长”

受棉花目标价格补贴政策稳定、新疆棉花生产机械化的大力推进，2018年我国棉花播种面积3 352.3千公顷，比2017年增加157.6千公顷，增长4.7%。整个生产期间主要棉区气候正常，光温条件较好，雨量适中，病虫害和自然灾害轻度发生，棉花生产条件总体适宜。2018年全国棉花单位面积产量1 818.3千克/公顷，比2017年增加49.2千克/公顷，增长2.7%。全国棉花总产量610万吨，比2017年增加44.4万吨，增长7.3%。其中新疆棉花面积和产量分别为2 491.3千公顷和511.1万吨，分别占我国棉花总面积和总产量的74.3%和83.8%。

2. 储备棉继续轮出

2019年，中央储备棉轮出时间推迟至5月5日至9月30日，轮出期间实行均衡投放，总量100万吨左右，每个法定工作日投放1万吨左右，不再保证过去几年每日3万吨的供应量。此次主要对部分中央储备棉进行轮换，优化中央储备棉结构，保障市场供应不再是2019年轮出的主要目标。截至8月20日，中国储备棉管理有限公司计划出库销售储备棉82万吨，累计成交70万吨，成交率85%。受中美经贸摩擦和国际宏观经济下行影响，国储棉轮出期间，国内外棉花价格大幅下降，储备棉成交最高价15 930元/吨，成交最低价11 290元/吨。

3. 棉花进口增加

2018年我国棉花去库存进展顺利，国储棉数量大幅下降。为满足国内市场需求，国家下发了100万吨的棉花滑准税配额，2019年4月国家决定追加配额外的进口棉花，滑准税配额数量为80万吨，全部为非国有贸易配额，我国棉花进口量大幅增长。2019年上半年棉花进口量保持较高水平。据中国海关统计，2019年1—6月我国累计进口棉花117.9万吨（税号5201未梳棉花），同比增长73.6%。从进口来源国看，棉花进口主要来自巴西、美国、澳大利亚、印度、乌兹别克斯坦、贝宁和墨西哥等国家，占进口总量的比例分别为25.2%、20.6%、16.9%、5.2%、2.9%和2.2%。受贸易摩擦影响，进口美国棉花比重明显下降，从2018年的37.5%下降至20.6%。

（二）棉花需求持续低迷

中美贸易摩擦影响不断加深，棉花消费下降。2018年以来中美贸易摩擦不断升级，对棉花产业的影响也越来越大，2018年9月以后我国棉花消费形势不断恶化。2018年9月24日起，美国对2 000亿美元中方输美产品加征10%（2019年5月提高至25%）的关税，涉及我国纺织服装等产品约49亿美元。2019年5月，美国提出继续对我国3 000亿美元的输美产品加征25%的关税。两份加征关税清单几乎涵盖了我国输美的所有纺织服装产品，总额约500亿美元，占我国同期出口总额的18%。由于美国是我国第一大纺织品服装出口国，年出口额约占我国总出口额的17.7%。因此中美纺织品贸易往来受阻、世界经济增长速度下行直接导致下游需求走弱，对国内涉棉纺织企业生产行为产生较大影响，国内棉花消费萎缩态势明显，下游纺织品企业纱、布销售不畅、库存增加。2019年1—6月，我国纺织品服装累计出口1 242.6亿美元，同比下降2.9%。据《中国棉花工业库存调查报告》显示，8月初被调查企业纱产销率为92.6%，同比下降3.3个百分点，库存为29.1天销售量，同比增加12.2天。布产销率为89.5%，同比下降6个百分点，库存为51天销售量，同比增加13.1天。2019年1—6月我国32支纯棉普梳纱线价格从每吨22 983元下跌到21 228元，跌7.6%。整个行业消费低迷，库存压力大。根据国家棉花市场监测系统数据，截至2019年8月9日，2018/2019年度棉花尚有120.3万吨待售，交售率为80.1%，明显低于往年同期，呈现供过于求的局面（表6-7、表6-8）。

表6-7　2018年2 000亿美元清单涉及我国对美出口纺织品服装产品情况

单位：亿美元，%

章节	产品类别	对美出口额	我国出口总额	对美出口额占我国出口总额比重
50	蚕丝纱线及织物	0.3	11.4	2.6
51	动物毛纱线及织物	0.4	24.8	1.6
52	棉纱线及棉机织物	3.2	154.5	2.1
53	其他植物纤维、纸纱线及织物	0.3	14.0	2.1
54	化学纤维长丝及织物	7.9	204.9	3.8

（续）

章节	产品类别	对美出口额	我国出口总额	对美出口额占我国出口总额比重
55	化学纤维短纤	5.2	126.9	4.1
56	絮胎、毡呢及无纺织物；特种纱线；线、绳、索、缆及其制品	7.5	57.3	13.1
57	地毯及纺织材料的其他铺地制品	7.0	29.7	23.6
58	特种机织物；簇绒织物；花边；装饰毯；刺绣品	3.8	50.6	7.5
59	浸渍、涂布、包裹或层压的纺织物；工业用纺织制品	6.6	80.3	8.2
60	针织物及钩编织物	6.4	181.5	3.5
	总计	48.6	935.9	5.2

数据来源：根据中国海关统计数据整理。

表 6-8　2019 年 3 000 亿美元清单涉及我国对美出口纺织品服装产品情况

单位：亿美元，%

章节	产品类别	对美出口额	我国出口总额	对美出口额占我国出口总额比重
50—60	全部种类的纺织纱线、织物、产业用纺织制品以及部分家用纺织品	48.7	935.9	5.2
61	针织或钩编的服装及衣着附件	176.2	733.3	24.0
62	非针织或非钩编服装及衣着附件	145.3	712.9	20.4
63	家用纺织品、其他纺织制成品等	87.9	278.0	31.6
94	枕头、靠垫、棉被、羽绒被等	36.5	94.7	38.5
	总计	494.5	2 754.8	17.9

数据来源：根据中国海关统计数据整理。

（三）棉花价格大幅下降

1. 国内棉花价格大幅下跌

2019 年以来，受贸易摩擦、消费走弱等因素影响，国内棉花价格总体呈下跌态势。分月来看，1—4 月，由于中美贸易摩擦缓和、国储棉轮出时间推迟，国内棉价企稳回升，国内 3128B 级棉花价格从 15 423 元/吨上升到 15 659 元/吨，上涨 1.5%。2019 年 5 月 9 日，美国政府宣布自 2019 年 5 月 10 日起，对自我国进口的 2 000 亿美元商品加征关税，从 10%提高到 25%；5 月 13 日，进一步宣布对自我国进口的约 3 000 亿美元商品拟加征 25%关税清单征求公众意见，并将于 6 月 17 日举行公开听证会。尽管美国新的 3 000 亿美元加税清单并没有立即实施，但市场普遍对于双方谈判结果持悲观态度，棉花价格随之大幅下跌。2019 年 5 月 9 日至 2019 年 6 月 10 日，国内 3128B 级棉花价格从 15 599 元/吨下跌到 14 019 元/吨，短短一个月下跌 10.1%，而且下跌的趋势仍然没有企稳迹象；32 支纯棉普梳纱线价格从 22 790 元/吨下跌到 21 345 元/吨，下跌 6.3%；郑棉期货主力合约（CF909）结算价从 15 245 元/吨下跌至 12 980 元/吨，下跌 14.9%。2019 年 1—6 月，3128B 级棉花价格从 15 423 元/吨下跌到 14 146 元/吨，下跌 8.3%。截至 2019 年 8 月 21 日，3128B 级棉花下跌到 13 558 元/吨。

2. 国际棉花价格呈先涨后跌态势

2019 年以来，中美贸易摩擦短暂缓和，1—4 月，国际棉花价格整体呈恢复性上涨。CotlookA 指数从 81.15 美分/磅上涨到 87.25 美分/磅，上涨 7.5%。5 月，美国再次对中国实施加征关税，国际棉价大幅下跌，CotlookA 指数从 4 月的 81.15 美分/磅下跌到 75.57 美分/磅，下跌 6.9%。洲际交易所（ICE）期棉价格和 Cotlook A 指数一度跌至近三年新低。2019 年 1—6 月，CotlookA 指数从 82.35 美分/磅下跌到 77.65 美分/磅，跌 5.7%。

3. 内外棉价差大幅波动

2019 年 1—7 月，1%关税下进口棉折合到岸税后价从 14 089 元/吨波动至 13 165 元/吨，合国内标准级棉花价差从 1 334 元/吨波动至 994 元/吨；滑准税下进口棉折合到岸税后价从 15 233 元/吨波动至 14 621 元/吨，合国内标准级棉花价差从 189 元/吨波动至−462 元/吨。

三、棉花产业发展趋势分析

（一）棉花消费下降可能性较大

国际方面，中美贸易摩擦紧张局势和英国脱欧不确定性长期持续背景下，全球经济下行风险加剧。全球经济增速 IMF 预测从 1 月 3.5%下调至 3.2%，调低了 0.3 百分点。美国与欧元区 7 月制造业 PMI 均不及预期，美国初值 50，创下 2009 年 9 月以来新低，欧元区初值 46.4，持续位于枯萎线以下。世界经济增速下行导致下游需求走弱，纺织服装行业整体需求疲软。

国内方面，受中美贸易摩擦影响，我国棉花消费形势恶化。如美国继续对进口自中国的 3 000 亿美元加征关税，预计将会对纺织服装出口造成更大的影响。从国内宏观经济看，根据国家统计局最新数据，我国 2019 年上半年 GDP 同比增长 6.3%，宏观经济放缓趋势更加明显。宏观经济整体状况不佳导致本年度国内棉花消费量下降的可能性较大。

（二）后期棉花价格预计呈弱势震荡格局

新年度棉花产量稳中略降，上年度商品棉剩余量充足，棉花进口补充的渠道基本通畅，总体看国内棉花供给较为充足。受供给充裕、需求偏弱影响，预计下半年国内棉花价格呈现弱势震荡格局的可能性非常大。

四、对策措施建议

（一）2019 年新棉风险防范对策建议

随着中美贸易局势的反复发酵，市场情绪呈现段性的波动，棉花行情可能继续呈现弱势运行。2019 年新棉价格走向走势的判断如下：

——高开高走，概率极小（2010 年度，棉农籽棉交售价从 8.85 元/千克飙升到 12.0 元/千克）；

——中开中走，可能性 50%（2009 年度，籽棉交售价从 5.80 元/千克增长到 6.90 元/千克）；

——低开低走，可能性 60%（2008 年度，籽棉交售价从 5.44 元/千克下降到 4.30 元/千克）。

预计新棉市场观望情绪浓厚，“卖棉难”需提前防范。幸好，2019 年新疆继续执行 18 600 元/吨的目标价格。为此，建议把长江流域和黄河流域棉区的棉花一并纳入 18 600 元/吨的保护范围。同时，需关注市场行情变化，加强监测，防止“压级压价”。

（二）对新疆棉花生产和经营的市场主体进行调研

近几年，新疆棉花市场主体发生很大变化，2019 年还是新疆生产建设兵团实行职工承包经营的第二年，棉田流转在加快，各类市场主体都已进入新疆生产经营棉花，为棉花发展提供了新机遇，也为科技研发和科技兴棉提出了新课题。为此，建议对新疆棉花生产主体进行必要的调研，摸清市场新主体变化对技术的需求，为政府、科研机构开展有针对性的科技服务和科技兴棉工作提供参考借鉴和决策支持。

（三）积极主动应对中美贸易摩擦，提高我国棉花竞争力

积极主动应对中美贸易摩擦，归根结底是要做好中国棉花自己的事情，做强中国棉花。按照 2019 年中央 1 号文件提出的“保障重要农产品有效供给”

和《农业农村部2019年种植业工作要点》提出的“质量兴农、绿色发展”这两个重点工作，建议组织专家遴选提出质量兴棉、绿色兴棉所需的新品种、新技术和新机具，大力开展技术培训，办好示范样板，在加快转型升级提质增效中做出新的更大的贡献。

（四）谨慎发放棉花滑准税配额

中美贸易摩擦对我国棉花产业的影响深刻而广泛，部分潜在影响尚未显现出来。因此，在棉花滑准税的发放上需要全面评估中美经贸摩擦对我国棉花产业带来的直接和间接的影响，建议国家谨慎发放棉花滑准税配额。

中国棉花生产景气报告 NO：467　　　　出版日期　2020　02　22

2017—2019 年美国棉花品种和公司经营状况

冯　璐

美国农业部每年发布全国棉花种植品种、各棉花种子公司经营品种的统计公报，在美国农业部网站可以查找阅读，各公司经营什么品种、多大数量、在什么州县种植、有多大面积都一一统计登记，以便政府了解企业经营状况和生产应用情况，为科学决策提供依据。本期刊登 2017—2019 年主要结果，供参考。

一、2017—2019 年美国陆地棉种植品种

（一）陆地棉

据美国农业部每年发布全国棉花品种和公司经营的检测报告，为科学决策和市场管理提供实时依据，近几年报告如下：

2017 年，全美种植陆地棉品种增 8 个至 111 个（另有 9 个海岛棉品种），增 7.8%。2017 年美国陆地棉面积增 20%至 7 345 万亩。全美陆地棉占播种面积 0.5%以上（面积 36.7 万亩以上）的品种 33 个，比 2016 年减少 8 个，合计占陆地棉播种面积的 88.49%，减 3.51 个百分点。其中以 DP1646 B2XF 的面积最大，占 14.77%，其次为 NG 3406 B2XF，占 10.94%；第三为 DG 3385 B2XF，占 4.95%。

2018 年，全美种植陆地棉品种增 9 个至 120 个（另有 12 个海岛棉品种），增 8.1%。2018 年美国陆地棉面积增 16.5%至 8 558 万亩。全美陆地棉占播种面积 0.5%以上（面积 36.7 万亩以上）的品种 40 个，比 2017 年增加 7 个，合计占陆地棉播种面积的 87.58%，减 0.91 个百分点。其中以 DP 1646 B2XF 的面积最大，占 21.16%，其次为 NG 3406 B2XF，占 6.73%；第三为 NG 4689 B2XF，占 5.55%。

2019 年，全美种植陆地棉品种减 2 个至 118 个（另有 8 个海岛棉品种），减 1.7%。2019 年美国陆地棉面积减 2.3%至 8 364 万亩。全美陆地棉占播种面积 0.5%以上（面积 36.7 万亩以上）的品种 48 个，比 2018 年增加 8 个，合计占陆地棉播种面积的 88.1%，增 0.52 个百分点。其中以 DP 1646 B2XF 的面积最大，占 22.25%；其次为 DP 1518 B2XF，占 3.69%；第三为 NG 4545

B2XF，占3.63%。

2017—2019年美国陆地棉品种、市场份额和品种数量见表6-9。

表6-9 2017—2019年美国陆地棉品种、市场份额和品种数量

棉种公司名称	经营品种占播种面积比重（%）			经营品种数量（个）		
	2017	2018	2019	2017	2018	2019
Deltapine（岱字棉公司）	35.87	37.23	41.01	22	20	23
Americot（美棉公司）	26.95	30.71	22.75	16	20	22
Phytogen（植物基因公司）	14.36	15.06	17.78	24	29	20
Bayer Crop Science - FiberMax（拜耳作物科学—纤维公司）	9.62	7.73	6.59	15	15	16
Dyna - Gro/All - Tex	7.0	4.22	5.53	18	15	14
Bayer CropScience - Stoneville（拜耳作物科学—斯字棉公司）	4.57	2.97	3.83	10	12	15
Croplan Genetics	0.88	1.66	2.24	3	7	7
Miscellaneous	0.48	0.37	0.27	1	1	1
Concho	0.28			1		
Seed Source Genetics	0.00	0.06	—	1	1	—

注：各年数据来自美国农业部网站，后同。

2017年，全美经营棉种公司10家，其中前5家公司占市场份额的93.80%。第一位是Deltapine公司，占市场份额的35.87%，增3.27个百分点。第二位是Americot公司，占市场份额的26.95%，增4.50个百分点。第三位是Phytogen公司，占市场份额的14.36%，增1.48个百分点。第四位是Bayer Crop Science - Fibermax公司，占市场份额的9.62%，减6.60个百分点。第五位是Dyna - Gro/All - Tex公司，占市场份额的7.00%，增1.05个百分点（表6-9）。

2018年，全美经营棉种公司9家，其中前5家公司占市场份额的94.95%。第一位Deltapine公司，占市场份额的37.23%，增1.36个百分点。第二位Americot公司，占市场份额的30.71%，增3.76个百分点。第三位Phytogen公司，占市场份额的15.06%，增0.70个百分点。第四位Bayer Crop Science - Fibermax公司，占市场份额的7.73%，减1.89个百分点。第五位Dyna - Gro/All - Tex公司，占市场份额的4.22%，减2.78个百分点（表6-9）。

2019 年，全美经营棉种公司 8 家，其中前 5 家公司占市场份额的 93.66%。第一位 Deltapine 公司，占市场份额的 41.01%，增 3.78 个百分点。第二位 Americot 公司，占市场份额的 22.75%，减 7.96 个百分点。第三位 Phytogen 公司，占市场份额的 17.78%，增 2.72 个百分点。第四位 Bayer Crop Science - Fibermax 公司，占市场份额的 6.59%，减 1.14 个百分点。第五位 Dyna - Gro/All - Tex 公司，占市场份额的 5.53%，增 1.31 个百分点（表 6 - 9）。

2017—2019 年美国棉种经营公司及市场份额见表 6 - 10。

表 6 - 10 2017—2019 年美国棉种经营公司及市场份额

单位：%

经营公司	全美	东南部	中南部	西南部	远西部
2017 年					
Deltapine	32.60	62.00	50.27	16.76	31.47
Americot	22.45	2.56	13.68	33.09	1.22
Bayer CropScience - FiberMax	16.22	1.14	0.39	26.05	21.54
Phytogen	12.88	21.82	15.81	8.37	22.87
Bayer CropScience - Stoneville	8.80	9.51	14.89	6.67	13.66
All - Tex/Dyna - Gro	5.95	1.31	4.41	8.11	5.88
Miscellaneous	0.60	0.11	0.21	0.79	3.35
Croplan Genetics	0.48	1.55	0.20	0.17	—
Seed Source Genetics	0.02	—	0.14	—	—
2018 年					
Deltapine	37.23	61.26	68.51	21.51	42.03
Americot	30.71	14.29	9.99	42.19	1.22
Phytogen	15.06	16.31	13.03	15.20	11.90
Bayer CropScience - FiberMax	7.73	0.03	—	11.27	34.49
All - Tex/Dyna - Gro	4.22	1.54	4.52	5.21	—
Bayer CropScience - Stoneville	2.97	5.33	2.68	2.11	5.98
Croplan Genetics	1.66	0.97	1.07	2.09	—
Miscellaneous	0.37	0.26	0.19	0.32	4.37
Seed Source Genetics	0.06	—	—	0.09	—

（续）

经营公司	全美	东南部	中南部	西南部	远西部
2019 年					
Deltapine	41.01	53.58	78.04	25.36	38.72
Americot	22.75	14.22	6.66	31.43	—
Phytogen	17.78	19.20	5.89	20.62	24.15
BASF - FiberMax	6.59	—	—	10.33	27.59
All - Tex/Dyna - Gro	5.53	0.82	2.24	8.17	8.15
BASF - Stoneville	3.83	7.90	4.76	2.15	0.59
Croplan Genetics	2.24	4.03	2.38	1.62	—
Miscellaneous	0.27	0.27	0.02	0.33	0.80

表 6 - 11 指出，美国最大棉花品种为 DP 1646 B2XF/Deltapine，2017—2019 年，播种面积在 1 085 万～1 861 万亩之间，占美国全国棉花播种面积的比例在 14.8%～22.3%之间，优势地位极为明显；第二、第三位不稳定，最大面积在 309 万～804 万亩之间。

表 6 - 11　2017—2019 年美国陆地棉种植品种名称及种植面积、比例和主要分布地区

棉花品种名称/经营公司	面积（万亩）	比例（%）	主要分布州
2017 年			
DP 1646 B2XF/Deltapine	1 085	14.77	佐治亚州，密西西比州，南卡罗来纳州，俄克拉荷马州
NG 3406 B2XF/Americot	804	10.94	田纳西州，俄克拉荷马州，得克萨斯州
DG 3385 B2XF/All - Tex/Dyna - Gro	364	4.95	密苏里州，俄克拉荷马州，田纳西州
DP 1518 B2XF/Deltapine	339	4.62	阿肯色州，田纳西州，密苏里州
DP 1522 B2XF/Deltapine	322	4.38	田纳西州，密西西比州，密苏里州
NG 4545 B2XF/Americot	312	4.25	得克萨斯州、俄克拉荷马州
NG 3500 XF/Americot	312	4.25	得克萨斯州
PHY 444 WRF/Phytogen	288	3.92	佛罗里达州，佐治亚州，路易斯安那州
PHY 333 WRF/Phytogen	252	3.43	弗吉尼亚州，北卡罗来纳州，路易斯安那州、阿肯色州、田纳西州、密苏里州、亚利桑那州
FM 1830GLT/Bayer CropScience - FiberMax	207	2.82	亚利桑那州，加利福尼亚州

（续）

棉花品种名称/经营公司	面积（万亩）	比例（%）	主要分布州
2017 年			
ST 4946GLB2/Bayer CropScience - Stoneville	192	2.61	北卡罗来纳州，阿肯色州，亚利桑那州
NG 3517 B2XF/Americot	173	2.36	得克萨斯州
NG 5007 B2XF/Americot	167	2.28	南卡罗来纳州，佐治亚州，阿拉巴马州
PHY 490 W3FE/Phytogen	152	2.07	堪萨斯州，北卡罗来纳州，俄克拉荷马州
DP 1538 B2XF/Deltapine	129	1.76	南卡罗来纳州，北卡罗来纳州，佐治亚州
DP 1549 B2XF/Deltapine	123	1.68	新墨西哥州、阿利桑那州、得克萨斯州
PHY 312 WRF/Phytogen	115	1.57	阿肯色州州，路易斯安那州
DP 1612 B2XF/Deltapine	110	1.50	堪萨斯州，得克萨斯州
DP 1555 B2RF/Deltapine	96	1.31	路易斯安那州，密西西比州，亚利桑那州，佛罗里达州
DP 1044 B2RF/Deltapine	95	1.29	亚利桑那州，新墨西哥州
合计	5 637	76.76	
2018 年			
DP 1646 B2XF/Deltapine	1 811	21.16	亚拉巴马州，佛罗里达州，佐治亚州，阿肯色州，密西西比州，得克萨斯州，田纳西州
NG 3406 B2XF/Americot	576	6.73	堪萨斯州，密苏里州，田纳西州，得克萨斯州，俄克拉荷马州
NG 4689 B2XF/Americot	475	5.55	得克萨斯州，俄克拉荷马州
NG 4545 B2XF/Americot	373	4.36	得克萨斯州，俄克拉荷马州
DP 1518 B2XF/Deltapine	360	4.21	亚拉巴马州，阿肯色州，密苏里州，田纳西州
NG 3500 XF/Americot	358	4.18	得克萨斯州
NG 5007 B2XF/Americot	225	2.63	佐治亚州，南卡莱罗那州，佛罗里达州，亚拉巴马州
PHY 330 W3FE/Phytogen	222	2.59	密苏里州，阿肯色州，田纳西州、密西西比州
DG 3385 B2XF/All - Tex/Dyna - Gro	217	2.54	俄克拉荷马州，密苏里州，阿肯色州，田纳西州

（续）

棉花品种名称/经营公司	面积（万亩）	比例（%）	主要分布州
2018 年			
PHY 444 WRF/Phytogen	217	2.54	佛罗里达州，密西西比州，亚拉巴马州
FM 1830GLT/Bayer CropScience - FiberMax	216	2.52	得克萨斯州
DP 1522 B2XF/Deltapine	169	1.97	亚拉巴马州，田纳西州，密苏里州，密西西比州，得克萨斯州，佐治亚州
NG 3640 XF/Americot	161	1.88	得克萨斯州，亚利桑那州
PHY 300 W3FE/Phytogen	137	1.60	俄克拉荷马州，密苏里州，得克萨斯州
ST 4946GLB2/Bayer CropScience - Stoneville	123	1.44	得克萨斯州，阿肯色州州
DP 1612 B2XF/Deltapine	120	1.40	得克萨斯州
PHY 490 W3FE/Phytogen	118	1.38	俄克拉荷马州，弗吉尼亚州，北卡罗来纳州
PHY 312 WRF/Phytogen	110	1.29	得克萨斯州，阿肯色州，路易斯安那州
NG 3517 B2XF/Americot	104	1.21	得克萨斯州，密苏里州
DP 1845 B3XF/Deltapine	104	1.21	得克萨斯州
合计	6 196	72.39	
2019 年			
DP 1646 B2XF/Deltapine	1 861	22.25	密西西比州，路易斯安那州，南卡罗来纳州，阿拉巴马州，阿肯色州
DP 1518 B2XF/Deltapine	309	3.69	密苏里州，阿肯色州，田纳西州
NG 4545 B2XF/Americot	304	3.63	得克萨斯州、俄克拉荷马州
DP 1845 B3XF/Deltapine	285	3.41	俄克拉荷马州，堪萨斯州，田纳西州
NG 4777 B2XF/Americot	276	3.30	得克萨斯州、俄克拉荷马州
PHY 350 W3FE/Phytogen	217	2.59	堪萨斯州，亚利桑那州，北卡罗来纳州，弗吉尼亚州
NG 3406 B2XF/Americot	217	2.59	密苏里州，堪萨斯州，得克萨斯州
DG 3385 B2XF/All - Tex/Dyna - Gro	215	2.57	新墨西哥州，密苏里州，田纳西州，得克萨斯州
PHY 480 W3FE/Phytogen	171	2.04	俄克拉荷马州，亚拉巴马州，加利福尼亚州

（续）

棉花品种名称/经营公司	面积（万亩）	比例（%）	主要分布州
2019 年			
DP 1820 B3XF/Deltapine	158	1.89	俄克拉荷马州，田纳西州，堪萨斯州
NG 5711 B3XF/Americot	154	1.84	佐治亚州，路易斯安那州，南卡罗来纳州
NG 3500 XF/Americot	152	1.82	得克萨斯州
PHY 444 WRF/Phytogen	150	1.79	佐治亚州，加利福尼亚州，佛罗里达州，得克萨斯州
DP 1725 B2XF/Deltapine	140	1.67	田纳西州，佛罗里达州，阿肯色州
NG 5007 B2XF/Americot	136	1.62	佐治亚州，南卡罗来纳州，阿拉巴马州
DP 1522 B2XF/Deltapine	134	1.60	新墨西哥州，阿拉巴马州，佛罗里达州，密苏里州
NG 4689 B2XF/Americot	134	1.60	得克萨斯州，阿拉巴马州
PHY 330 W3FE/Phytogen	124	1.48	北卡罗来纳州，密苏里州，弗吉尼亚州，路易斯安那州、阿肯色州、田纳西州、密苏里州、阿利桑那州
DP 1549 B2XF/Deltapine	124	1.48	阿利桑那州、俄克拉荷马州，得克萨斯州
FM 1830GLT/Bayer CropScience-FiberMax	115	1.38	新墨西哥州，亚利桑那州，加利福尼亚州
合计	5 376	64.24	

二、2017—2019 年美国种植海岛棉品种

2017 年，美国比马棉（海岛棉）种植品种 9 个，比 2016 年少 8 个，主要分布在亚利桑那州、加利福尼亚州、新墨西哥州和得克萨斯州，主要品种是 PHY 881 RF、PHY 841 RF 和 PHY 888 RF（表 6-12）。

2018 年，美国比马（海岛棉）种植品种 12 个，比 2017 年多 3 个，主要分布在亚利桑那州、加利福尼亚州、新墨西哥州和得克萨斯州，主要品种是 PHY 881 RF、HA 1432-Pima、PHY 888 RF 和 PHY 841 RF。

2019 年，美国比马（海岛棉）种植品种 8 个，比 2018 年少 4 个，主要分布在亚利桑那州、加利福尼亚州、新墨西哥州和得克萨斯州，主要品种是

PHY 881 RF、HA 1432 和 PHY 841 RF。

表 6-12　2017 年全美海岛棉品种名称及分布情况

单位：%

经营公司	品种名称	亚利桑那州	加利福尼亚州	得克萨斯州	全美
2017 年					
Phytogen	PHY 881 RF	27.82	45.11	27.13	42.57
Phytogen	PHY 841 RF	15.33	17.50	19.38	17.40
Phytogen	PHY 888 RF	5.01	9.97	15.50	10.18
Hazera	HA 1432	—	11.45	—	9.87
Deltapine	DP 348 RF PIMA	33.56	3.65	17.05	6.73
Phytogen	PHY 811 RF	3.70	5.58	0.00	5.02
Phytogen	PHY 805 RF	11.92	3.39	16.28	4.81
Miscellaneous Pima	MISC-PIMA	2.67	2.03	4.65	2.27
Deltapine	DP 358 RF PIMA	—	1.32	—	1.14
2018 年					
Phytogen	PHY 881 RF	62.28	62.26		58.87
Hazera	HA1 432-Pima	—	16.33		14.11
Phytogen	PHY 888 RF	5.48	7.90		7.73
Phytogen	PHY 841 RF	21.94	6.33		6.95
Deltapine	DP 348 RF	2.19	4.01		6.69
Deltapine	DP 358 RF	2.19	1.55		2.93
Miscellaneous	MISC-Pima	4.73	0.58		1.14
Phytogen	PHY 805 RF	—	0.22		0.73
Phytogen	PHY 802 RF	—	0.44		0.38
Hazera	HA 690-Pima	—	0.25		0.21
Phytogen	PHY 811 RF	1.18	0.14		0.19
ALLTEX/DYNAGRO	ATX P-203	—	—		0.08
2019 年					
Phytogen	PHY 881 RF	47.17	81.84		76.42
Hazera	HA 1432	—	7.76		6.82
Phytogen	PHY 841 RF	20.75	4.11		5.97

（续）

经营公司	品种名称	亚利桑那州	加利福尼亚州	得克萨斯州	全美
2019 年					
Phytogen	PHY 888 RF	—	4.98		4.38
Deltapine	DP 341 RF	32.08	0.25		3.06
Deltapine	DP 348 RF	—	1.06		1.89
Deltapine	DP 358 RF	—	—		1.43
ALLTEX/DYNAGRO	ATX P-203	—	—		0.05

注：RF 为抗草甘膦基因加强型，即棉株在 2 片真叶后喷施草甘膦也具有抗性。

三、讨　论

美国是成熟的市场经济国家，从 2017—2019 年棉花种子经营公司和商用品种数量的统计数据来看，呈现如下几个特点：

一是近几年美国棉花种子经营公司仅 8～10 家，经营品种数量 110～120 个。可见美国经营棉花品种的公司及经营的品种数量不是很多。但对一家公司而言，经营品种则较多，最多有 24 个。这既有利于发挥专业公司的经营优势，又符合公平竞争原则。

二是美国岱字棉（Deltapine）公司经营品种播种面积占全美的 35%上下。该公司经营品种种植面积达到 1 000 多万亩，既有绝对市场优势又不构成市场的垄断地位。

三是主导品种种植面积大，优势地位突出。同一个品种在美国有多家公司经营，使得优势品种的地位更加突出。DP1 646 B2XF 是近几年美国种植面积最大的品种，播种面积达到 1 085 万～1 861 万亩，占全美棉花面积的 14.8%～22.3%，足以保障纤维品质一致性水平。

四是美国棉花品种进入多抗时代，商业品种都是转基因品种。包括转基因抗虫（棉铃虫、红铃虫、蠕虫及尺蠖）、抗多种除草剂（Liberty 和抗草甘膦加强型），及抗病和高产高品质。比较而言，我国仍处于转 Bt 基因抗虫时代。这些年在转基因抗病、优质育种等方面没有取得实质性新进展，一度缩小的差距又拉得很大。

此外，我国急需补上各种业公司经营什么品种，在什么地方种植，有多大面积这一政府层面的统计数据，为科学决策提供支持。

附　　录

附表 1　2016—2019 年中国棉花价格指数（CC Index）

单位：元/吨

月份	2016 年	2017 年	2018 年	2019 年
1	12 653	15 783	15 680	15 501
2	12 244	15 980	15 685	15 512
3	11 928	15 862	15 677	15 626
4	12017	15 872	15 488	15 643
5	12 511	16 077	16 611	14 581
6	12 694	15 939	16 326	14 189
7	14 377	15 893	16 199	14 067
8	14 674	15 708	16 316	12 985
9	14 258	15 996	16 165	12 608
10	15 135	15 998	15 739	12 971
11	15 663	15 860	15 423	13 092
12	15 893	15 790	15 383	13 369
年均	13 671	15 897	15 891	14 179

注：数据来自中国棉花信息网（修正）。

附表 2　2016—2019 年国际棉花价格 Cotlook A 指数

单位：美分/磅

月份	2016 年	2017 年	2018 年	2019 年
1	68.75	79.18	91.28	82.57
2	66.61	85.15	88.27	81.15
3	65.42	86.91	92.12	84.00
4	69.28	87.04	92.34	87.25
5	70.28	88.64	94.55	80.07

（续）

月份	2016 年	2017 年	2018 年	2019 年
6	74.10	84.76	97.56	77.65
7	81.05	84.09	96.47	75.22
8	81.06	79.34	94.12	70.58
9	80.26	80.60	90.36	71.37
10	78.52	78.65	86.94	74.40
11	78.92	80.54	86.70	74.84
12	79.00	85.42	86.00	75.83
年均	74.44	83.36	91.39	77.91

注：数据来自中国棉花信息网的每日数据计算结果（修正）。

附表 3　2016—2017 年全国和主要省份棉花播种面积、总产和单产

单位：千公顷，万吨，千克/公顷

项目	2016 年			2017 年		
	播种面积	总产	单产	播种面积	总产	单产
全国	3 198.0	534.3	1 582.5	3 194.9	565.3	1 769.0
四川	9.1	0.9	977.1	4.4	0.4	909
湖南	103.6	12.3	1 185.0	95.7	11.0	1 150
湖北	202.5	18.8	930.6	204.8	18.4	898
安徽	183.4	18.5	1 006.5	88.1	8.6	976
江西	76.4	11.2	1 472.0	69.0	10.5	1 522
江苏	63.4	7.4	1 165.0	21.0	2.6	1 238
上海	0.3	0.03	1 064.8	0.4	（无数据）	（无数据）
浙江	11.2	1.6	1 464.2	4.5	0.6	1 324
河南	100.1	9.8	975.0	40.0	4.4	1 100
河北	288.6	30.0	1 037.9	220.6	24.0	1 088
山东	465.2	54.8	1 178.5	174.7	20.7	1 185
山西	7.1	1.0	1 463.3	2.9	0.4	1 395

（续）

项目	2016 年			2017 年		
	播种面积	总产	单产	播种面积	总产	单产
陕西	24.1	3.4	1 425.2	8.5	1.2	1 417
天津	18.6	2.8	1 492.8	20.7	2.5	1 210
新疆	1 805.2	420.0	1 990.9	2 217.5	456.6	2 059
其中兵团	621.0	162.8	2 409.0	687.0	169.5	2 444
甘肃	13.3	2.0	1 502.2	19.4	3.2	1 649
辽宁	0.1	0.01	1 386.1	（无数据）	（无数据）	（无数据）

注：2016 年和 2017 年数据来自《中国统计年鉴》并进行了调整，兵团数据来自《新疆生产建设兵团统计年鉴》整理。

附表 4　2018—2019 年中国棉花播种面积、总产和单产

单位：千公顷，万吨，千克/公顷

项目	2018 年			2019 年		
	播种面积	总产	单产	播种面积	总产	单产
全国	3 352.3	609.6	1 818.3	3 339.2	588.9	1 763.7
四川	4.0	0.4	991.3	2.9	0.3	957.0
湖南	63.9	8.6	1 341.0	63.0	8.2	1 299.0
湖北	159.3	14.9	937.6	162.8	14.4	882.0
安徽	86.3	8.9	1 025.6	60.3	5.6	921.0
江西	45.6	6.8	1 495.7	42.6	6.6	1 546.7
江苏	16.6	2.1	1 241.0	11.6	1.6	1 350.0
浙江	4.2	0.6	1 422.3	5.6	0.8	1 454.8
河南	36.7	3.8	1 033.3	33.8	2.7	802.3
河北	210.4	23.9	1 137.3	203.9	22.7	1 115.3
山东	183.3	21.7	1 184.2	169.3	19.6	1 158.0
山西	2.6	0.4	1 399.2	2.3	0.3	1 307.9
陕西	7.1	1.0	1 431.0	5.5	0.8	1 399.5

（续）

项目	2018 年			2019 年		
	播种面积	总产	单产	播种面积	总产	单产
天津	17.1	1.8	1 023.3	14.1	1.8	1 262.0
新疆	2 491.3	511.1	2 051.5	2 540.5	500.2	1 969.1
其中兵团	854.0	204.7	2 396.0	869.0	202.8	2 334.0
甘肃	21.5	3.5	1 640.0	19.3	3.3	1 690.1
辽宁	0.0	0.0	2 292.0	（无数据）	（无数据）	（无数据）

注：2018 年数据来自《中国统计年鉴》，2019 年数据来自国家统计局快报数，兵团数据来自《新疆生产建设兵团统计年鉴》整理。

附表 5　2007—2018 年中国棉花播种面积和产量数据调整对比

年份	面积（千公顷）		单产（千克/公顷）		总产（万吨）	
	原来	修正数	原来	修正数	原来	修正数
2007	5 926	（未修正）	1 286	1 461	762.4	759.71
2008	5 754	（未修正）	1 302	1 370	749.2	723.23
2009	4 952	（未修正）	1 288	1 390	637.7	623.58
2010	4 849	4 366	1 229	1 322	596.1	577.04
2011	5 038	（未修正）	1 308	1 441	658.9	651.89
2012	4 688	（未修正）	1 458	1 516	683.6	660.80
2013	4 346	（未修正）	1 450	1 509	629.9	628.16
2014	4 219	（未修正）	1 460	1 508	616.1	629.94
2015	3 799	3 775	1 475	1 565	560.5	590.74
2016	3 376.1	3 198	1 582.5	1 671	534.3	534.28
2017	3 329.6	3 195	1 698.6	1 769	548.6	565.30
2018	3 352.3	3 352.3	1 818.3	1 818.3	609.6	609.60

数据来源：国家统计局．2018 年中国统计年鉴［M］．北京：中国统计出版社，2018.

附表 6　2017—2019 年全国和主要省市区棉纱、棉布产量

单位：万吨，亿米

地区	2017 年		2018 年		2019 年	
	纱	布	纱	布	纱	布
全国	3 191.4	691.1	2 958.9	657.3	2 892.1	575.60
山东省	876.8	121.10	459.3	67.20	353.4	44.41
河南省	588.6	254.82	345.5	17.40	322.9	13.19
江苏省	517.8	88.65	303.2	69.40	360.7	69.80
福建省	552.6	90.88	569.21	107.94	580.9	102.75
湖北省	340.2	70.40	296.5	57.50	322.1	57.15
浙江省	190.4)	137.4	160.0	80.10	140.1	76.35
河北省	235.7	62.70	98.0	21.10	83.8	14.40
江西省	126.6	10.90	140.3	7.80	160.7	10.30
湖南省	101.0	3.31	99.7	2.82	114.9	1.78
四川省	103.6	16.40	73.0	15.60	67.3	17.27
安徽省	109.7	14.10	127.6	9.70	90.2	9.18
广东省	42.0	28.47	34.3	24.22	28.0	20.62
新疆	155.7	2.76	184.5	3.03	181.6	3.69
其中兵团	48.9	1.50	55.9	1.27	64.1	1.74
陕西省	42.6	9.22	39.41	7.67	31.9	6.92
山西省	3.2	0.36	2.2	0.23	2.5	0.20
上海市	2.6	0.89	2.1	0.82	1.6	1.08

注：纱、布产量数据来自《中国统计年鉴 2019》，2019 年数据为国家统计局快报数，省市区数据来自各地统计局数据，因四舍五入尾数有差异。

附表 7　2017—2019 年原棉进口来源国家（地区）前 10 位

单位：万吨，亿美元

序号	2017 年			2018 年			2019 年		
	国家	进口量	进口额	国家	进口量	进口额	国家	进口量	进口额
1	美国	50.63	9.83	美国	52.87	10.63	巴西	50.49	9.30
2	澳大利亚	25.80	4.97	澳大利亚	42.38	9.02	澳大利亚	39.77	8.18
3	印度	11.20	1.93	巴西	18.55	3.64	美国	36.00	7.31
4	乌兹别克斯坦	9.30	1.71	印度	17.19	3.21	印度	20.59	3.76
5	巴西	6.67	1.22	乌兹别克斯坦	6.16	1.25	乌兹别克斯坦	7.74	1.56
6	贝宁	3.15	0.59	苏丹	3.03	0.48	贝宁	4.44	0.86
7	苏丹	1.57	0.24	墨西哥	2.04	0.37	墨西哥	3.93	0.69
8	布基纳法索	1.05	0.2	希腊	1.92	0.36	苏丹	3.98	0.61
9	希腊	1.03	0.18	布基纳法索	1.84	0.36	布基纳法索	3.02	0.57
10	墨西哥	1.04	0.18	科特迪瓦	1.81	0.36	马里	2.17	0.40
前 10 合计	10	111.44	21.05	10	147.79	29.68	10	172.13	33.24
总计	33	115.40	21.86	37	157.30	31.65	43	184.73	36.01

注：数据来自《海关统计》快报数，因四舍五入尾数有差异。

附表 8　2017—2019 年全国原棉进口数量和金额前 10 位省市区

单位：万吨，亿美元

序号	2017 年			2018 年			2019 年		
	省份	进口量	进口额	省份	进口量	进口额	省份	进口量	进口额
1	山东	55.40	10.46	山东	89.87	18.07	山东	108.33	20.94
2	江苏	29.33	5.48	江苏	33.74	6.71	江苏	38.38	7.38
3	湖北	6.79	1.30	新疆	6.92	1.37	湖北	8.26	1.60
4	新疆	4.99	0.91	湖北	5.88	1.18	河南	3.73	0.73
5	广东	3.41	0.64	浙江	2.96	0.58	浙江	3.47	0.66
6	北京	2.85	0.55	河南	2.82	0.56	广东	3.34	0.63
7	浙江	2.67	0.50	河北	2.73	0.54	河北	3.12	0.60

（续）

序号	2017年			2018年			2019年		
	省份	进口量	进口额	省份	进口量	进口额	省份	进口量	进口额
8	江西	1.84	0.37	广东	2.48	0.50	新疆	2.82	0.51
9	上海	1.79	0.34	福建	2.10	0.44	福建	2.50	0.49
10	河南	1.44	0.28	北京	1.44	0.31	天津	2.19	0.43
	合计	110.50	20.83		150.94	30.26	合计	176.14	33.97
总计	24	115.48	21.86	22	157.27	31.65	22	184.69	35.63

注：数据来自《海关统计》快报数，因四舍五入尾数有差异。

附表9　2017—2019年原棉、棉纱和棉布进出口统计

单位：万吨，亿美元

年份	原棉				棉纱线				棉机织物（亿米）			
	出口		进口		出口		进口		出口		进口	
	数量	金额	数量	金额	数量	金额	数量	金额	数量	金额	数量	金额
2017	1.71	0.34	115.5	21.90	39.40	16.55	198.40	54.60	89.37	139.29	3.50	8.72
2018	4.73	0.94	157.3	31.65	40.20	17.65	206.00	58.54	84.20	143.36	3.60	8.87
2019	5.21	0.90	184.9	35.70	37.50	15.89	195.00	49.49	79.3	133.50	2.80	7.30

注：数据来源于中国《海关统计》，因四舍五入尾数有差异。

名词术语及中英文缩写

棉花：由种子表皮细胞延伸成纤维的农作物，主产品为种子纤维，又叫棉纤维，是纺织的主要原料；棉籽富含脂肪和蛋白质，是食用植物油脂和蛋白质的原料之一。

籽棉：带有棉籽和纤维（棉绒）的棉花。

皮棉：除去棉籽的棉纤维，非流通产品。

原棉：纺纱用的皮棉。

细绒棉：即陆地棉，纤维较为细长的原棉。颜色白、洁白或乳白，纤维长度23～33毫米，比强度25～31厘牛/特克斯，细度4 500～6 400米/克，马克隆值3.6～5.6，单强2.5～3.5厘牛。

长绒棉：即海岛棉，纤维长度长、纤维细和强力好的原棉。颜色白、洁白或淡黄色，纤维长度33～40毫米，比强度33～37厘牛/特克斯，细度6 500～8 500米/克，马克隆值3.3～3.9，单强4～6厘牛。

棉短绒：用削绒机从毛棉籽表面上剥下来的残留短纤维，长度小于13～15毫米。

废棉及回收纤维：纺纱过程中的飞棉、落棉、“脚棉”以及污染棉。

高品质原棉：现阶段，指适合纺40英支及以上纱支的棉花为中高端品质原棉。原棉的纤维长度25.8毫米及以上、断裂比强度28.5厘牛/特克斯及以上、马克隆值3.7～4.6，短纤维16毫米及以下，纺漂白纱和色纱分别控制在11.5%和15.0%以内；异性纤维含量控制在≤0.3克/吨，杂质含量≤2.5%。

中国棉花生产景气指数：反映中国棉花生产和消费的平衡状况，以及生产、消费和价格走向和走势强弱的指标，由中国农业科学院棉花研究所于2003年生成。

中国棉花价格指数：国内328级棉花到纺织厂的报价，为国内棉花的现货价格。由中国棉花协会、国家发展和改革委员会价格监测中心、全国棉花交易市场于2002年生成，并追溯到1999年。

郑州棉花期货价格：郑州商品交易所对未来某一时刻棉花价格的估计，于2003年生成。

Cotlook A 指数：全球棉花现货价格，选择15个国家中的5个最便宜报价计算平均值，以美国 M 级 1 - 1/32 英寸（Middling1 - 1/32″）为标准（相当于中国 328 级），报价单位为美分/磅，由 Cotlook 公司于 20 世纪 60 年代生成。

Cotlook B 指数： 全球 8 个陆地棉品种折算成 SLM 级 1/32 英寸运到北欧的报价中 3 个最便宜报价的平均价，以美国 SLM 级 1 - 1/32 英寸为标准（相当于中国 427 级），报价单位为美分/磅，由 Cotlook 公司于 20 世纪 60 年代生成。

价格倒挂： 即价格差，指国内某一商品价格高于国际同一商品同一时间的价格。通常按到港后扣除港口费或 1%关税之后进行比较，也有采取国内外同时间的价格比较。在国内，指同种农产品在同一时间内销售价格低于购进的价格。本书倒挂指商品棉国内价格高于国际价格。计算上一般采用到岸价＋1%关税之后进行比较，也有广义的国内外价格比较。

价格补贴： 是指国家或社会集团向某种商品的生产经营者或消费者无偿支付补贴金，以维持一定价格水平的措施。通常设定一定价格基数，当低于设定价格基数即启动价格补偿机制。补贴多用于农产品生产领域以及农产品运输领域。

Bt 棉： 即转外源 Bt 基因的抗虫棉，是指棉花细胞染色体上整合外来的苏云金芽孢杆菌的 Bt 基因的棉花品种。

两萎病： 指棉花的枯萎病和黄萎病，属于种子带菌和土壤传播的维管束病害，是一种分布广、发生重、危害大的棉花病害之一。

烂场： 指收获季节多阴雨天气造成棉花和粮食在大田或在晒场发芽、烂种、霉烂变质等连续性的灾害性天气。

干热风： 亦称“干旱风”“热干风”，是指大气温度连续高于 35℃以上，且空气湿度极小的天气，是以高温危害为主的农业气象灾害。

安家水： 幼苗移栽后进行灌溉所用的水。

油后（茬）棉： 油菜收获后栽种的棉花，为晚茬棉。

麦后（茬）棉： 小麦收获后栽种的棉花，为晚茬棉。

三丝： 指混入棉花中的有害杂物即异型纤维的总称。有害杂物包括来自人的毛发，家禽的羽绒、猪狗猫的毛发、废地膜、其他农膜和各种化纤丝软物，以及有害的铁、铜、石块等硬物。

四分： 即霜前花与霜后花、正常吐絮的好花与虫口花、僵瓣黄花和污染花，实行分收、分晒、分存与分售。

标准级，328 级： 指绒长为 28 毫米的 3 级商品棉，此为我国的标准级细绒商品棉。

新标准级，3128B级：指纤维颜色为白色（色泽品级为1）3级，绒长28毫米，马克隆值（3.5～3.6、4.3～4.9）B级，此为2013年度试行的商品细绒棉的新标准级。

期货：在未来某一时间交易的商品。

仓单：按照期货市场的质量和重量规定，运到指定仓库的用于期货交割的货物凭证。

合约：在期货市场上，将质量和重量、交收时间和地点等均事先规定好的合同。

交割：指结算过程中，投资者与证券商之间的资金结算。

一手：等于5吨。

期货仓单：每张期货仓单重量为20吨。

期货交易：是一种金融衍生品，指买卖双方事先就交易的商品数量、质量等级、交割日期、交易价格和交割地点达成协议，在约定的时间地点进行实际交割的交易。

电子撮合交易：也称现货仓单交易，实行网上集中竞价、统一撮合、统一结算、价格行情实时显示的交易方式。

配额：指一国或地区对某些敏感商品进出口数量的控制指标。我国棉花进口配额1%关税税率指标2004年为89.4万吨，一直延续至今。

滑准税：又称滑动税，是指对进口税则中的同一种商品按其市场价格标准分别制订不同价格档次的税率而征收的一种进口关税。

黏胶短纤：又称黏胶人造棉，是指长度为38毫米的再生纤维素纤维。以天然纤维素材料如木材、棉短绒、甘蔗楂和植物秸秆为原料，经过化学与机械加工制成的纤维，与棉纤维有互补和替代关系。

涤纶短纤：俗称“的确良”。采用精对苯二甲酸（PTA）和乙二醇（EG）为原料生产的化学纤维，其棉型短纤维长度为32～39毫米，可与棉纤维混纺，也与棉纤维有互补或替代关系。

32英支纱（32^S）：用来表示纱线的粗细，指一磅纱的长度为32米×768米，数值越大表示纱支数越大，其纱越细。

化纤短纤：指长度在几毫米到几十毫米的化学纤维，常见长度有102毫米、76毫米、51毫米、38毫米和5毫米。

公证检验：指专业纤维检验机构按照国家标准和技术规范，对棉花的数量和质量进行检验并出具公证检验证书的活动，被检棉花有专门标识，作为贷款、供货、储备库、用棉等多方的结算和补贴核定的凭证。该工作由国家纤维检验局承担。

马克隆值： 反映纤维成熟度和细度的一项综合指标。

相关组织、机构

中国棉花协会： 由棉农及棉农合作组织，棉花生产、收购、加工、经营、仓储、棉纺织企业和棉花研究机构等涉棉企业和组织自愿组成，全国性社会团体法人资格的非营利性行业组织。成立于2003年，注册地在北京。

全国棉花交易市场： 不以营利为目的的棉花服务组织，组织交易、发现价格、规避风险和传递信息，为交易双方提供交易结算、实物交割、质量检验、储运、信息、咨询和人才培训等服务。成立于1998年，注册地在北京。

郑州商品交易所（ZCE）：不以营利为目的，为棉花期货合约集中竞价交易提供场所、设施及相关服务的机构，自律性管理的法人，隶属于中国证券监督管理委员会。成立于1990年，注册地在郑州。棉花期货交易于2003年6月正式推出。

中国棉纺织行业协会： 由棉纺织行业的企事业、相关企事业单位和社会团体自愿组成的非营利性的全国性社会团体法人，旨在规范行业行为、维护企业权益、为政府建言献策，注册地在北京。

中国储备棉管理总公司： 经营管理国家储备棉的政策性中央企业，受国务院委托，负责国家储备棉的经营管理，实行自主经营、统一核算和自负盈亏。成立于2003年，总公司注册地在北京。

中国农业科学院棉花研究所： 国家级、公益性的棉花科研事业机构，独立法人。开展棉花应用和基础研究，负责组织和主持全国棉花技术科学研究，承担棉花科学技术的研究、示范和推广。成立于1957年，注册地在河南省安阳市。

国家棉花产业技术体系： 是国家现代农业技术体系的组成部分，成立于2007年。以国家稳定经费支持，设置首席科学家、岗位科学家和综合试验站三级，承担研究解决国家和区域重大农业（棉花）产前、产中、产后技术问题和基础性工作。国家棉花产业技术体系以中国农业科学院棉花研究所为依托，组织全国棉花育种、栽培、植保、农机、农经、副产品加工26位专家、25个试验站组成，由首席科学家喻树迅院士领衔。

国际货币基金组织（IFM）：为世界两大金融机构之一，职责是监察货币汇率和各国贸易情况，提供技术和资金协助，确保全球金融制度运作正常。成立于 1946 年，总部在美国华盛顿。

国际棉花咨询委员会（ICAC）：由多个作为国际商业主体的棉花生产、消费和贸易国的政府组成的机构。旨在为全球棉花提供即时的与市场相关的统计和科学技术信息。成立于 1939 年，总部设在美国华盛顿。

世界贸易组织（WTO）：是一个独立于联合国的永久性国际性的贸易组织，旨在公平、公正处理各国贸易活动中所发生的争端，建立平等互利的国际贸易秩序。成立于 1995 年，总部设在日内瓦。

美国农业部（USDA）：美国联邦政府的内阁部门之一。

英国棉花展望集团公司：包括考特鲁克有限公司和利物浦棉花服务公司，向全球客户提供原棉价格的 Cotlook 指数及其仲裁服务，位于英国默西塞德，有 75 年以上的历史。

常见中文缩写

中棉所：中国农业科学院棉花研究所
中棉协：中国棉花协会
郑商所：郑州商品交易所
中纤局：中国纤维检验局
中储棉公司：中国储备棉管理总公司
中农发行：中国农业发展银行

常见英文缩写

CCPPI China Cotton Production Prosperity Index，中国棉花生产景气指数

CCGI China Cotton Growth Index，中国棉花生长指数

CC Index China Cotton Index，中国棉花价格指数

CC Index 328B 中国棉花价格指数（China Cotton Index），“3128B”所包含的信息，“31”表示颜色级，白棉第“1”类型第“3”级；“28”是纤维长度第 28 毫米档，“B”表示马克隆值在 B1 的 3.5～3.6 与 B2 的 4.3～4.9 范围，以此作为定价与价格增减的基准。

GDP Gross Domestic Product，国内生产总值

HVI High Volume Instrument，大容量纤维测定仪器

IMF International Monetary Fund，国际货币基金组织

ICAC International Cotton Advisory Committee，国际棉花咨询委员会

USDA United States Department of Agriculture，美国农业部

WB World Bank，世界银行

WTO World Trade Organization，世界贸易组织，世贸组织

ZCE 郑州商品交易所

ICE 洲际交易所（Intercontinental Exchange，原美国纽约棉花期货交易所）

CPI Consumer Price Index，消费者价格指数

PPI Producer Price Index，生产者物价指数或工业品出厂价格

（撰稿：毛树春）

参 考 文 献

卜伟，曲彤，朱晨萌 . 2013. 中国的粮食净进口依存度与粮食安全研究［J］. 农业经济问题研究（10）.

国家发展改革委，财政部 . 2017. 关于深化棉花目标价格改革的通知（发改价格〔2017〕516 号）［OL］. 国家发展和改革委员会，http：//www. ndrc. gov. cn/gzdt/201703/t20170317 _ 841206. html.

国家发展和改革委员会 . 2018. 全国农产品收益成本资料汇编 2018［M］. 北京：中国统计出版社 .

国家统计局 . 2018. 中国统计年鉴 2018［M］. 北京：中国统计出版社：401 - 406.

国家统计局 . 2019. 中国统计年鉴 2019［M］. 北京：中国统计出版社：385 - 392.

国务院 . 2019. 国务院关于建立粮食生产功能区和重要农产品生产保护区的指导意见（国发〔2017〕24 号）［OL］. http：//www. gov. cn/zhengce/content/2017 - 04/10/content _ 5184613. htm.

国务院 . 2017. 国务院印发《关于第三批取消中央指定地方实施行政许可事项的决定》（国发〔2017〕7 号）［Z］. 2017 - 01 - 12.

国务院 . 2018. 国务院关于印发全国农业现代化规划（2016—2020 年）的通知（国发〔2016〕58 号）［OL］. 中国新闻网，http：//www. chinanews. com/gn/2016/10 - 20/8038305. shtml.

马小艳，张亚林 . 2018. 国家棉花产业联盟郑州棉花交易市场 CCIA 棉花产销对接会（七师专场）在郑州举行［OL］. http：//www. cricaas. com. cn/bsxw/151482. htm.

毛树春，等 . 2016. 我国棉花产业转型升级提质增效的途径、方法和措施 . Ⅱ. 用“品质中高端”引领棉纺织业发展，用“三化”引领现代植棉业发展［J］. 绿洲农业与工程，2（4）.

毛树春，等 . 2016. 用“品质中高端”引领棉花产业发展——2016 年和“十三五”棉花产业展望［J］. 农业展望，12（3）：40 - 44，54.

毛树春，等 . 2016. 转型升级新常态，提质增效新措施——用“中高端品质”棉花引领棉花产业发展，用“良好棉花”作为转型升级的抓手［J］. 中国棉花，43（6）.

毛树春，李付广 . 2016. 当代全球棉花产业［M］. 北京：中国农业出版社 .

毛树春，李亚兵，董合忠 . 2019. 中国棉花辉煌 70 年［J］. 中国棉花，46（7）.

盛元，周欣，郝广鹏 . 2018. 新疆兵团团场综合配套改革活力焕发效果显现［OL］. http：//politics. people. com. cn/n1/2018/0814/c1001 - 30228179. html.

王佩．2018. CCIA 棉花产销对接会（七师专场）在郑州举行［OL］. http：//www. cricaas. com. cn/bsxw/151349. htm.

新疆维吾尔自治区发展改革委，等．2017. 关于印发新疆维吾尔自治区棉花目标价格补贴与质量挂钩试点方案的通知（新政办函［2017］199 号）［OL］. http：//www. xinjiang. cn/xxgk/qwfb/ghjh/index. html.

佚名．2017. 农发行部署 2017 年度棉花收购信贷工作［OL］. http：//www. adbc. com. cn/n5/n15/c19757/content. html.

赵玉敏．2017. 贸易低迷，世界经济动能不足［N］. 人民日报，01－04.

郑惊鸿．2019. 我国粮棉油去库存取得突破性进展［N］. 农民日报，01－21.

中共中央　国务院．2017. 关于深入推进农业供给侧结构性改革，加快培育农业农村发展新动能的若干意见［N］. 人民日报，02－05.

中共中央　国务院．2018. 关于实施乡村振兴战略的意见［OL］. 农民日报，http：//www. farmer. com. cn/zt2018/1hao/wjqw/201802/t20180204 _ 1354954. htm.

中共中央　国务院．2019. 关于坚持农业农村优先发展做好“三农”工作的若干意见［N］. 人民日报，02－20.

中国棉花协会．2017—2019. 中国棉业（内部刊物）［J］. 2017－2019.

中国棉麻流通经济研究会主办．2017—2019. 中国棉花流通经济（内部资料）［J］. 2017－2019.

中国农业科学院棉花研究所．2019. 中国棉花栽培学［M］. 上海：上海科学技术出版社．

中华人民共和国国家统计局．2020. 中华人民共和国 2019 年国民经济和社会发展统计公报［N］人民日报，03－01.

中华人民共和国海关总署．2017—2019. 海关统计［R］. 2017－2019.

Cotton Varieties Planted，United States 2017 Crop. 2017. Agricultural Marketing Service－Cotton Program［OL］. U. S. Department of Agriculture，Memphis，Tennessee，http：//www. ams. usda. gov.

Cotton Varieties Planted，United States 2017 Crop. 2018. Agricultural Marketing Service－Cotton Program［OL］. U. S. Department of Agriculture，Memphis，Tennessee，http：//www. ams. usda. gov.

Cotton Varieties Planted，United States 2017 Crop. 2019. Agricultural Marketing Service－Cotton Program［OL］. U. S. Department of Agriculture，Memphis，Tennessee，http：//www. ams. usda. gov.

图书在版编目（CIP）数据

中国棉花景气报告. 2017—2019 / 毛树春，李亚兵主编. —北京：中国农业出版社，2021.1
ISBN 978-7-109-27809-7

Ⅰ.①中…　Ⅱ.①毛…　②李…　Ⅲ.①棉花－产业经济－经济景气－研究报告－中国－2017—2019　Ⅳ.①F326.12

中国版本图书馆 CIP 数据核字（2021）第 022198 号

中国棉花景气报告 2017—2019
ZHONGGUO MIANHUA JINGQI BAOGAO 2017—2019

中国农业出版社出版
地址：北京市朝阳区麦子店街 18 号楼
邮编：100125
责任编辑：赵　刚
版式设计：杜　然　　责任校对：刘丽香
印刷：北京中兴印刷有限公司
版次：2021 年 1 月第 1 版
印次：2021 年 1 月北京第 1 次印刷
发行：新华书店北京发行所
开本：720mm×960mm　1/16
印张：16.75
字数：280 千字
定价：68.00 元